VOYAGE
EN AUVERGNE

Riom. — Imp. de G. Leboyer, rue Pascal, 3.

GERGOVIA
LE MONT-DORE ET ROYAT

VOYAGE
EN AUVERGNE

(Département du Puy-de-Dôme)

PAR LOUIS NADEAU

PARIS
E. DENTU, LIBRAIRE-ÉDITEUR
PALAIS ROYAL, 13 ET 17, GALERIE D'ORLÉANS

1862

A M. FÉLIX DELACROIX.

Je vous offre un récit de voyages, mon cher Delacroix! Mais n'ayez pas peur; je ne vous ferai pas passer les mers; vous ne m'arracherez pas à la gueule d'un requin ou à celle d'un crocodile; vous ne me verrez pas avec effroi sous le scalpel d'un Peau-Rouge; en un mot, vous n'aurez pas trop à trembler pour mes jours. Nous ne quitterons pas la France. C'est dans l'ancienne Auvergne que je vous ferai voyager. Vous connaissez ce beau pays, et je sais combien vous l'aimez, parce que vous êtes bon appréciateur! Mais il est bien des personnes qui vont chercher au loin les grands effets des montagnes, sans songer que tout près, à leurs portes, au centre de notre belle France, des vallées splendides, des pics déchirés et des eaux salutaires attendent leur venue et leur offrent le remède avec la distraction.

Je n'ai donc pas à vous raconter d'agréables menteries, sous prétexte que je viens de loin. Non, si mon récit a quelque mérite à mes yeux, c'est que je n'ai rien inventé. J'ai vu les lieux dont je parle, j'ai lu ou entendu raconter les anecdotes que je raconte; j'ai essayé de reproduire ce qui m'a frappé. Ainsi ce n'est pas un voyage d'imagination fait dans mon cabinet; j'ai parcouru l'Auvergne, et ce livre est un acte d'admiration que j'adresse à cet admirable pays. Que mon œuvre obtienne vos suffrages; ce sera pour elle une garantie de succès.

L. Nadeau.

I.

LA VALLÉE DE LA LIMAGNE.

VOYAGE EN AUVERGNE.

COUP-D'OEIL SUR LA LIMAGNE.

Le ciel est pur, l'air des villes étouffe, le soleil épanche sur la terre ses ondes brûlantes; la mer, les eaux, les montagnes nous sollicitent; c'est le moment où le changement de lieu devient un besoin, partons.

L'Auvergne est le but de notre voyage. Laissons donc, à notre gauche, Vichy endormie sur les sables desséchés de l'Allier, aux pieds de ses coteaux riants qui prennent mille poses ondulées et gracieuses, comme une coquette jeune fille, pour dissiper l'ennui de ses visiteurs, et suivons le convoi qui nous entraîne.

La campagne glisse et passe sous nos yeux parsemée de châteaux, de villages et de fermes. Les arbres suivent les arbres chaudement éclairés par les rayons d'or d'un soleil ardent, et l'horizon baigné dans des flots de vapeur bleuâtre se perd au loin dans des lignes insaisissables.

Tandis que le poëte contemple ses idéales rêveries qui voltigent dans l'azur du ciel ou se perdent dans l'immensité, et que l'artiste admire les jeux de la lumière sur le flanc des coteaux ou bien la transparence blanchâtre des vapeurs qui unissent la terre au ciel, une brusque tranchée vient présenter à leurs regards sa face argileuse et nue : triste image de la réalité qui rappelle à chaque instant la pensée du ciel sur la terre !

Mais bientôt le sol s'abaisse, la vallée s'ouvre comme un brillant écrin pour montrer ses richesses. Elle s'appuie mollement à droite sur des tapis de verdure qui montent et s'élèvent en forme de dômes à demi voilés d'un bleu délicat; elle étale sa magnificence de moissons, de fruits et de prairies ; elle sursaute en collines sur les bords d'une rivière, comme si elle voulait y mieux voir sa gracieuse image, et elle finit par se perdre à gauche et par se confondre avec une chaîne de montagnes dont la cime semble découpée à l'orient comme des nuages qui s'enfuient. Cette belle, vaste et fertile vallée, c'est la Limagne.

Lac immense, qui servit autrefois de trop-plein

aux eaux de l'Allier, dans un temps que l'histoire ne peut pas déterminer! ses flots battaient les côtes des montagnes qui l'entourent, et qui s'avançaient dans son sein comme autant de promontoires dans celui de l'Océan. Plusieurs de ces montagnes portent encore les traces de leur séjour sous les eaux.

En voyant se dérouler devant soi cette couche épaisse de terre d'alluvion qui forme la vallée, en remarquant les deux chaînes de montagnes qui l'enclavent, personne ne peut douter que ce lieu n'ait été le fond d'un vaste lac qui s'est desséché lorsque ses barrages ont été usés par le frottement de quelque ruisseau. Peut-être est-il né en même temps que les violentes commotions qui ont troublé le sol de ce pays. Peut-être est-ce dans une convulsion dernière que le terrain s'est subitement soulevé, à son extrémité inférieure, pour fermer le passage aux cours d'eau qui arrosaient la contrée. Car, parmi les montagnes que nous découvrons à notre droite, on signale une foule de volcans qui remontent à une époque relativement moderne.

Aujourd'hui, la végétation la plus luxuriante s'épanouit dans la vallée et moutonne au contact du vent comme les flots de la mer sous le baiser de la brise. On dirait un verger, sans autres limites que la chaîne des Puys de Dômes et celle du Forez; verger splendide qui regorge d'arbres fruitiers sous le feuillage desquels l'herbe croît épaisse et nourrie.

Le fort ici ne nuit pas au faible. L'arbre donne à l'herbe une hospitalité généreuse. Des eaux qui jadis s'étendaient en nappe dans ce bassin, il ne reste plus que l'Allier profondément encaissé dans son lit d'où il sort rarement. Semblable à un ruban d'argent, il descend au milieu de la robe verte de la vallée, entraînant avec lui des sables qui parsèment ses rives. Sur les coteaux qui bordent ces richesses pendent des pampres verts et rouges, comme sur les bords d'une vaste coupe.

C'est un magnifique tableau orné d'un cadre non moins magnifique, sculpté par la nature en rondes bosses ou arêtes vives. A sa vue, l'on comprend que Sidoine Apollinaire se soit écrié dans une de ses lettres : « L'Auvergne est si belle que les étrangers qui y sont une fois entrés ne peuvent pas se résoudre à en sortir et y oublient bientôt leur patrie. » Il paraît même que sa célébrité s'étendait de bonne heure au loin. Selon saint Grégoire de Tours, le bon roi Childebert disait qu'avant de mourir il ne désirait qu'une chose, c'était de voir cette belle Limagne d'Auvergne qu'on dit être le chef-d'œuvre de la nature et une espèce d'enchantement.

MONTPENSIER.

I.

Une butte dénudée que des hommes fouillent avec ardeur, pour en extraire des pierres et du plâtre, attire notre attention, quoique les wagons passent assez loin d'elle, sans faire entendre le moindre sifflet. On la nomme Montpensier. Le fer déchire ses flancs et puise constamment dans son sein ; mais un jour, lasse de donner sans réparer jamais ses forces, elle s'affaissera sur elle-même, comme un vieillard dont les jambes fléchissent épuisées par un mal intérieur.

En attendant, après avoir eu l'honneur de porter des tours et des guerriers, elle a la générosité de fournir des matériaux aux constructions modernes et d'abriter le village de Montpensier et son église romane qui se cachent à ses pieds. Autant la couleur de l'église et du village, dont le temps a limé les arêtes, est en harmonie avec le pays, autant les lignes tranchantes et la couleur crue de ces pierres blanches qui sortent de la carrière, jurent à côté des teintes grises et vertes qui les enveloppent de toutes parts.

C'est sur cette butte que s'élevait le château de Montpensier où Louis VIII, fatigué du voyage qu'il venait de faire en Guyenne pour combattre les Albigeois, séjourna, tomba malade et mourut. Mathieu Pâris prétend que la maladie de Louis VIII fut causée par le poison que lui fit prendre Thibaut, comte de Champagne, amant de la reine Blanche de Castille. La beauté de la reine peut bien expliquer l'amour du célèbre trouvère ; mais son caractère repousse tout soupçon d'intrigue amoureuse et d'empoisonnement. L'histoire offre à nos méditations et à notre réprobation assez de crimes avoués par une saine critique, sans que nous en ajoutions d'imaginaires !

A propos de Louis VIII, Guillaume de Puy-Laurens raconte une anecdote étrange : « La maladie du roi, dit le chroniqueur, était due à sa continence. C'est ce que les médecins déclarèrent à Archambaud de Bourbon. Archambaud de Bourbon, pour sauver les jours du monarque, fit chercher une belle et noble jeune fille que l'on introduisit dans le lit du malade. Le roi, qui dormait alors, s'étant réveillé, rejeta le remède qu'on lui présentait, en disant qu'il aimerait mieux mourir que de commettre un tel péché. Il voulut qu'on mariât honorablement cette aimable fille qui s'était prêtée de si bonne grâce à l'ordonnance des médecins. » Le roi mourut quelques jours après. Ce trait, s'il est vrai, est digne du père de saint Louis.

Le château de Montpensier, qui a été longtemps dans la maison de Bourbon, puis dans celle d'Orléans, et qui a appartenu à la célèbre Mademoiselle, l'épouse de Lauzun, a été détruit par ordre de Richelieu.

On cite de l'un des seigneurs de Montpensier un acte d'amour filial qui lui coûta la vie. Louis de Bourbon, comte de Montpensier, second du nom, fut envoyé par le roi Louis XII à la conquête du Milanais. En passant à Pouzzoles, le jeune comte fit célébrer un service pour honorer la mémoire de son père, qui y était mort six ans auparavant. Il eut le désir de revoir, pour la dernière fois, des restes qui lui avaient été si chers. Il fit ouvrir le cercueil, contempla les débris informes qui s'offrirent à ses regards, et, plein de l'émotion la plus vive, il versa un torrent de larmes. Quelques jours après, il expira de douleur.

II.

L'époque où vivait ce jeune comte de Montpensier a vu plus d'un trait de sensibilité aussi excessive et aussi délicate. Cependant il semblerait que ces hommes habitués aux secousses violentes des combats qu'ils recherchaient, à la vue enivrante du sang qu'ils faisaient couler, aux horreurs des plaies béantes qu'ils ouvraient dans la chair de leurs ennemis, au contact repoussant des cadavres qu'ils foulaient aux pieds, dussent avoir le cœur serré dans une boîte de fer, semblable à celle dans laquelle ils emmaillottaient leur corps, sans que rien pût y remuer. Erreur! Ce serait juger le passé d'après les habitudes énervantes du présent.

De nos jours, tout ce qui concourt à l'éducation semble n'avoir qu'un seul but, celui de développer outre mesure la sensibilité aux dépens des forces physiques. Les petits garçons sont élevés comme de petites filles. A peine sortis des robes de leurs mères, ils s'en vont, bon gré mal gré, fourrer, pendant huit ans, leur nez dans un tas de livres où l'esprit et le cœur trouvent également leur pâture, pendant que le corps souffre, privé des exercices dont il a besoin. Devenus jeunes gens, ils éparpillent sur tout ce qui les entoure, les trésors d'affection qu'ils ont amassés : les femmes, les cercles et la pipe en absorbent la plus grande partie; et quand arrive l'âge viril, leur cœur blasé a perdu depuis longtemps cette fleur de la jeunesse, cette virginité du sentiment qui inspire les grandes passions et souvent aussi les grandes actions.

Il n'en était pas de même des jeunes chevaliers d'autrefois. C'était l'excès contraire; les vers latins et l'histoire les occupaient peu; mais ils savaient monter à cheval; ils maniaient avec adresse la lance ou l'épée; ils escaladaient une muraille aussi bien qu'une montagne ou un rocher. Toujours au grand air, toujours en exercices, ils n'avaient pas le temps d'émousser leur sensibilité qui se concentrait et éclatait quand le cœur était trop plein. Le vice de notre éducation, c'est que les exercices du corps et les courses à travers la campagne y tiennent trop peu de place. Les races s'abâtardissent.

III.

Tout près de Montpensier, une jeune fille pleurait, assise sur le bord d'une mare à demi desséchée, qui languit au soleil et d'où s'échappent quelques globules de gaz. Devant elle gisait le cadavre d'un canard. La pauvre bête avait osé aller barboter dans la mare, ignorant qu'elle tue tous les êtres animés qui boivent de son eau. On a bien essayé, à cause de cela, de renfermer cette eau dans une grotte qui porte le nom de fontaine; mais c'a été inutilement : la mare reparaît toujours à côté. Cette fontaine est mortelle! répète-t-on dans le pays. Quelqu'un fit observer que plusieurs personnes en ont bu et ne s'en sont pas trouvées plus mal.

« Monsieur, me dit un savant, les bêtes ont toujours la tête baissée quand elles boivent ; l'acide carbonique monte dans leurs narines, les suffoquent, et elles ne peuvent plus s'en aller. L'homme, au contraire, lève la tête vers le ciel, laisse au gaz le temps de s'évaporer, et ce qui en reste produit un bon effet dans son estomac. Le poison qui tue, pris à forte dose, peut être un excellent remède, si l'on en mesure savamment la quantité. »

Que n'a-t-on toujours des savants près de soi !

AIGUEPERSE.

I.

De Montpensier à Aigueperse il ne faut que quelques minutes. Aigueperse se dérobe derrière un voile d'arbres verts, comme la jeune fille de Virgile, avec le désir de se laisser voir. Ce n'est pourtant pas une beauté. Elle m'a fait comprendre, une fois de plus, pourquoi tant de femmes cachent leur visage sous d'épaisses dentelles. Une rue longue de deux kilomètres est toute la ville. Elle aligne sur deux rangs ses maisons de médiocre apparence. Les rosaces et les ogives de la sainte Chapelle les font paraître nues et monotones.

Cette église est un gracieux monument gothique qui marque la transition du style ogival secondaire à l'ogival flamboyant. Elle a été fondée en 1475 par Louis de Bourbon qui y est enterré. Une femme vieille et ridée était pieusement agenouillée sur les dalles; on l'aurait prise pour la statue de la prière : elle avait le style du monument.

Non loin de là, l'église paroissiale montre sa carcasse hybride, dont une partie est moderne et n'offre aucun caractère, tandis que l'autre appartient à l'architecture ogivale. L'architecture ogivale est assez ornée par elle-même. Tout ce qui n'est pas de sa nature l'enlaidit. Elle n'aime que les courbes qui se coupent. Aussi un tableau suspendu, avec ses lignes et ses angles droits, dans une église gothique, m'a-t-il toujours paru un contre-sens accroché sous des ogives. Toutefois je m'arrête avec plaisir devant une superbe peinture qui m'a tout l'air d'être de l'école italienne et d'un maître habile. C'est un martyre de saint Sébastien. La résignation, en même temps que la foi la plus vive, caractérise la figure du saint, tandis que la cruauté, la froide passion qui s'acharne et l'ivresse que cause la vue du sang qui coule se peignent dans les traits chaudement colorés des deux bourreaux attachés comme des vautours à leur proie. Le dessin est correct, la couleur exacte et hardie, l'ensemble plein de vérité; c'est une perle perdue dans un vaste écrin de pierres sculptées.

II.

Un vieux couvent sert d'Hôtel-de-Ville. Dans une salle basse et sombre, est placée, loin des regards et comme dans une prison, une excellente statue de Michel de l'Hospital. On se demande quel crime a commis l'illustre chancelier, pour se voir ainsi privé du grand air et de la lumière et séquestré dans un réduit obscur. Ne suffit-il pas, pour punir la noble et sainte liberté de sa parole, que son nom ait été écrit sur les listes de proscription? Faut-il encore qu'après sa mort sa statue soit proscrite comme huguenote! C'est sans doute le seul désir de conserver plus longtemps intacte cette œuvre d'art qui pousse les habitants d'Aigueperse à lui donner un abri. Espérons que, mieux inspirés, ils l'élèveront un jour sur la place publique, comme une gloire pour leur ville et un modèle pour les générations présentes et futures. On oublie trop vite ce qu'on ne voit plus.

Aigueperse a raison d'être fière de Michel de l'Hospital qui a vu le jour près de ses murs, au château de la Roche. Esprit élevé, cœur pur, noble caractère, le grand chancelier de France domine son époque. Si sa voix eût été écoutée, les horreurs de la Saint-Barthélemy n'auraient point été commises. Toute sa vie il a prêché la tolérance religieuse, l'amour du prochain et le pardon des injures. Pourquoi ne raconterais-je pas en deux mots son histoire?

Fils d'un médecin attaché au duc de Bourbon, il se fait remarquer comme jurisconsulté; ses talents le conduisent à la place de conseiller au parlement.

Le concile de Trente a lieu ; c'est lui que ses vertus et ses connaissances désignent pour représenter le roi de France à cette célèbre assemblée. Conseiller particulier de Marguerite de Valois, il est nommé surintendant des finances et élevé à la dignité de chancelier de France par François II. Mais les guerres religieuses déchirent le royaume. Pour y mettre fin, un seul moyen paraît efficace, c'est d'extirper l'hérésie, en anéantissant ses adeptes. Le moyen était radical, c'était celui qu'Antiochus avait essayé d'employer contre les Juifs et dont les empereurs romains se servirent contre les premiers chrétiens. En vain Michel de l'Hospital, dont les cheveux sont déjà blanchis, fait à Charles IX de libres, mais sages remontrances ; sa parole n'est pas écoutée : on l'accuse même en secret de pactiser avec les rebelles. Il se retire alors dans la solitude de Mons près d'Aigueperse. Le grand crime politique va s'accomplir : la tolérance n'a plus de défenseur. Pour la honte de l'humanité et la condamnation de l'époque, le nom vénérable de Michel de l'Hospital est porté sur la liste des proscrits ; mais l'acte fratricide n'alla pas jusqu'au bout, heureusement : le roi retira l'arrêt. En voyant cette noble et belle tête, on comprend la placidité de sa réponse, lorsqu'on vint lui annoncer cette nouvelle : « J'ignorais, dit-il, que j'eusse jamais mérité la mort et le pardon. »

III.

D'ici j'aperçois les restes du château d'Effiat, où vécut et s'instruisit dans les études militaires une autre illustration plus moderne, le général Désaix dont l'Auvergne s'honore aussi. Je ne peux m'empêcher de saluer en passant ce paisible séjour qui vit croître le futur gouverneur de la Thébaïde, ce Sultan-Juste, comme l'appelaient les Africains. Le voyez-vous, à la bataille de Marengo, comme il charge avec impétuosité les Autrichiens? Il est encore tout fier de ses glorieuses victoires de Chébresse et des Pyramides, où il a signalé sa valeur, et du service qu'il a rendu à sa patrie. Ses talents et sa bravoure lui réservent le plus brillant avenir. Mais c'est sur ce champ de bataille de Marengo où il entraîne par son exemple ses soldats contre l'ennemi, qu'une balle fatale va terminer ses jours.

Ne soyons pas surpris de rencontrer, au seuil de l'Auvergne, des hommes qui se sont distingués à des époques et à des titres différents. Ils sont placés là comme pour nous faire les honneurs de leur pays. Au fur et à mesure que nous avancerons, nous nous trouverons en nombreuse et illustre société, pourvu que l'art d'un nécromancien quelconque veuille bien faire sortir de leurs tombeaux les grands hommes de l'Auvergne dont les âmes planent sur le pays pour inspirer les générations actuelles.

ARTONNE.

I.

Le ciel blanchit à l'orient et la lumière qui monte éclaire insensiblement le bleu foncé de l'occident et efface les étoiles. Nous pouvons remarquer alors que nous sommes au pied des premières assises sur lesquelles se dressent les puys. Ils sont enveloppés d'un brouillard de vapeurs. Leurs angles, leurs arêtes, leurs escarpements, leurs déchirures se dérobent à cette distance. Ils ne présentent à l'œil charmé qu'une teinte chromatique qui commence près de nous par un vert où domine le gris, et qui, passant du gris au bleu, se perd dans un ciel d'azur.

Le Puy-de-Dôme domine toute la ligne. Son dôme majestueux le signale de loin au voyageur. Dans ce moment, les rayons de l'aurore, qui naît derrière les montagnes du Forez, lui posent sur la tête une couronne de feu, dont les tons adoucis comme ceux de l'orange contrastent agréablement avec les sombres nuances des masses qui l'entourent. Ce premier embrassement que l'aurore accorde au géant des puys semble lui faire dresser la tête avec une sorte de fierté.

Bientôt la lumière dorée descend sur les cimes moins élevées, et, chassant la brume vaporeuse qui noyait la vallée, se répand diffuse sur le sol qui tressaille à son contact fécondant.

Je ne connais rien de plus doux que la nature à son réveil. Nulle couleur ne heurte la vue : tout est fondu dans une délicate demi-teinte où les jours les plus forts ne sont que des clairs-obscurs, où les ombres les plus vigoureuses sont atténuées par un ton grisâtre. Les objets indistincts, perdus, pour ainsi dire, dans l'éloignement, se rapprochent peu à peu, prennent leur forme véritable et se mettent à leur place. On dirait qu'on assiste à une création partielle et que les éléments tout formés sortent du chaos. Nul son ne blesse l'oreille. La grande âme de la nature, qui, pendant la nuit, empruntait pour se faire entendre le souffle du vent, le murmure du ruisseau, le bruissement des arbres, semble se taire un instant pour donner aux êtres animés le droit de se faire entendre aussi. Il y a un moment d'indécision et comme un prélude.

Perché près de son nid, le plus gracieux oiseau de nos climats, un chardonneret laisse échapper de son bec blanc quelques notes douces, brillantes et détachées. Trois têtes qui s'agitent dans la corbeille de mousse et de duvet que l'art maternel a tressée, répondent qu'elles ne dorment plus. Pauvre petit nid ! Il est à la portée de la main des passants ! Le père et la mère poussent un cri et disparaissent dans les arbres voisins. Devant moi une maigre et longue belette traverse la route et poursuit un insecte qui s'enfuit. Des bœufs mugissent et s'avancent en traînant lentement un lourd char qui crie. De toutes parts les villageois se rendent à leurs travaux des champs. Tous les êtres animés quittent leur demeure pour chercher, poursuivre, faire naître ou préparer les aliments nécessaires au soutien de la vie. Le corps entraîne l'âme. Pauvre machine ! Elle est dominée par l'esprit; l'esprit la méprise; et pourtant, du matin au soir, le corps tient l'esprit captif et courbé, pour ainsi dire, avec lui sur la charrue, sur l'établi ou sur le bureau, dans le seul but de le conserver lui-même et de le faire jouir à l'aise de l'existence. L'âme serait-elle donc une esclave?—Mais pourquoi poser cette question? Combien d'hommes savent qu'ils ont une âme ?

II.

Rien ne me presse. Je sais que, si Dieu me prête vie, j'arriverai à Clermont, que je me baignerai dans les eaux de Royat, et que, plus tard, je boirai de celles du Mont-Dore. Arrêtons-nous donc aux buissons du chemin, comme l'écolier qui en prend à loisir avant d'affronter la présence sévère de son maître.

Il est matin; Artonne est à deux pas. Suivons les traces de saint Martin. Faisons avec lui une visite à sainte Vitaline. Reculons dans le passé. Nous voilà au quatrième siècle. Le grand saint que la ville de Tours vénère est sur la frontière de l'Auvergne. Il apprend qu'au bourg d'Artonne vient de mourir une sainte vierge nommée Vitaline. Il quitte Aigueperse, dit saint Grégoire de Tours, avec l'intention d'aller visiter le tombeau de la sainte. Quelques fidèles le suivent. La pieuse troupe devise des choses du ciel et arrive à Artonne; nous y voici avec elle. Prosternons-nous religieusement devant le tombeau de la vierge; puis regardons et écoutons. Saint Martin a terminé son oraison; il salue la défunte, et aussitôt la défunte se dresse et lui rend son salut en lui demandant sa bénédiction. Le saint la lui donne; mais, surpris de cette demande, il doute que Vitaline soit dans le paradis, et il lui pose ainsi la question : « Dites-moi, très-sainte vierge, si vous jouissez dans ce moment de la présence de Dieu. » La vierge garde un instant le silence; puis elle répond qu'elle n'a pas le bonheur d'être admise à la gloire des élus. « Un seul petit péché m'en a exclue jusqu'à présent; le vendredi saint, jour où nous célébrons la passion du Rédempteur du monde, j'ai osé me laver la tête avec de l'eau. »

Saint Martin se remet en prière; au bout de quelques instants il reprend la parole : « Aujourd'hui même, dit-il à la vierge, vous serez admise à voir la face du Tout-Puissant. » En effet, sainte Vitaline fit de nombreux miracles. L'archiprêtre d'Artonne, nommé Eulalie, célébra les Vigiles en l'honneur de la sainte et invita à un repas tous les pauvres de son voisinage; mais il ne put pas se procurer de poisson. Sainte Vitaline eut la complaisance d'apparaître à un pêcheur qui dormait et de l'avertir d'aller promptement pêcher du poisson pour le repas que devait donner Eulalie. Le pêcheur sortit de son lit, prit son filet, mais à peine l'eut-il développé qu'il y trouva un énorme poisson. Il le porta aussitôt aux convives de l'archiprêtre, qui le mangèrent très-dévotement.

O foi robuste et antique de nos pères, qu'êtes-vous devenue? Aujourd'hui Artonne n'offre plus même le souvenir de sainte Vitaline à ses visiteurs. Elle ne présente à l'admiration des curieux que ses fruits succulents et sa position admirable, en amphithéâtre, à mi-côte, où ses moellons s'entassent sans ordre les uns sur les autres, dans un cercle de vergers. Et pourtant, si la foi est restée forte en quelque lieu de la France, c'est assurément en Auvergne. On ne vit pas au sein d'une nature grandiose et sublime, au milieu des abîmes profonds et des monts perdus dans les cieux, dans une atmosphère limpide et transparente ou troublée par des ouragans infinis, sans élever son âme au-dessus des choses qui passent et sans adorer la main de l'Eternel !

ENNEZAT.

Sur la gauche du chemin de fer, en pleine Limagne, s'élève une tour octogonale terminée par une coupole. C'est l'église byzantine d'Ennezat. Pour y arriver, il faut suivre une route sur le bord de laquelle inclinent leurs têtes des épis ventrus, barbus, rebondis, prêts à crever de pléthore, sur des tiges solides de plus d'un mètre et demi. Ils sont dorés, rosés, comme les joues d'un homme qui n'a jamais pensé qu'à son estomac. Tout près d'eux, leur voisin le chanvre étale ses feuilles en parasol; il affecte les allures d'un arbre et dresse orgueilleusement sa tête en pyramide, jusqu'à trois ou quatre mètres de haut. Leurs racines peuvent s'étendre et puiser autant qu'elles veulent. C'est pour eux que, pendant des milliers d'années, les eaux, par leur séjour en ces lieux, ont accumulé couche par couche assez de terre végétale pour fournir sans cesse des sucs sans s'épuiser jamais.

Comme tous les villages d'Auvergne, Ennezat se compose d'une église, de maisons mal bâties et de fumier. Mais l'église est un assez beau monument.

« Nous possédions, il y a quelques années, me dit le curé, une peinture fort curieuse que vous trouverez au musée de Clermont. C'est un tableau peint sur un panneau de noyer. Il formait la partie supérieure de la porte qui donne de la sacristie dans le chœur. On y voit trois évêques assis dans leurs chaires. Ces évêques sont revêtus de costumes magnifiques, brodés d'or et de pierreries; ils portent des mitres très-basses. Le style de cette peinture doit la faire regarder comme très-ancienne. C'est peut-être un ouvrage de quelque artiste italien. Les figures ne sont pas sans mérite; le dessin même en est pur et correct. Malheureusement le panneau a beaucoup souffert, on y a enfoncé des clous, on l'a entaillé en vingt endroits; enfin les habitants d'Ennezat, depuis bien des années, étaient dans l'usage d'y inscrire leurs noms avec la pointe de leurs couteaux, pour les transmettre à la postérité. »

Voilà le cas que les paysans font d'une peinture devant laquelle se prosternent les antiquaires et les artistes! A défaut du nom de l'auteur, on en lit une foule qu'on aimerait mieux ne pas connaître. Il faut avouer que l'homme, et surtout le paysan, est un animal bien peu raisonnable! « Tout mutilé qu'est ce tableau, reprit le digne ecclésiastique, c'est encore un morceau très-précieux du quatorzième ou peut-être du treizième siècle. »

Il y a plusieurs autres peintures moins bonnes et plus récentes, les unes à l'huile, les autres à la fresque. Toutefois une tête de vierge rappelle les types ordinaires du Pérugin, tant par la coupe un peu carrée du visage que par l'extrême bienveillance répandue sur toute la physionomie. Je suis porté à croire que les paysans d'Ennezat ont pris quelque chose de cette bienveillance pour avoir laissé détériorer, sans rien dire, une œuvre que le musée de Clermont est assurément fier de montrer aux connaisseurs. Mais il est vrai que les paysans ne sont pas artistes ; est-ce parce que, placés chaque jour en face des chefs-d'œuvre sublimes de la nature, ils ne daignent même pas remarquer ceux des hommes ! Hélas ! non. Dans les tableaux splendides qui passent sous leurs yeux comme une féerie, dans le luxe que déploient leurs champs, leurs prés ou leurs bosquets, dans la coquette parure que les fleurs étalent pour les séduire, ce qu'ils voient, ce qu'ils comprennent, ce qu'ils admirent, c'est ce qui se résout pour eux en sacs de blé, en bottes de foin, ou en stères de bois ; ce qu'ils aiment, c'est ce qui se change en pièces bien sonnantes. Le reste ne vaut pas la peine qu'on en parle. Le beau pour le paysan c'est l'utile.

RIOM.

I.

Sur un fond de montagnes vertes qui s'avancent pour l'enserrer, Riom découpe sa silhouette calme et régulière. Elle semble endormie dans le sein de la plaine, ou plutôt exclue du mouvement qui emporte les autres villes vers l'industrie et le commerce. Ses rues larges, propres et assez bien pavées, qui se coupent à angle droit, sont presque désertes : l'herbe y pousse. La ville est un rond planté d'arbres, un cercle dont la circonférence bordée de trottoirs sablés sert de grande route, et dont la surface est partagée en quatre parties principales par deux diamètres perpendiculaires l'un à l'autre. A la circonférence se rattachent trois faubourgs en forme d'excroissances. Une promenade semée de gravier fin, plantée d'arbres hauts et touffus, divisée en plates-bandes symétriques, bordée d'un vert gazon, d'où, la tête droite, on domine la plaine en regardant fuir à l'horizon les derniers plans des montagnes, se nomme le **Pré-Madame**. Tout y est soigné, tout y est aligné, tout y est empesé; il n'y a pas un pli : c'est la cravate blanche d'un juge.

De ce côté-là seulement se montrent parfois des êtres humains. Soyez sûrs qu'ils tiennent de près ou de loin à la justice. Ce sont des conseillers, des juges, des avocats, des procureurs, des huissiers, des clercs de notaires et d'avoués, ou des plaideurs. La Cour et le palais peuplent la ville. Je comprends combien M. de Barante a eu raison lorsqu'il a dit : « On ne saurait concevoir Riom sans ses tribunaux. Elle a conservé l'esprit de société plus que beaucoup de villes de province; mais l'intérêt de cette société ce sont les affaires, les plaidoiries, les succès du parquet et du barreau; dans toutes les classes on s'en occupe, on en parle; lorsque les servantes vont chercher de l'eau à la fontaine, pendant que leurs cruches s'emplissent, elles s'entretiennent de la Cour d'assises et de l'avocat qui a bien plaidé. »

Ce gros et lourd bâtiment gris, construit en lave de Volvic, en face du Pré-Madame, c'est la Cour impériale. Le tribunal de première instance est à sa droite et la prison à sa gauche. Comme à Paris, une Sainte-Chapelle fait partie des constructions de la Cour. Les arêtes de sa toiture aiguë et ses clochetons dentelés attirent de loin les regards. Il semble qu'il n'y ait eu qu'un seul plan pour toutes les Saintes-Chapelles. C'est une nef courte, élevée, à jour de tous côtés, une espèce de cage de verre, dont la décoration consiste surtout dans les vitraux qui garnissent les fenêtres et dans les enluminures des murailles. A Riom, elle a peu d'ornements ; l'architecture y est sévère, comme la teinte de la lave ; mais les vitraux y sont d'un effet remarquable. De même que celle de Paris, cette chapelle, aujourd'hui rendue au culte, a servi à loger les archives judiciaires.

Les monuments dignes d'être cités sont rares à Riom. Cependant, quelle est cette petite coupole soutenue en l'air par quelques colonnes isolées comme un chapeau trop lourd pour la tête qu'il doit coiffer? C'est le beffroi de la ville, c'est la tour de l'horloge, tour octogonale sur laquelle l'architecte n'a pas voulu faire peser immédiatement son dôme; il a préféré le mettre en équilibre sur cinq ou six fûts de pierres, pour le désespoir des jongleurs et des hercules modernes. Cette charmante espièglerie du XVIe siècle montre aux passants sa robe grise toute semée d'oiseaux incroyables, de chimères impossibles, perdues dans des arabesques sans fin. Elle semble sourire à plusieurs maisons placées en face d'elle, et qui ouvrent, pour la voir, leurs longues fenêtres gracieusement arrondies aux coins supérieurs et soutenues au milieu par une colonnette grêle.

A la bonne heure, voilà une rue qui vaut une page d'histoire. Voilà des pierres qui me racontent la plus belle époque des annales de Riom, l'époque de Pierre de Bourbon et d'Anne de Beaujeu. Ces minces feuilles qui se tordent en cordons ou se roulent en volutes m'indiquent le goût délicat et capricieux de la renaissance. Mais la capitale du duché d'Auvergne a conservé peu de traces de ce bon temps où le duc Pierre de Bourbon et sa femme encourageaient les arts et les lettres et savaient protéger et mettre en évidence des hommes tels que les Marillac, les Dubourg, les Duprat et les Arnauld.

Toutefois, j'admire, à l'angle des rues de l'Hôtel-de-Ville et Croisier, une maison de la renaissance, dont la jolie tourelle est en saillie sur la rue. Les médaillons dont elle est ornée ont probablement donné aux commerçants de notre époque l'idée de placarder eux aussi sur leurs demeures des médaillons-renaissance, trophée pacifique des victoires de l'industrie aux diverses expositions.

Une autre coupole suspendue décèle l'église du Marthuret à demi enfoncée sous terre. Si jamais cette église a eu ses jours d'architecture splendide, elle en est bien déchue. Elle a dû voir quelque main barbare s'appesantir sur sa face. Elle montre encore çà et là, errantes et isolées, quelques traces du quatorzième siècle, surtout une statue de la Vierge, de grandeur naturelle, placée sur le pilier symbolique du porche. C'est un vrai chef-d'œuvre. Mais ce que je signale aux amateurs de bonne peinture, c'est un tableau de Müller, accroché dans une chapelle de droite. Ce tableau représente l'entrée triomphale de Jésus-Christ dans Jérusalem. Le Christ, entouré de la foule qui se presse sans confusion autour de lui, s'avance sur un âne paisible vers la porte de la ville qui s'ouvre à son approche. Les habitants se groupent sur les points élevés et se dessinent bien dans un superbe paysage qui fait le fond du tableau, tandis que sur les premiers plans des personnages artistement posés et chaudement éclairés représentent les débris du passé qui s'en va. On me demandera peut-être pourquoi les deux coureurs, qui précèdent le Christ, ont les deux pieds droits à terre et les deux pieds gauches en l'air. Je l'ignore ; mais c'est peut-être parce qu'ils se sont exercés à courir au pas. En somme, cette peinture fait plaisir à voir. Cette multitude qui s'agite, cette campagne qui verdoie et poudroie, cette couleur qui s'harmonise avec habileté laissent dans l'âme une impression agréable.

Cet édifice fut, dit-on, fondé par un gentilhomme appelé Marc de Langeac, seigneur de Thuret, qui lui donna son nom.

La vieille église de Saint-Amable a disparu sous le marteau des maçons. On en élève une autre à la place, qui sera digne, assure-t-on, du patron de la ville. Attendons pour en juger; mais n'oublions pas, en passant près de ce lieu, que le peuple de Riom a pour saint Amable la plus haute vénération, et qu'un évêque de Clermont-Ferrand, l'illustre Massillon, fut sur le point d'être lapidé pour avoir fait ouvrir la châsse du saint. L'avare tient à son trésor comme à son sang.

Si l'on en croit la tradition, saint Amable était curé de Riom alors que cette ville n'était qu'un faible bourg dominé par un château. Il se fit remarquer par la sainteté de sa vie et eut le don des miracles. Le plus gracieux et le plus poétique est assurément le voyage qu'il exécuta sur un rayon de soleil qui le prit dans sa paroisse au milieu de ses ouailles et le transporta dans Rome où il reçut des mains mêmes d'un ange le dépôt précieux des ossements des premiers martyrs.

II.

Riom a la prétention de descendre des Grecs. Je ne sais pas l'avantage qu'elle y trouve. Ce qu'il y a de certain, c'est qu'à l'époque de Philippe-Auguste elle était fort peu considérable. Toutefois elle était le chef-lieu d'un comté et son château était habité par le comte d'Auvergne. Mais deux villes très-rapprochées n'ont jamais fait bon ménage et deux frères ambitieux sont bientôt deux frères ennemis. C'est ce qui arriva entre Guy II, comte d'Auvergne et son frère, l'évêque de Clermont. Leurs querelles étaient si violentes que Philippe-Auguste résolut d'y mettre un terme. Le moyen le plus simple étant le meilleur, le roi chargea Guy de Dampierre de confisquer le comté d'Auvergne pour ôter au comte tout moyen d'attaquer son frère. Riom devint alors le siége d'un bailliage.

Plus tard le roi Jean fit de ce comté un apanage pour les ducs d'Auvergne et de Berry. Un de ces ducs, Jean II, duc du Bourbonnais et de l'Auvergne, se détacha du parti de Louis XI, pour prendre part à la guerre du bien public. Il était enfermé dans sa ville avec plusieurs autres seigneurs et allait soutenir un siége contre le roi. Heureusement pour lui, Louis XI fut rappelé à Paris pour s'opposer aux tentatives du comte de Charolais. Avant de partir, Louis XI signa le traité de Mozat qui sauva le duc d'Auvergne et la ville de Riom.

Pendant les guerres de religion, Riom fidèle à la couronne échappa aux désastres qui désolèrent l'Auvergne. Mais elle faillit se perdre à l'époque de la ligue, en soutenant les ligueurs, parce que Clermont était restée soumise au roi. Lorsque Henri IV eut abjuré, elle cessa toute résistance et vit condamner à des traitements rigoureux ceux qui parlaient encore le langage de la Ligue.

Privée de ses princes et devenue une ville comme une autre et non plus une capitale, Riom perdit l'éclat qu'elle avait dû au séjour presque continuel dans ses murs d'un comte ou d'un duc suivi de sa cour. Elle garda ses tribunaux, malgré Clermont ; et aujourd'hui encore ses magistrats qui rappellent les beaux noms des Mazuer, des De Combes, des Chaduc, des Redon, des Grenier, des Touttée, des Bastard et des Chantelauze auxquels ils succèdent, maintiennent la Cour impériale de Riom au niveau des meilleures Cours de justice de France.

III.

A l'extrémité du faubourg de Mozat, on voit les restes d'une célèbre abbaye. Son église subsiste encore. C'est une des plus vastes de l'Auvergne. Pendant que je contemple, dans une chapelle, un Christ en jupons coiffé d'une espèce de calotte, j'entends derrière moi une discussion sur la valeur des émaux du quinzième siècle. Je me retourne et je vois, en face d'une magnifique châsse en émaux de Limoges, deux touristes qui sont en désaccord. La beauté de la châsse attire mon attention. Je m'approche et je suis bientôt pris pour juge du différend. Je n'étais pas compétent pour trancher la difficulté ; mais j'y gagnai de faire connaissance avec les deux voyageurs. Ils sont de Paris, célibataires, libres de leur fortune et de leur personne. Ce sont deux frères. Je connus bientôt leur âge et leurs goûts. L'aîné se nomme Georges : il a quarante-cinq ans. C'est un savant profond et modeste. Il a déjà visité plusieurs fois l'Auvergne ; il n'y a pas un coin qu'il ne connaisse ; il y revient pour le plaisir de la revoir. Il prétend que c'est un vaste musée, un immense cabinet de curiosités minéralogiques. Il porte sur le dos une boîte longue de fer blanc peint en vert, pour y déposer les échantillons curieux qu'il rencontrera. Son frère est plus jeune : il a quarante ans ; il se nomme Henri. C'est un chercheur. Toujours à la poursuite d'une idée, il sacrifie tout à une idée. D'un orgueil d'esprit incroyable, il devient le critique de ses idées passées, si une nouvelle idée qui passe dans son cerveau lui paraît préférable aux précédentes. Toujours en avant, il semble marcher plus vite que son siècle. D'ailleurs le meilleur homme du monde, il laisse son frère diriger les excursions. Heureux de trouver un guide si savant, je me laisse aussi conduire par Georges.

DE RIOM A CLERMONT.

I.

Qu'il est doux, quand on est fatigué, de s'étendre sur les coussins d'un wagon et de voir se développer de tous côtés les splendides féeries d'un pays pittoresque, lorsque rien ne vous force à suivre toute la ligne, mais que vous pouvez vous arrêter aux stations qui vous conviennent et continuer ensuite votre course ! Que de lieux, que de choses on peut admirer ainsi ! Les plus longs voyages deviennent des promenades et l'on peut parcourir en deux ou trois ans des contrées que nos pères auraient mis toute leur vie à explorer.

Henri prétend que nous n'en sommes pas plus heureux, que nous avons perdu le sens délicat du goût qui distinguait les siècles précédents, et que nous ne rapportons de nos excursions rapides que des connaissances mal digérées. Suivant lui, le besoin d'aller vite, de voir vite, de jouir vite, nous a rendus superficiels et a enlevé à notre esprit toute solidité et à notre cœur tout sentiment profond. Nos pères entendaient bien mieux que nous les voyages; ils allaient lentement, c'est vrai ; mais rien ne leur échappait, tandis que nous passons comme l'éclair, sans voir autre chose que des masses vagues. Ils savouraient à loisir les merveilles de la route; ils disséquaient, ils dégustaient en connaisseurs un pays, tandis que nous l'effleurons à vol d'oiseau sans l'apprécier. En un mot, ils étaient gourmets et nous sommes gloutons.

— Mais vous avouerez qu'ils n'avaient pas, comme nous, un sentiment vif du beau.

— Non, j'avouerai qu'ils sentaient mieux.

— Cependant les œuvres que nous a laissées le 17e siècle, par exemple, ne nous montrent qu'un sentiment général du beau, sans détails, sans analyse.

— C'est vrai ; et je complète votre pensée. Nous, au contraire, nous savons entrer dans les détails de nos sensations, de nos sentiments; nous savons en faire une analyse très-exacte pour le plaisir de nos lecteurs qui sont charmés d'apprendre quelles émotions ils ont éprouvées lorsqu'ils se sont trouvés en face de la Vénus de Médicis. N'est-ce pas cela?

— Très-bien.

— Voici ma réponse : Pleins du beau qui éblouissait leur intelligence, qui débordait de leur cœur, ils ne voulaient rien perdre de la douce extase qui les enivrait et qu'une froide analyse eût fait évanouir. Nous, moins pressés qu'eux par le dieu du beau, nous échappons facilement à ses étreintes, pour raisonner sur nos sentiments. Ils étaient des artistes, nous sommes des critiques. Ils sentaient par le cœur, nous sentons par le cerveau.

II.

Pendant cet entretien, Riom fuyait derrière nous. A notre gauche la Limagne arrondissait les collines qui soulèvent sa robe de verdure, et à notre droite accouraient les hauts promontoires du plateau qui supporte les dômes. Ils s'avancent dans la vallée comme autant de longs contreforts destinés à soutenir l'édifice tout entier des montagnes. Ils montrent aux passants leurs flancs marneux que recouvrent des vignes plantureuses et de vastes prairies ; leurs têtes sont surmontées d'un panache de moissons ; mais on n'y voit point d'arbres. Ils sont séparés par des vallées où coulent de limpides ruisseaux qui vont grossir les eaux de l'Allier. Ils portent suspendus à leurs crêtes ou collés à leur poitrine des villages tout neufs et des châteaux en ruines : le présent et le passé. Derrière eux, sur leur dos, la chaîne des puys dentelle l'horizon comme feraient les dents d'une vaste scie dont beaucoup seraient usées.

CLERMONT.

I.

Au centre d'un fer à cheval de montagnes qui s'allongent comme deux bras dans la plaine, sur un monticule de pouzzolanes, s'élève Clermont. Un des bras qui se tend pour la serrer, c'est Champturgue, l'autre Gergovia : Bacchus et Vercingétorix ; nous retournons dans le passé. Le milieu du fer à cheval est dominé par le Puy-de-Dôme qui dresse sa masse colossale au-dessus de la tête des petits puys ses voisins et s'impose à la ville. Il semble avoir été le point de mire de toutes les rues, toutes se dirigent vers lui, et l'œil ne se lasse pas de voir son cône légèrement arrondi. Les montagnes qui le soutiennent et qui bornent, comme une muraille, l'horizon au couchant, ne fatiguent pas non plus le regard ; au contraire, leur verdure récrée la vue et rompt la monotonie des maisons : la campagne pénètre la cité.

Voilà ce que j'ai vu, voilà ce que j'ai senti ; écoutons un maître, Châteaubriand : « Qu'on se représente des montagnes s'arrondissant en un demi-cercle ; un monticule attaché à la partie concave de ce demi-cercle ; sur ce monticule Clermont ; au pied de Clermont, la Limagne. C'est un terrain tourmenté, dont les bosses de diverses hauteurs semblent unies quand on les voit de Clermont, mais qui, dans la vérité, offrent des inégalités nombreuses, et forment une multitude de petits vallons, au sein de la grande vallée. Des villages blancs, des maisons de campagne blanches, de vieux châteaux noirs, des collines rougeâtres, des plants de vignes, des prairies bordées de saules, des noyers isolés qui s'arrondissent comme des orangers, ou portent leurs rameaux comme les branches d'un candélâbre, mêlent leurs formes variées à la couleur des froments ; ajoutez à cela tous les jeux de la lumière. »

La fertilité de la Limagne entoure la ville ; elle l'enveloppe de ces arbres touffus ; elle la cache en partie derrière leurs branches ; elle parsème ses abords de jardins toujours arrosés par une nappe d'eau souterraine qui coule à un pied de profondeur ; elle l'enrichit de ses divers produits. Il ne manque à l'extérieur de la ville pour être doué de tous les avantages désirables qu'une rivière ou un canal. Et elle est à quelques kilomètres de l'Allier !

II.

La teinte grise un peu violacée de la pierre de Volvic ne donne pas aux bâtiments un aspect gai. Une ville bâtie avec de tels matériaux a tout de suite l'air antique. C'est ce qui est arrivé à Clermont qui n'est pourtant pas très-jeune. Les plus beaux hôtels ne datent que d'hier, on les croirait plus vieux que Pierre l'Ermite et les pèlerins de la première croisade. Quelques belles maisons disséminées, quelques larges et belles rues inachevées, quelques promenades commencées, beaucoup de petites ruelles étroites, tortues, malpropres et sombres, une immense place raboteuse, une superbe cathédrale tronquée, des allées, des cours bien aérés, bien sablés, des étages entassés, du vent, de la poussière à foison, telle est Clermont.

III.

L'origine de Clermont se perd dans la nuit des temps. Ses anciens habitants avaient la prétention de descendre des Troyens : de là leur haine contre ceux de Riom qui descendaient des Grecs. Ce qu'il y a de certain, c'est que les Arvernes étaient connus dans le sixième siècle avant notre ère. Ils se trouvaient parmi les Gaulois qui, sous la conduite de Bellovèse et de Sigovèse, allèrent conquérir la partie de l'Italie qui fut depuis nommée Gaule Cisalpine. La ville actuelle fut bâtie sur l'emplacement du bourg de Nemosus, Nemossos ou Nemetum, pris et incendié par les Romains après la défaite de Bituitus, dernier roi des Arvernes, l'an 76 avant J.-C.

Le premier roi de ces contrées se nommait Luerius ou Luerinus. Il était si fier de ses richesses, que chaque année, dit-on, il en faisait parade de la manière suivante : il montait sur un char et parcourait un vaste champ en répendant l'or à pleines mains, tandis que son peuple se précipitait sous les pieds des chevaux ou sous les roues du char pour obtenir une petite part des libéralités du prince. Il faut avouer que cette manière de se montrer généreux était bien barbare et bien primitive !

Ses successeurs se firent respecter de telle sorte par leurs voisins, que les Carthaginois, devenus maîtres de la Gaule méridionale, trouvèrent fort avantageux de conclure avec eux un traité. Les termes de cette convention font trop d'honneur aux femmes de cette époque pour que je les passe sous silence. « Les deux peuples, dit Plutarque, firent un pacte et convinrent, d'un côté, que si les Gaulois avaient à se plaindre des Carthaginois, le jugement serait soumis aux préteurs et généraux carthaginois qui étaient en Espagne; de l'autre, que si les Carthaginois avaient à se plaindre des Gaulois, le différend serait jugé par des femmes gauloises, car il existait un tribunal de femmes, établi à la suite d'une sédition que l'entremise des femmes gauloises avait calmée. »

Les Arvernes n'en furent pas moins soumis par les Romains. Nemetum fut dotée de priviléges et d'établissements importants. Devenue plus considérable, elle prit le nom d'Augusto-Nemetum pour flatter Auguse qui s'en montra reconnaissant, en lui donnant le droit de cité romaine, en faisant elever dans ses murs un capitole, et en lui accordant un sénat. Quand Auguste était généreux, il ne l'était pas à demi. Le goût des lettres et des arts se répandit bientôt dans la ville. Il s'y forma une école célèbre d'où sortirent Fronton, le maître et l'ami de Marc-Aurèle, et Sidoine-Apollinaire dont les œuvres poétiques sont plus utiles pour l'histoire de cette époque que remarquables au point de vue de la poésie.

Le premier apôtre de l'Auvergne fut saint Austremoine, qui convertit au christianisme les habitants d'Augusto-Nemetum. Les temples des faux dieux furent abandonnés; bien plus, ils furent renversés, et avec leurs débris on éleva des églises pour y déposer les restes des martyrs. La ville jouit alors d'une parfaite tranquillité jusqu'au troisième siècle où elle fut envahie et saccagée par les bandes de Crocus qui égorgèrent plus de six mille personnes. Une nouvelle ville s'élève alors à la place de l'ancienne. Elle prend le nom de Clarus-Mons ; c'est déjà le nom moderne dans sa forme latine. Clarus-Mons n'est pas épargné par les Barbares. La citadelle tombe entre leurs mains ; ils la brûlent et jettent le trouble dans tout le pays. Quand le calme reparaît, la féodalité se montre dans le lointain ; le peuple cherche un protecteur, et c'est naturellement vers l'évêque qu'il se tourne. L'évêque accepte le rôle qu'on lui offre de défenseur du peuple, et il en devient bientôt le chef et le maître.

Mais Euric ou Evaric, roi des Wisigoths, conduit sous les murs de Clermont ses soldats qui viennent de ravager les Gaules. Voyant que l'Empereur Népos refuse de la secourir, la malheureuse ville, après plusieurs députations inutiles envoyées à Evaric, consent enfin à ouvrir ses portes, et passe sous le joug des Wisigoths.

Lorsque Alaric, qui avait succédé à Evaric, eut été défait et tué à la bataille de Vouillé par Clovis, roi des Francs, le vainqueur envoya son fils Thierry en Auvergne pour s'emparer de cette province ; ce qui ne fut pas difficile, puisque une grande partie des guerriers auvergnats avaient péri dans le combat; mais les intrigues d'Arcadius, qui avait été nommé gouverneur de Clermont, attirèrent de nouveau

Thierry dans ces contrées. Le jeune prince s'empara de la ville qui s'était soustraite à son autorité et la saccagea. La province entière fut pillée, brûlée, ruinée. Il ne laissa de ce beau pays, dit saint Grégoire de Tours, que le sol qu'il ne pouvait pas emporter.

Sous la domination mérovingienne, Clermont conserva ses anciens magistrats. C'étaient les véritables gouverneurs de la ville. Les comtes que les Francs lui imposèrent n'étaient pas assez habitués au maniement des affaires pour s'en charger seuls; ils laissaient une partie de l'administration aux familles sénatoriales. Le principal magistrat fut donc l'évêque. Elu par le peuple, il avait sur la cité une autorité légitime. Le comte et les officiers francs qui lui étaient adjoints subissaient son autorité et, dans leur ignorance des affaires publiques, s'en rapportaient à lui de tout ce qu'il avait décidé. Plus tard, après la mort de saint Bonnet, qui fut le dernier de ces évêques, les Francs nobles se chargèrent de l'administration de la ville et de la province.

Peu de cités ont eu un sort aussi agité que celui de Clermont. Il semblerait que tous les partis, dont elle fut en quelque sorte l'enjeu, se fussent entendus pour la convertir en un monceau de cendres; mais il semblerait aussi qu'elle dût au feu une vigueur spéciale qui ne lui a pas fait défaut depuis le jour où, pour la première fois, elle s'est élevée sur les scories des volcans qui l'entourent. Nous avons encore à traverser des ruines fumantes et des incendies dévorants. Prenons donc notre cœur à deux mains.

En 732, lorsque les Sarrasins firent, au centre de la France, cette grande irruption qui fut si sévèrement et si justement arrêtée par Charles-Martel près de Poitiers, Clermont fut livrée aux flammes et la plupart de ses églises furent renversées. Néanmoins, grâce à sa vitalité prodigieuse, la vieille cité des Arvernes se releva bientôt du milieu des décombres pour offrir sa tête à de nouveaux coups.

Pépin venait de monter sur le trône et de commencer la dynastie des Carlovingiens. Un grand parti s'était formé en faveur des Mérovingiens détrônés. Waïfre, duc d'Aquitaine, de qui dépendait l'Auvergne, en était le chef. Il avait parmi ses partisans les plus déclarés le comte de Clermont, Blandinus. Blandinus irrita par ses menées le roi de France qui arriva, à la tête d'une armée considérable, sous les murs de Clermont. La ville ne put résister et, malgré les prières de l'évêque Etienne, elle fut saccagée et brûlée. Son château disparut, et Blandinus fut fait prisonnier.

Les ruines furent bientôt relevées, et la ville était redevenue florissante, lorsque de nouveaux barbares venus du Nord, et appelés pour cette raison Normands, eurent la fatale idée de pénétrer dans le cœur de la France en remontant les fleuves sur des barques légères. Toutes les villes qui se trouvèrent à leur portée furent pillées. Les habitants surpris n'avaient pas encore songé à courir aux armes que déjà leurs richesses étaient enlevées et leurs maisons incendiées par ces bandits d'un nouveau genre qui se mettaient à l'abri en s'enfuyant avec leurs barques pleines de butin. Clermont eut le triste honneur de tenter leur cupidité. A trois reprises différentes, elle subit leur vandalisme. La première fois, c'était en 853, ils apparaissent et prennent tout ce qu'ils peuvent emporter. Dix ans après, le comte Etienne leur livre bataille; mais il périt dans la mêlée. La ville est saccagée, les maisons sont brûlées et les églises renversées. Ces barbares se donnaient le satanique plaisir de détruire principalement les lieux saints. Trois ans plus tard, on a à déplorer les mêmes scènes de destruction et les mêmes excès. Enfin, en 916, les Normands fondent encore sur Clermont; mais ils ne sont pas seuls : ils sont unis aux Danois. Leur acharnement contre cette malheureuse cité est indescriptible; ils la détruisent de fond en comble et ne laissent, en s'en allant, qu'un monceau de ruines. Les habitants s'étaient réfugiés dans les montagnes, dès qu'ils avaient entendu retentir le cor d'ivoire des pirates.

Pour rebâtir la ville et la repeupler, les évêques rappelèrent les anciens habitants. Ceux-ci, effrayés par l'expérience du passé, refusèrent d'abord ; mais les évêques leur offrirent de si grands priviléges qu'ils revinrent suivis de beaucoup d'étrangers et que la ville secoua de nouveau son linceul de cendres pour prendre une physionomie nouvelle. A la place des rues larges et des vastes maisons qui constituaient les villes de l'antiquité, le peuple, inspiré par les tristes exemples qu'il avait eus sous les yeux, façonna la ville autrement. Chacun chercha à se placer le plus près possible du château, afin d'être mieux défendu contre toute espèce d'attaque. Les rues furent resserrées pour empêcher que beaucoup d'hommes ne pussent passer de front et pour permettre aux habitants de lancer plus facilement des projectiles sur les ennemis. Les portes des maisons furent des ouvertures ou plutôt des fentes étroites et basses ; et les maisons elles-mêmes se serrèrent et s'appuyèrent les unes contre les autres, comme les soldats d'un bataillon, pour se prêter un mutuel secours. De là, cet air morne et sombre que certains quartiers conservent encore aujourd'hui ; de là l'humidité et les maladies que produit l'humidité ; de là une apparence de malpropreté que nos yeux habitués aux rues spacieuses et pleines de soleil trouvent dans toutes les villes qui ont gardé quelque cachet du moyen-âge.

A cette époque, les seigneurs du royaume de France avaient obtenu de la faiblesse de Charlesle-Chauve l'hérédité des fiefs. L'année même de sa mort, le roi avait signé l'hérédité des comtés. Les comtes, jusque-là magistrats amovibles, devinrent des souverains héréditaires, chacun dans le pays qu'il administrait. Le comté d'Auvergne profita comme les autres de la faveur royale qu'avait amenée la force des choses. Le premier comte qui succéda à son père fut Guillaume-le-Pieux, de la célèbre famille de La Tour d'Auvergne.

IV.

En l'an 1095, la ville de Clermont présentait un aspect inaccoutumé. Ses maisons se pavoisaient de brillantes couleurs; le pavé de ses rues se tapissait des dernières fleurs de la saison qu'on y jetait à pleines mains; les cloches lançaient à toutes volées leurs sons dans les airs. La foule se pressait et ondulait de toutes parts comme les flots de la mer. Des seigneurs montés sur de superbes coursiers richement harnachés suivaient leurs hommes d'armes qui essayaient d'ouvrir les rangs de la foule. Des châtelaines de tout âge portées sur de fringantes haquenées venaient après eux. Sur toutes les routes qui aboutissaient à la ville on voyait accourir une longue suite de voyageurs, les uns à pied, les autres à cheval, qui, tous, s'empressaient de pénétrer dans le centre de la cité. Mais la cité était trop petite pour loger la multitude immense qui l'encombrait. Elle put à peine recevoir dans ses murs les ambassadeurs, les prélats, les seigneurs. Le reste fut contraint de chercher un asile dans les villages des environs; beaucoup même dressèrent leurs tentes et leurs pavillons au milieu des champs et des prairies, quoiqu'on fût au mois de novembre et que le temps fût très-froid. On était dans l'attente d'un événement important. Le pape Urbain II, un Français, venait de Rome pour tenir un concile à Clermont; il devait y prêcher une croisade contre les infidèles.

Les infidèles, pour la foule ignorante, ce n'était pas seulement les musulmans qui souillaient par leur présence la ville sainte et le tombeau du Christ; c'était encore, c'était surtout les pirates qui, non contents de ravager le pays et de dépouiller les habitants de leurs richesses, détruisaient, sur leur passage, les temples du vrai Dieu. Musulmans et Normands s'associaient dans les esprits pour ne former qu'une seule et même idée. S'armer et marcher contre les uns, c'était par le fait même s'armer et marcher contre les autres. Tous les esprits, tous les cœurs étaient donc parfaitement disposés à la guerre sainte.

Le pape Urbain espérait que sa parole serait plus persuasive à Clermont qu'elle ne l'avait été l'année précédente à Florence. Les seigneurs italiens avaient bien approuvé son projet, mais aucun n'était parti. Il avait compris alors que si l'Italie ne pouvait pas se mettre à la tête d'un pareil mouvement, il fallait s'adresser à une nation généreuse et guerrière, capable, dès cette époque, d'entraîner l'Europe à sa suite. C'est cette raison qui l'avait amené à Clermont.

Le concile avait déjà tenu neuf séances préparatoires dans l'église cathédrale où les discours s'étaient mêlés aux prières. Lorsque la dixième dut avoir lieu, le Pape suivi de son cortège se dirigea vers la place qu'on appelait autrefois place des Jacobins et qui maintenant est nommée place Delille, afin que le peuple tout entier pût entendre les discours qui allaient lui être adressés.

« Un murmure soudain, prolongé de bouche en bouche, dit Pierrot Deseilligny, annonça l'arrivée du Pape. Urbain, à la tête des cardinaux, des évêques, des abbés, des supérieurs monastiques, s'avance d'un pas majestueux et tranquille, à travers les rangs d'un peuple à genoux. » Il se dirige vers l'estrade dressée en son honneur au milieu de la place où s'élève un trône brillant d'un luxe bizarre: de chaque côté s'étend un vaste amphithéâtre où doivent s'asseoir les principaux pères du concile. « Urbain arrive au trône, s'agenouille, adresse une courte prière à la Reine des anges et appelle l'Esprit-

Saint sur l'assemblée. Tout le monde se releva en silence; jamais encore, dans les temps modernes, une scène si imposante n'avait frappé les regards des hommes. »

Sur un siége de bois, placé à côté du Pontife, s'était assis un homme d'une petite taille, d'un extérieur bas et grossier. Sa tête, ses pieds étaient nus; son corps était couvert d'une robe brune; une corde lui tenait lieu de ceinture; une longue barbe blanchissante tombait sur sa poitrine; son teint hâve et ses traits fatigués trahissaient les austérités de la pénitence. Il tenait ses yeux modestement baissés; mais lorsqu'il les levait vers le ciel, son visage paraissait inspiré et laissait voir quelque chose de sublime qui n'appartient pas à cette terre. Le peuple reconnut Pierre l'Ermite.

A sa vue, un saint frémissement parcourut non seulement les groupes du peuple, mais encore ceux où l'on distinguait l'élite du Clergé et de la noblesse. Ces nobles seigneurs, couverts d'étincelantes armures, se racontaient le long et dur pèlerinage de l'ermite Pierre. Gernand, duc de Norwége, s'en entretenait avec Robert de Normandie, avec Guillaume, fils du roi d'Angleterre, avec Raymond, fils de Guiscard, et avec Tancrède. Hugues-le-Grand, frère du roi de France, et le jeune Clotaire, son fils, le contemplaient avec étonnement, tandis que l'admiration se peignait sur les traits de Robert, duc de Flandre, d'Etienne de Chartres, de Godefroy, duc de Lorraine, et d'Eustache et de Baudouin, ses frères.

« Sur un signe d'Urbain, l'ermite Pierre se lève, promène quelque temps ses regards sur la foule attentive, puis élevant les mains : « Gloire à Dieu au plus haut des cieux ! s'écria-t-il. Béni, trois fois béni l'Esprit de sagesse, de lumière et de vérité ! Non, divine image du Sauveur Jésus, non, tu ne m'avais pas trompé, quand au pied des saints autels tu vins me dire : « Pierre, lève-toi : pars en hâte, obéis sans crainte, car je serai avec toi : le temps est venu pour la délivrance des lieux saints et le salut de mes serviteurs. » Les voilà, ô Dieu des armées, les élus de la providence, les libérateurs de ton peuple ! Encore quelques instants, et ma mission sera accomplie, et je pourrai dire avec Siméon : « Mon Dieu, renvoie ton serviteur ! » Longtemps j'ai proclamé dans la France et dans l'Allemagne les malheurs de nos frères et les cruautés des infidèles : j'ai vu le peuple des communes, les habitants des chaumières s'attrouper et pleurer à ma voix ; j'ai vu à ces tristes récits le noble châtelain brandir sa lance et s'écrier : « Que n'étais-je là ! » Ecoutez donc, chrétiens, mes frères, ceux qui m'ont déjà entendu comme ceux qui ne me connaissent point, écoutez aujourd'hui tous ensemble ce que ni ma bouche ne doit se lasser de répéter, ni vos oreilles d'entendre, ni vos yeux de pleurer !

Cette cité si pleine de peuple s'est tue au milieu de l'Asie. La ville du roi des rois, la mère et le berceau de la foi sainte, est aujourd'hui l'esclave des superstitions des peuples ! Malheur à nous, chrétiens, mes frères, nés dans ces temps malheureux que le roi prophète semble avoir désignés par ces paroles :
« Seigneur, les nations ont envahi votre héritage ;
» l'impie a souillé la sainteté de votre temple ; il a
» donné les restes de vos saints en proie aux oiseaux
» du ciel, la chair de vos serviteurs aux bêtes de
» la terre ! » Eglise d'Antioche, saints autels où fut offert tant de fois le sacrifice non sanglant de la victime sans tache, vous gémissez profanés par les hommages des mécréants ! Jérusalem, j'ai vu tes enfants dépouillés, attachés à des poteaux, servir de but aux flèches de l'infidèle ; j'ai vu tes filles, arrachées du foyer paternel, passer dans les bras impurs d'un maître ! j'ai vu les offrandes des fidèles enlevées, les vases saints ravis, souillés par un profane usage; l'abord des autels mis à prix, le sang chrétien acheté par le sang de Jésus-Christ, versé dans les églises, dans les vases du baptême ; le temple du Seigneur, d'où Jésus-Christ chassa les acheteurs et les marchands, pour que la maison de son père ne devînt pas une caverne de voleurs, changé en un repaire de démons ; je l'ai vu, et j'ai survécu à tant d'outrages ! J'ai quitté cette terre, où j'aurais voulu mêler mon sang à celui des martyrs ; j'ai repassé les mers

pour venir vous rapporter ce que j'avais vu en Palestine. »

Il dit et s'assied. Aussitôt l'émotion de l'assemblée éclate par des sanglots et des cris. Lorsque le calme se fut rétabli, Urbain, par un éloquent discours, acheva d'entraîner tous les cœurs.

Les évêques se levèrent, les chevaliers tirèrent leurs épées, le peuple se prosterna, et tous s'écrièrent : « Dieu le veut ! Dieu le veut ! »

La foule des pieux guerriers qui attachèrent la croix rouge à leur poitrine fut si nombreuse que, au dire des historiens, les étoffes rouges manquèrent dans Clermont.

O foi admirable ! quelles merveilles n'as-tu pas produites ! Et voilà qu'après huit siècles de paix apparente les malheureux chrétiens d'Asie sont massacrés par les farouches sectateurs de Mahomet, comme ils l'étaient au temps du concile de Clermont ! Mais aujourd'hui la France est puissante, parce qu'elle est unie ; elle n'a pas besoin d'être excitée par un nouvel Ermite à prendre les armes pour la défense de ses frères de Syrie. La généreuse initiative du chef habile auquel ses destins sont confiés interprète admirablement les sentiments de la nation qui a fait la première croisade, en permettant au drapeau français de briller sur le sol où les croisés se sont illustrés.

V

Clermont n'en a pas fini avec les siéges. Ses habitants avaient chassé leur évêque Etienne de Mercœur ; Louis-le-Gros le prit sous sa protection, assiégea la ville et rétablit de force le prélat dans son évêché. L'évêque n'y resta pas longtemps. Comme il avait déplu au peuple, il déplut au comte d'Auvergne, Eustache, qui le pria de chercher un domicile ailleurs. Etienne s'adressa de nouveau à Louis-le-Gros, en implorant sa protection. Louis-le-Gros revint mettre le siége devant Clermont, et rétablit pour la seconde fois le prélat, malgré la population tout entière ; mais l'autorité devait avoir raison.

Je n'ai pas besoin de dire que l'Auvergne ayant été divisée en comté et en dauphiné, le dauphiné comprenait la Limagne et la moitié de Clermont. Partage bizarre et que les habitudes seules de l'époque expliquent. Nous avons vu, dans l'histoire de Riom, que la bonne intelligence ne subsista pas longtemps entre le comté et le dauphiné, entre les deux frères, Guy II, comte de Riom, et Robert, évêque de Clermont, puisque Philippe-Auguste vint délivrer Robert, que son frère avait mis en prison.

Un jour, c'était en 1262, les bourgeois de Clermont sonnèrent le tocsin, coururent aux armes et s'insurgèrent contre leur évêque, seigneur de la ville, pour la défense de quelques priviléges qu'il voulait leur reprendre. Comme Etienne de Mercœur, l'évêque eut recours au roi. Les habitants furent battus et forcés de payer une forte amende. Déjà, depuis longtemps, ils montraient cette tendance à vivre indépendants, à se soustraire à tout contrôle, qui se fera sentir plus tard et qui éclatera, lors du recensement de 1840, en émeute sérieuse. On comprend leurs luttes, à cette époque reculée, lorsqu'on voit que, malgré les lettres patentes de Philippe III, de Charles V et de Charles VI, qui confirment et maintiennent leurs prérogatives, les évêques ne cherchent qu'à les leur enlever. Il ne fallait rien moins que l'avénement au trône de Louis XI, le grand niveleur, « pour les relever de la sujétion où les retenait leur évêque, et leur permettre d'avoir, sous leur propre autorité, une maison commune où ils pussent tenir et garder leurs priviléges, chartes, artillerie, salpêtre, pierres, harnais et bâtons de guerre, et autres choses servant à la tuition et défense de la ville. »

Ne soyons pas surpris de ces luttes : chaque époque a son caractère propre. Ces faits avaient lieu en plein moyen-âge, c'est-à-dire dans un temps d'ignorance et de mœurs grossières. Depuis longtemps les évêques comme les Sidoine Apollinaire, les Avit, les

Genest, les Bonnet, avaient disparu et avec eux les mœurs élégantes, le goût des lettres et la charité des premiers siècles. Les évêques étaient devenus des seigneurs féodaux, des hommes d'épée officiant à l'autel « avec l'oiseau de proie sur la perche de la main gauche, faisant porter des hallebardes devant eux, lorsqu'ils chantaient l'évangile ; et dans les processions, ayant l'oiseau sur le poing, et suivis de leurs serviteurs menant des chiens de chasse. »

Les Anglais, maîtres du midi de la France, ravagèrent les campagnes de l'Auvergne et causèrent beaucoup de mal à Clermont qui, de 1358 à 1380, leva des subsides et des troupes pour les repousser. Ainsi cette malheureuse ville, quoique placée au centre du royaume, n'était épargnée par aucune invasion. Après celles des Wisigoths, des Sarrasins et des Normands, elle subit celle des Anglais.

Pendant les guerres civiles, Clermont resta fidèle au pouvoir royal ; aussi elle échappa aux secousses qui accompagnent toujours l'anarchie. Elle n'appartenait pas au roi, mais elle se considérait comme un fief de la couronne.

En 1428, le dauphiné d'Auvergne passa par mariage à la maison de Montpensier-Bourbon, et plus tard, par mariage également, à la maison de La Tour, qui prit alors le nom de La Tour d'Auvergne. En 1534, la comtesse Anne légua l'Auvergne à Catherine de Médicis, qui la réunit à la couronne.

Henri III, « pour récompenser ses chers et amés échevins, manants et habitants de Clermont, de leur fidélité, » leur donna le bureau des finances et la chambre des monnaies, enlevés à Riom qui tenait pour les Ligueurs.

Catherine de Médicis avait donné le comté d'Auvergne à Charles de Valois, duc d'Angoulême, fils naturel de Charles IX ; mais cet apanage fut plus tard enlevé au jeune duc et cédé au dauphin, Louis XIII, qui réunit Montferrand à Clermont.

Si les peuples heureux sont ceux dont l'histoire n'a rien à signaler, les habitants de Clermont devaient jouir du bonheur le plus parfait, depuis le jour où ils s'étaient donnés à Catherine de Médicis; car rien ne vient altérer le calme dans lequel ils vivent. Cependant ce calme était plus apparent que réel. L'histoire, il est vrai, n'avait à enregistrer aucun fait important dans les annales de l'Auvergne; mais des individus, des villages, des communes gardaient au fond de leur cœur des blessures profondes, et la soif de la vengeance les dévorait. A quoi ne fallait-il pas s'attendre, dans un pays où chaque montagne était hérissée par les tours d'un château-fort ? Quelle admirable retraite la nature et l'art n'offraient-ils pas là à cette foule de seigneurs turbulents et pillards qui s'abattaient comme des oiseaux de proie sur la contrée et la mettaient à contribution forcée. De tout temps, l'Auvergne avait eu à souffrir de leur coûteuse protection; mais depuis les événements de la Ligue et même de la Fronde, les maîtres des châteaux semblaient être devenus indépendants de la couronne et ne reconnaissaient plus ni autorité ni justice. Escortés d'une troupe de gens perdus, de la lie, de l'écume de tous les partis, ils prélevaient eux-mêmes la meilleure part des récoltes et les plus belles bêtes des troupeaux. Les dieux de l'antiquité forçaient leurs adorateurs à leur apporter de succulentes offrandes; ici la peine d'apporter était épargnée.

Richelieu avait bien abattu quelques-uns de ces repaires; mais assez d'autres dressaient encore dans les airs leur tête menaçante. Les redoutables seigneurs qui les habitaient croyaient pouvoir, sous les titres respectables de marquis et de comtes, commettre des atrocités inouïes. Le jeune roi, Louis XIV, ne s'y laissa pas tromper. Son attention fut attirée sur ce point par des milliers de plaintes et il décida que les Grands-Jours auraient lieu à Clermont. Ils s'y ouvrirent le 27 novembre 1665.

Cette haute cour de justice avait pour président Nicolas Potier, seigneur de Novion; Denis Talon était l'avocat-général, et Lefébure de Caumartin, maître des requêtes, était chargé de tenir les sceaux. On dit que douze mille plaintes furent portées et que, pendant six mois, la Cour eut à prononcer sur les crimes les plus atroces, sur les entreprises les plus audacieuses. Il est fâcheux de l'avouer; mais pourquoi ne pas le faire? tout le monde sait bien que dans tous les rangs, dans toutes les classes, il peut y avoir des coquins; il n'en est pas moins fâcheux de l'avouer, on vit figurer sur la liste des accusés les personnages les plus considérables de l'Auvergne et des provinces environnantes, soit par leur naissance, soit par leur rang et leur fortune. Un petit nombre d'exécutions capitales eurent lieu. Un vicomte de Canillac, dont la famille était en fuite, et qui s'était laissé prendre parce qu'il passait pour le plus innocent des Canillac, fut pendu. Comme la plus grande partie des prévenus avait jugé à propos de disparaître, beaucoup de condamnations par contumace furent prononcées. La justice fut vengée, l'autorité du roi reconnue et la sécurité rétablie.

S'il y a quelque chose qui surprenne dans le récit des actes atroces et barbares que l'on étala devant les juges des Grands-Jours, c'est le ton léger, la verve et l'entrain avec lesquels Fléchier, leur historien, semble s'en amuser. Ces crimes abominables, ces condamnations à mort, sont pour le jeune précepteur des enfants de M. de Caumartin autant de sujets de plaisanteries. C'était le genre de l'époque.

A la révolution, Clermont devint le chef-lieu du

Puy-de-Dôme. La tourmente s'y fit sentir avec fureur comme sur beaucoup d'autres points de la France. Le lit de Procuste n'était pas long, tandis que la noblesse était grande. Elle émigra en masse. Mais l'amour du pays dévorait le cœur des émigrés, sur une terre étrangère; plusieurs revinrent, au risque d'être reconnus et de tomber victimes de la terrible loi des suspects. M. de Lavillatte fit comme les autres, et un jour il reparut à son château de Plauzat. A peine l'eut-on aperçu qu'il fut dénoncé, saisi et amené à Clermont. La justice à cette époque était expéditive : il devait être guillotiné le lendemain.

La désolation était dans sa famille; son fils, âgé de dix-huit ans, et sa femme versaient des torrents de larmes. Quelques rares amis essayaient en vain de les consoler. Mais, dans les grands malheurs, dans les situations désespérées, c'est souvent à des femmes que le ciel inspire des projets salutaires, des sentiments généreux. Tout près de la demeure du jeune de Lavillatte habitaient deux demoiselles, deux jeunes filles un peu plus âgées que lui, Marcelline et Joséphine de Rochefort de Caen. Habituées à vivre, pour ainsi dire, chaque jour avec ce jeune homme, elles conçurent le projet de lui rendre son père et se présentèrent à lui comme deux anges envoyés par Dieu.

Elles le décident à venir à Clermont; elles vont

consulter des personnes en qui elles ont confiance, et elles n'ont pas de peine à faire comprendre au jeune homme quelle doit être sa conduite. A la tombée de la nuit, ils se dirigent tous les trois vers la prison. Je ne décrirai pas l'entrevue douloureuse du père et du fils, ni la lutte admirable de générosité qui s'établit entre eux. Après plusieurs heures passées dans ce combat, le père était vaincu ; il sortait du cachot soutenu par les deux demoiselles de Rochefort, et, le visage caché par son mouchoir, il passait près du geôlier ; il était sauvé.

Le gardien de la prison retourna bientôt vers son prisonnier pour s'assurer si les portes de sa cellule étaient bien fermées. Lorsque à la place d'un vieillard il vit un jeune homme, le malheureux perdit la tête, laissa ses portes ouvertes et courut réveiller toute la ville.

Pendant trois mois la police fut à la poursuite des demoiselles de Rochefort. Elles étaient chez une de leurs parentes, déguisées en domestiques, et s'y livraient aux plus humbles fonctions. Leur crime était énorme aux yeux du tribunal révolutionnaire ; elles furent condamnées à mort par contumace. Au bout de quelques mois, leur père, désespérant de pouvoir les cacher plus longtemps, vint lui-même les constituer prisonnières, persuadé que la Cour de Riom les acquitterait. En effet, la Cour cassa le jugement et elles furent rendues à la liberté. On raconte que les jeunes gens de Riom, dans un élan d'enthousiasme, les portèrent en triomphe sur un pavois de fleurs.

Quant au jeune de Lavillatte, il resta en prison jusqu'à l'époque où la chute de Robespierre permit à la France de respirer. Sa prison lui fut ouverte alors et il fut rendu à sa famille et à son père qu'il conserva dix-sept ans encore !

MONUMENTS ANCIENS.

I.

Le meilleur moyen, à mon avis, de connaître une ville, est de chercher deux ou trois points de repère et de suivre la première rue qui se présente. Par ce moyen, on a tout le charme de la surprise quand une curiosité apparaît ; on a le plaisir de faire soi-même la découverte de ce que l'on rencontre et l'on ne court pas risque de s'égarer ; les villes de province ne sont pas assez vastes pour cela.

Je suis seul ; il m'est donc permis de m'abandonner à mes goûts sans craindre de contrarier ceux des autres. J'erre à l'aventure. Mes yeux cherchent en vain, sinon le fameux temple de Mercure que les anciens Arvernes appelaient Wasso-Galate, du moins quelques ruines, quelques débris de ce monument. Il n'en reste rien. Ce qu'il y a de plus extraordinaire, c'est que personne ne sait à quelle époque et dans quelle circonstance il fut anéanti. Ce silence me porte à croire que le zèle des nouveaux chrétiens convertis par saint Austremoine en avait fait une église consacrée au vrai Dieu. Il fallait bien que le temple eût aussi sa conversion. C'était là une idée admirable. Offrir à Jésus-Christ ce qui avait été construit pour le diable était trop naturel aux néophytes enthousiastes et fervents pour qu'ils n'y aient pas songé. Ici l'éclat du culte devait être rehaussé par l'éclat du monument. C'était, dit-on, une des merveilles du monde. Pline en fait mention. Ses murs avaient trente pieds d'épaisseur; ils étaient décorés, par intervalles, de plaques de marbre disposées en mosaïques; le pavé était entièrement de marbre, et le comble était recouvert en plomb. Je ne serais pas surpris que son colosse, le plus haut de tous ceux de l'antiquité, eût servi à fondre des cloches. Il était en bronze et avait trois cent soixante-six pieds de haut. En supposant qu'on l'eût laissé dormir intact dans quelque coin, privé de tout honneur, il est probable que les bandes de Crocus, qui ravagèrent la ville, n'épargnèrent pas l'œuvre du célèbre Zénodore, et que la statue et le temple disparurent avec elles. C'est en effet ce que croit saint Grégoire de Tours.

Les révolutions des hommes sont comme celles du globe qu'ils habitent. Après des ravages, après des ruines, après des cendres, une civilisation nouvelle passe son badigeon sur les nouveaux monuments, et ce qui a été détruit est oublié. C'est ainsi que le sol dévoré par des feux souterrains, a fini par se couvrir d'une abondante végétation qui enlève le souvenir des bouillonnements et des incendies par lesquels il a été tourmenté. A la place du Capitole qu'Auguste avait permis à Augusto-Nemetum de bâtir, je ne vois plus que les maisons grises ou noires du Clermont moderne.

II.

L'antiquité ne vit plus guère que dans les esprits et les livres. Pourquoi n'essaierais-je pas de la faire revivre à mes yeux un instant? Devant moi, aux portes de la ville, deux montagnes, l'une à ma droite, l'autre à ma gauche, lèvent leur tête arrondie sous leur manteau de verdure. L'une est Montaudou et l'autre Montjuzet. Elles portent encore de rares et maigres traces du temple ou des autels qui ceignaient leur front comme un bandeau royal. Ce sont les reines de la plaine dont leur pied prend possession; pourquoi n'auraient-elles pas eu leur couronne?

L'air est si pur au sommet des montagnes; on y respire avec tant de volupté; les poumons s'y dilatent avec tant de plaisir; les bruits de ces fourmilières qu'on appelle des villes y montent si affaiblis, que les hommes ont dû toujours s'y croire plus près de la divinité. De fait, on y est plus près du ciel.

On y éprouve quelque chose qui ne ressemble à rien de ce qu'on éprouve dans la plaine. Les idées, les sentiments s'y transforment. La poésie déborde du cœur ; les intérêts sont oubliés. De là cette consolante pensée que la divinité abandonne quelquefois les régions de l'infini, les palais de l'Empyrée, pour daigner visiter les hommes. Mais alors elle se contente de poser son pied sur les cimes des monts, comme le voyageur attentif qui, pour traverser le bourbier d'un marais, ne s'appuie que sur les pierres du gué, afin de n'avoir aucun contact avec la saleté qui l'entoure.

Quelque haut qu'on remonte vers l'origine des choses, on retrouve cette croyance gravée dans les cœurs. C'est sur le mont Horeb que Dieu apparaît pour la première fois à Moïse. C'est sur le mont Sinaï qu'il lui donne sa loi, pendant que le peuple infidèle va sacrifier aux idoles sur les hauts lieux. Voilà pour les Juifs. Et les Grecs ! Le mont Olympe n'est-il pas le séjour de Jupiter et des autres divinités ? N'est-ce pas sur le Parnasse, sur l'Hélicon, sur le Cythéron et sur tant d'autres montagnes que les divinités de tous les ordres avaient établi leur demeure ? Ne soyons donc pas surpris que les Romains aient imité les Grecs et que nos ancêtres se soient faits les imitateurs des Romains. Si plus tard nous rencontrons quelque chapelle chrétienne sur ces monts, soyons persuadés que c'est pour les purifier d'avoir porté des temples païens et d'avoir servi aux idoles.

Je suis à la base de Montaudou qui conserve encore, quoique corrompu, le nom de Theutatès, le Mercure des Arvernes, auquel elle était consacrée. Assis sur l'herbe, au pied d'un noyer, je me transporte au siècle qui précéda la venue de Jésus-Christ. Je vois se repeupler cette montagne solitaire et déserte. Ses flancs, aujourd'hui dénudés, se couvrent d'un bois épais. Les blocs de lave qui hérissent sa tête sont un autel offert par la nature. Du fond des retraites cachées dans le bois, des formes blanches montent lentement la sainte montagne. Ce sont les prêtres des Arvernes, ce sont les Druides. Ils sont vêtus d'une tunique blanche, carrée, rayée de filets pourpre, qui descend jusqu'aux genoux. Sur la tunique est posé un manteau blanc ouvert par-devant, et agrafé sous le menton. Leur tête est ornée d'une couronne faite avec des feuilles de chêne. Ils portent, dans leurs mains, comme signe distinctif de leur dignité, une baguette blanche, qui pour les uns est en bois de saule, pour les autres en bois de tilleul, pour d'autres en bois de coudrier; pour plusieurs c'est une branche de verveine.

Ils prennent place autour de l'autel de Theutatès, et, les yeux modestement baissés, ils attendent. Des cris étouffés montent vers eux. Plusieurs groupes gravissent la montagne. Ce sont des parents qui leur apportent leurs enfants nouveau-nés. Ils ont eu soin, avant de venir, de les immerger dans l'eau froide ou glacée, pour rendre leurs jeunes corps plus vigoureux par l'impression astringente du froid. Chaque groupe passe à son tour devant le Sacré-Collége. Les parents versent d'abondantes larmes et semblent désolés d'avoir donné le jour à un être humain. Le plus ancien des Druides exprime sur les lèvres de l'enfant le suc d'une plante bénite, et, prenant la parole, il fait un tableau pathétique de toutes les misères humaines. Sa voix est couverte par les cris des parents. Les autres druides lui succèdent, et chacun d'eux plaint à son tour le nouveau-né des maux sans nombre qu'il aura à souffrir dans cette vie. Les sanglots des parents deviennent excessifs.

Lorsque le calme s'est rétabli et que tous les gémissements ont cessé, l'assemblée tout entière invoque, pour ces jeunes enfants, la protection des fées, et réclame pour eux quelques-uns des dons qu'elles distribuent à leurs favoris. Aussitôt les Druides se retirent derrière l'autel. A ce moment, plusieurs femmes vêtues de noir s'avancent d'un pas lent et majestueux. Leur vue réjouit les parents : ils ont reconnu les Fées, les Fades qu'ils imploraient. Ce sont les Druidesses. Elles ont pour vêtement une tunique noire, attachée par le milieu du corps au moyen d'une ceinture d'airain. Leurs pieds sont nus. Une couronne de verveine entoure leur tête. Les unes touchent à la vieillesse, les autres sont jeunes encore. Toutes ont le corps teint en noir, l'œil fatigué, la bouche délirante. Elles passent devant les nouveau-nés, et, les unes après les autres, leur prédisent l'avenir ; c'est ordinairement une série de beaux jours ; puis elles disparaissent.

La joie brille sur le front des parents. Ils déposent leur offrande au pied de l'autel et s'apprêtent à s'éloigner. Un chant bizarre, monotone, fatigant, se fait entendre alors, et, pendant quelques instants, les Druides se livrent à une danse grave et lourde, qui fait partie du culte.

Mais pourquoi ce père, dont le regard est sombre et la mine farouche, emporte-t-il à la hâte son fils vers la rivière qui coule dans la vallée ? Il tient à la main une claie d'osier, il y dépose l'enfant et il l'abandonne à la merci des flots. Je comprends : il doute de la légitimité de ce petit être, il veut s'en assurer. Si les eaux entraînent dans leur sein la fragile barque et son léger fardeau, c'en est fait de l'enfant ; qu'il reste au fond de la rivière, nul ne l'en retirera ; c'est le fruit d'un crime. Malheur à la mère ! Mais si la claie d'osier supporte, en suivant le cours de l'eau, ce doux poids sans sombrer, le doute disparaît, l'enfant est légitime. L'heureux père se précipite dans l'eau, et plein de joie, il emporte l'enfant qui est certainement le sien.

La scène change. Il est nuit. Les montagnes des environs se couvrent de feux comme à l'époque où elles étaient des volcans. Le signal se propage avec la rapidité de l'éclair, et bientôt des milliers d'hommes en armes entourent la base de Montaudou et se dirigent vers son sommet. Un ennemi menace le pays. Autour du dolmen s'assemblent les chefs; les Druides président l'assemblée. Les autres guerriers se tiennent à distance. Il est décidé que la guerre aura lieu. Aussitôt, à la lumière vacillante et rougeâtre des torches, on amène la victime qui doit rendre le ciel favorable aux Arvernes. C'est un malfaiteur depuis longtemps réservé pour quelque solennité. S'il n'y avait pas eu de malfaiteur, le sort aurait désigné un vieillard. Theutatès l'a ainsi ordonné. Les bardes chantent en chœur ces lugubres paroles : « Theutatès veut du sang ; il a parlé dans le chêne des Druides. Le gui sacré a été coupé avec une faucille d'or, au sixième jour de la lune, au premier jour du siècle. Theutatès veut du sang ; il a parlé dans le chêne des Druides. » Les Druides répandent sur la tête de la victime de l'orge et du sel ; ils l'attachent, malgré ses gémissements, au pied du dolmen, sur la pierre du sacrifice ; ils lèvent les yeux au ciel et, se baissant, lui plongent le couteau dans le sein, entre les côtes, dans la partie du diaphragme. Le sang jaillit ; on le recueille dans un bassin de fer. Pendant que les uns dépouillent le cadavre et en séparent la graisse, et les cuisses auxquelles la Divinité a droit, les autres chantent leur théogonie sur les chairs palpitantes et en observent les frémissements. Le Dieu a parlé : la guerre aura un heureux succès. A ces mots, un enthousiasme délirant s'empare de la foule, et une danse frénétique agite tous ces hommes armés de pied en cap ; leurs armes ne sont pas inutiles dans cette danse sacrée : avec leur épée ou le fer de leur lance ils battent la mesure sur leurs boucliers, et le sol retentit de leur robuste cadence. Une jeune vierge, une druidesse, armée d'une pique dorée, excite par ses discours la fureur qui les porte aux combats.

Ici une voix frappe mes oreilles : Vous attraperez du mal, assis sur cette herbe humide, Monsieur, me crie en passant le propriétaire sans aucun doute de l'herbe sur laquelle je me repose. Je le remercie de sa sollicitude pour ma santé, et mes yeux se reportent vers Montaudou et ses Druides ; mais je ne vois plus qu'un produit du volcan de Gravenoire, une coulée de lave, une montagne nue dont la tête chauve est par endroits décharnée et déchirée par des blocs de lave comme une blessure par des os fracturés.

III.

Sur la croupe de Montjuzet, *mons Jovis*, au nord-ouest de la ville, s'élevait un temple de Jupiter. Il était servi par des femmes qu'on nommait fées, *fatuœ*, folles ou fades. Elles jouaient le rôle de devineresses, de prophétesses, *fatidicœ*. Elles initiaient à leurs mystères de jeunes filles qu'elles endoctrinaient et qui les aidaient dans leurs cérémonies. Le peuple appelait ces initiées les Bonnes-Filles. Elles logaient dans le voisinage du temple et y faisaient leur noviciat. Le quartier de la ville qu'elles habitaient a conservé leur nom et s'appelle encore le quartier des Bonnes-Filles. Aujourd'hui même, si deux femmes de la halle se disputent, soyez sûr que l'une jettera à l'autre, comme un terme d'injure, le mot de fade de Montjuzet.

Du temple consacré à Jupiter il ne reste absolument rien. Ses débris servent peut-être à clôturer les vignes qui montent sur le dos de la montagne, ou bien ils entrent dans la construction de cette multitude de tonnes qui tachent de points blancs ses flancs dégarnis. Depuis longtemps les chênes sacrés ont disparu. L'on n'aperçoit plus qu'une terre marneuse à travers les pampres verts qui essayent de la cacher.

IV.

Pendant que ces souvenirs du passé remplissent mon esprit, les objets se métamorphosent à mes yeux sous la blanche lumière qui les baigne. La côte sèche et nue de Champturgue ne se montre plus triste et déserte; sa longue arête en ligne droite n'est plus déboisée; des chênes superbes dressent leur tête sur son sommet et serviront plus tard à la charpente de la cathédrale. Des vignes plantureuses grimpent comme un troupeau de chèvres depuis la base jusqu'au faîte de la montagne, et s'étagent le long de ses flancs. Sur le plateau, au pied des chênes, s'élève un temple bizarre où pendent des ornements sauvages : des tigres et des boucs mêlés aux pampres et aux grappes de raisins. C'est le temple de Bacchus.

Les vendanges viennent d'être terminées. Une foule bruyante s'agite et monte en riant, en criant, en sautant, en courant vers la demeure du Dieu. Elle passe devant nous. Examinons-la en détail. Avons-nous sous les yeux des hommes ou des bêtes ? Ce sont des hommes et des femmes; on pourrait s'y méprendre.

Un bouc ouvre la marche, conduit par un groupe insensé qui danse et frappe d'une petite baguette le pauvre animal. A leur suite apparaissent, confus, pêle-mêle, des êtres, mâles ou femelles, dont le visage est barbouillé de lie ou de jus de raisin. Ils ont les épaules recouvertes, l'un d'une peau de chèvre, l'autre d'une peau de tigre, celui-ci d'une peau de bélier. Derrière eux s'avancent des formes fantastiques. Le visage humain a disparu sous une écorce d'arbre qui s'allonge en museau et se dresse en oreilles. Une peau de bête ne couvre plus seulement les épaules; elle enveloppe la tête et tout le corps : ce sont des tigres, des chèvres, des boucs, des chevreuils et des cerfs sur des jambes d'hommes. Les tigres traînent un char sur lequel repose un gros garçon bien gras, bien nourri, qui donne une excellente idée de Bacchus et de sa cuisine, tandis que les boucs, les chèvres et les autres bêtes encornées gambadent à l'entour sous forme de satyres et de faunes. Des femmes les suivent portant religieusement le coffret ou les corbeilles sacrées dans lesquelles reposent les objets de leur culte; quelques-unes ont à la main un thyrse, d'autres une torche de bois résineux. Ce sont les bacchantes. J'en vois qui errent en dehors de la foule et qui tendent à se disperser sur les montagnes comme autant de chasseresses. D'autres se mêlent aux groupes et les égayent par leurs attitudes égarées et leurs extravagances. Des plaisanteries grossières circulent et des éclats de rire retentissent parce qu'une bacchante roule sur l'herbe avec un satyre dont elle veut éviter le baiser. Enfin un vieillard monté sur un âne excite par ses lazzis la joie de la foule et ferme la marche. Mon regard s'attache à cette procession étrange et a de la peine à l'abandonner : mais le cortége pénètre dans le temple ou disparaît sous les grands arbres. Il a besoin de l'ombre pour cacher ses orgies.

Il y a dix-neuf siècles que les fêtes de Bacchus ou des vendanges se célébraient avec cette pompe grotesque et honteuse ! Les choses ont bien changé, Dieu merci ! Aujourd'hui le plateau n'a plus d'arbres et le temple n'existe plus. Dans deux mois, la population de Clermont cueillera le raisin qui mûrit dans les vignes échelonnées au-dessous du plateau des Orgies, au-dessous de Champturgue, et nul ne viendra troubler la décence de cette récolte qui fait des vendanges modernes une fête de famille pour les enfants.

Entre les vignes de Champturgue et celles de Montjuzet s'élève le vignoble des Côtes. Il était, lui aussi, surmonté d'un temple dont il ne reste plus rien ; c'était celui du dieu Mars. La jeunesse en âge de porter les armes allait s'y exercer et s'instruire dans l'art de la guerre. Aussi les Arvernes, comme tous les Gaulois, étaient-ils toujours prêts à repousser l'invasion. C'est ce qui a fait dire à César que les Gaulois sont prompts et ardents à prendre les armes.

V

Les climats et les lieux façonnent la religion naturelle des peuples. Les hommes qui vivent sur les montagnes ou dans les forêts sont plus disposés à la piété que les habitants des plaines. Il semble que dans les plaines l'esprit soit borné comme l'horizon rétréci qu'on a sous les yeux, ou qu'il soit immobile comme l'espace monotone qui s'étend jusqu'au bord du ciel. Mais sur la cime des monts, l'âme s'élève au-dessus de la terre. A la vue de ce néant qu'elle domine, elle comprend sa véritable nature et monte tout droit vers le Créateur.

La solitude des forêts, la sainte terreur qu'elles inspirent produisent le même effet. Il n'est pas un homme de bonne foi qui, sans craindre de passer pour poltron, on sait qu'il n'y en a plus, n'avoue que, s'il lui est arrivé de se trouver seul dans le plus épais d'un bois sombre, il a éprouvé une sorte de respect forcé dont il n'était pas le maître. A l'ombre des grands arbres, dans le silence qui les entoure, son cœur s'est serré, son âme abattue s'est courbée sous une main puissante, et, s'il a relevé la tête, c'a été pour adorer un être invisible, supérieur à lui.

Supposons des peuples naïfs encore, comme l'ont été les Arvernes à une époque reculée. Ils sont accessibles à toutes les terreurs, à toutes les impressions. Ils ont éprouvé au fond des forêts la crainte religieuse qu'y éprouvent tous les hommes et, comme leur intelligence n'a pas été fortifiée par l'éducation et l'expérience, d'adroits jongleurs abusent de leur crédulité et l'exploitent à leur profit. De là les Druides, de là les bois sacrés, comme chez les Grecs et chez les Romains, où l'on n'entrait qu'avec un saint tremblement, à certains jours déterminés et pour certaines circonstances prévues. De là aussi cette religion tout idéale, dans le principe, qui, semblable à celle des Perses, n'admettait pour les Dieux ni temples ni statues.

Ce n'était qu'au fond des retraites les plus impénétrables, dans la mystérieuse obscurité des forêts qu'on pouvait dignement servir Dieu, parce que la Divinité régnait dans l'ombre et le silence et s'y rendait sensible aux mortels par la religieuse frayeur qu'elle inspirait.

Les Arvernes adoraient, comme emblème de la Divinité, un de ces arbres sacrés, sous le feuillage desquels ils étaient pénétrés d'une profonde terreur. « C'était, dit Maxime de Tyr, le simulacre de Jupiter. Ils l'arrosaient avec le sang des hommes et des animaux immolés en son honneur ; ils allumaient devant lui des flambeaux pour se le rendre propice ; ils clouaient à cet arbre la tête et la main droite des victimes humaines et seulement la tête des animaux. Lorsque cet arbre consacré venait à périr de vieillesse, on le dépouillait avec soin de son écorce, on le taillait en colonne, on lui donnait une forme conique, afin de faciliter l'écoulement de l'eau, pour que sa durée fût prolongée plus longtemps. » C'est de cet usage que vient probablement le nom d'Irmensul (colonne universelle), par lequel les Saxons désignaient leur Divinité.

Ils adoraient aussi les astres et surtout le soleil qui donne au sol la fécondité; les lacs, cette vaste étendue d'eau mobile et capricieuse, tantôt calme, tantôt agitée; les fontaines qui jaillissent et s'échappent avec la fougue d'un enfant volontaire; en un mot tout ce qui leur donnait l'idée d'une intelligence ou d'une puissance supérieure à eux-mêmes. C'était un culte dérivé de l'idée obscurcie de la Providence. Leur esprit était trop faible pour comprendre un Dieu unique, infini, protégeant son œuvre. Ils lui prêtaient des aides.

Ce culte subsista longtemps; car dans les régions septentrionales les opinions sont fixes, constantes, tenaces. La rigueur du climat enchaîne et engourdit les esprits, ralentit l'imagination, modère et borne le développement des passions. Dans les pays couverts de neige et de glace, les hommes sont obligés de détourner sur des objets de première nécessité toute l'activité de leur esprit. Au contraire, dans les climats brûlants, dans les régions méridionales, qui produisent abondamment ce qui est nécessaire à la vie, les imaginations sont vives et fécondes comme le soleil qui les réchauffe; elles sont avides du merveilleux, mais inconstantes et légères; les passions y sont ardentes, impétueuses, et gardent rarement un juste équilibre. Voilà pourquoi les hommes du Midi ont inventé cet amas poétique de fables, connu sous le nom de Mythologie.

Toutefois, les Arvernes ne gardèrent pas toujours leur religion pure de tout mélange : les croyances des Phéniciens, des Grecs et des Romains pénétrèrent dans la Celtique et altérèrent celles des Druides. Mars fut adoré sous le nom d'Odin que lui donnaient les Scandinaves, ou sous celui de Mawrther que lui donnaient les Celtes. On lui immolait des hommes, de préférence les prisonniers de guerre. Jupiter, Mercure et Bacchus eurent des temples, et le Dieu de la force, Hercule, fut adoré sous le nom d'Ogmius. Ogmius ou Hercule était représenté un carquois sur l'épaule, un arc dans une main, une massue dans l'autre. Des chaînes d'ambre et d'or qui partaient de sa bouche, retenaient autour de lui des peuples heureux de porter ces chaînes. C'était le Dieu de l'éloquence. Les Grecs n'avaient pas inventé une aussi belle allégorie ; c'est pourquoi le sceptique Lucien, qui répand avec un cynisme rare es plaisanteries sur ce qu'il y a de plus respectable, s'en moque finement dans le passage suivant :

« Les Celtes donnent à Hercule le nom d'Ogmius. Ils représentent ce Dieu sous une forme tout extraordinaire. C'est un vieillard décrépit qui a le derrière de la tête chauve ; le peu de cheveux qu'il conserve sur le devant sont parfaitement blancs. Il a la peau ridée et d'un noir de suie, comme les vieux matelots. Vous diriez plutôt que c'est Caron ou Japet, ou quelque autre homme revenu de l'Enfer; en un mot, à en juger par l'image, vous le prendriez pour tout autre que pour Hercule. Cette figure d'homme ne laisse pas de porter l'équipage d'Hercule. Couvert d'une peau de lion, il tient la massue dans sa main droite, le carquois lui pend sur les épaules, et dans la main gauche il porte un arc bandé; enfin il a tout l'attirail d'Hercule. Je crus d'abord que les Celtes avaient inventé cette figure grotesque pour se moquer des dieux grecs et pour se venger d'Hercule qui avait autrefois ravagé leur pays et la plus grande partie de l'Orient, en allant chercher les troupeaux de Géryon.

» Mais je n'ai pas encore rapporté ce qu'il y avait de plus extraordinaire dans ce tableau. Ce vieux Hercule traîne après lui une grande multitude d'hommes qu'il tient tous attachés par les oreilles avec des chaînes d'or émaillé fort délicates et fort précieuses, qui ressemblent à celles qu'on porte autour du cou. Retenus par des liens si fragiles, ils ne pensent pas à s'enfuir, quoiqu'ils puissent le faire facilement. Ils ne résistent point et ne se raidissent pas contre celui qui les tire. Au contraire, ils le suivent volontairement et avec joie, en louant celui qui les conduit. Ils se hâtent même, et on voit, par les chaînes qui sont lâches, qu'ils tâchent de devancer leur conducteur, et qu'ils seraient bien fâchés qu'on les déliât.

» Quand je devrais ennuyer mon lecteur, il faut que je rapporte encore ce que je trouvai de plus absurde dans le tableau. Hercule a la main droite embarrassée de sa massue et la gauche d'un arc; le peintre ne sachant donc où il devait attacher le bout des chaînons, s'est avisé de percer l'extrémité de la langue du Dieu, et d'y attacher de petites chaînes, en sorte qu'il tire toute la foule avec sa langue. Le Dieu a le visage et les yeux tournés vers la multitude qu'il regarde d'un air gracieux et riant. Un philosophe Celte m'apprit que ce Dieu, que je prenais pour Hercule, était Ogmius, le Dieu de l'éloquence. »

C'est bien là le sceptique; au lieu de louer, il raille; au lieu de remarquer tout ce que cette allégorie a de fin et de vrai, il la tourne en dérision. Lucien aurait dû avouer, en voyant cette peinture du Dieu de l'éloquence, que les Gaulois n'étaient pas trop grossiers pour des barbares; mais il aurait cru faire injure aux Grecs et aux Romains, en montrant que des Celtes avaient parfaitement vu quels étaient les attributs du Dieu qui préside aux succès des discours.

— Vous faites le procès aux Grecs, me dit Henri à qui je communique mes observations, et vous avez raison. Ce sont des artistes, mais des artistes qui, à part quelques exceptions, ne cherchent le beau que dans la parfaite disposition du corps et dans l'harmonie de toutes ses parties. Il n'y a pour eux qu'un beau, c'est le beau extérieur, le beau matériel, si je puis parler ainsi. Le beau qui naît d'une idée sublime, d'un sentiment profond, d'une passion violente, de la reproduction d'une situation morale, en un mot, le beau qui vient de l'esprit ou du cœur leur était inconnu.

— Mais aussi, comme ils ont réussi dans la réalisation du beau que vous appelez matériel !

— Ce n'est pas étonnant. Avec une religion qui ne reconnaissait que la matière, qui avait divinisé l'homme, il fallait étudier l'homme et surtout ses formes. Ne disait-on pas que, si les Dieux descendaient sur la terre, ils devaient prendre la forme humaine ?

— Ce qui n'a pas empêché Jupiter d'en prendre d'autres.

— Oui, mais on ne l'adorait pas sous ces formes empruntées. C'était seulement sous la forme de l'homme qu'on le plaçait dans les temples. L'homme devint donc l'objet de l'attention de tous les artistes, c'est-à-dire, de tous les Grecs. Et c'est de là qu'est sorti cet art admirable de la statuaire dans lequel nous les suivons de loin.

— Pourquoi n'en dites-vous pas autant des Egyptiens ? eux aussi, ils adoraient la matière.

— C'est vrai. Remarquez cependant que ce n'était pas de la même manière que les Grecs. Les êtres dégoûtants et malfaisants qui les entourent, ceux surtout qu'ils redoutent ou ceux qu'ils aiment, deviennent les objets de leur culte. Les dieux ne s'y présentent qu'accidentellement sous les traits de l'homme, et alors ce sont d'affreux magots. En Grèce, au contraire, l'homme est l'objet principal. C'est sur lui que se concentrent tous les regards. Ce sont ses proportions qu'on étudie et qu'on nous lègue en les perfectionnant.

Dans les temps modernes, sous l'influence d'une religion toute d'âme et d'amour, la forme extérieure préoccupe les artistes, mais elle ne les préoccupe pas seule. Ils recherchent la manifestation de l'âme et du cœur avec autant de soin que la justesse et l'harmonie des lignes ou de la couleur. Les Gaulois avaient pressenti ce progrès que l'art moderne devait faire sur l'art des Grecs. L'Apollon des anciens n'a pour lui que ses formes parfaites et ses flèches. L'Hercule des Gaulois n'a pas oublié l'arc, mais il a de plus sa massue dont les coups sont conduits par sa vieille expérience. En outre, on voit que ses paroles ne manquent jamais leur effet. Je reconnais en lui la puissance de l'intelligence; dans ses attributs je vois briller l'âme. L'autre n'est qu'une superbe académie de marbre.

MONUMENTS MODERNES.

I.

Lorsqu'on est étranger dans une ville et qu'en levant les yeux on aperçoit au coin d'une rue un nom connu, il semble qu'on n'est plus seul. On repasse en soi-même tous les souvenirs que ce nom rappelle et la rue prend une figure amie. C'est ce qui m'arrive. Le hasard, qui fait si bien les choses souvent, m'a conduit dans la rue Grégoire de Tours. Salut, illustre évêque, père de notre histoire nationale. Soyez mon guide. Vous qui racontez avec tant de charmes les événements dont Clermont fut le théâtre, redites-moi quelques-unes de vos histoires intéressantes et naïves.

L'église et le monastère de Saint-Alyre ont disparu dans les destructions successives de la ville; mais Grégoire de Tours nous apprendra sur l'église et sur son saint fondateur des particularités que lui seul connaît. A l'origine des choses, à la naissance des peuples, il est rare de rencontrer un historien aussi éclairé que l'évêque de Tours. Son style a de la grâce et de la force, malgré beaucoup d'incorrection. Il fait des descriptions touchantes; il peint avec énergie en même temps qu'avec goût et fraîcheur; c'est la fraîcheur de la jeunesse. Son histoire est un assemblage de faits historiques, romanesques, miraculeux, de tableaux fortement exprimés, d'anecdotes singulières, touchantes et quelquefois comiques, comme en pourrait faire un enfant intelligent. Au sixième siècle, saint Grégoire de Tours est un vieil enfant qui nous raconte tout ce qu'il a vu ou tout ce qu'il a entendu raconter. La foi domine en lui. Son ouvrage manque de critique, mais n'en est pas moins curieux, parce qu'il est rempli de faits. Il est nécessaire, parce qu'il offre seul des détails sur ce temps-là. L'histoire a besoin de vieillir; elle vieillira; mais elle n'en deviendra pas plus raisonnable, témoin la Chronique de Froissard. Elle fera fausse route.

Voulez-vous savoir comment saint Alyre bâtit une église pour son monastère? Ecoutez saint Grégoire : « La réputation de sainteté de l'évêque de Clermont était parvenue à Maxime, empereur de Trèves, dont la fille était atteinte d'une maladie réputée incurable. Maxime envoie prier le saint de daigner venir à Trèves visiter sa fille. Saint Alyre accède à cette prière, et, à peine arrivé, il reconnaît que la jeune fille est possédée du démon. Il se met aussitôt en oraisons, exorcise la princesse et lui tient de force, avec ses doigts, la bouche ouverte, en ordonnant au démon de sortir. Le malin esprit ne put résister à cette injonction pressante, et il s'empressa de quitter le corps qu'il avait choisi pour sa demeure. Mais avant de laisser partir l'esprit de ténèbres, saint Alyre lui commanda de lui fournir au plus tôt des colonnes de marbre dont il avait besoin pour faire construire son monastère. Le diable obéissant revint sur-le-champ, par les airs, chargé des colonnes exigées par saint Alyre. »

Charmant et naïf récit ! L'auteur a trouvé piquant de faire voyager, dans l'atmosphère, des colonnes de marbre, sur les épaules de Lucifer, plutôt que de les faire sortir du temple de Wasso-Galate, d'où probablement elles venaient ; mais, dans l'un et l'autre cas, c'était le diable qui les fournissait.

C'est dans l'église de Saint-Alyre qu'étaient inhumés saint Injuriosus et sainte Scolastique, son épouse, si connus sous le nom des *amants de Clermont*. Saint Grégoire en a recueilli la légende et il la raconte avec une ingénuité charmante ; la voici :

« Injuriosus, fils d'un sénateur de Clermont, aimait tendrement la jeune, belle et vertueuse Scolastique, qui l'aimait de même. Les parents des deux amants consentirent à leur mariage. Après les cérémonies de la noce, le jeune Injuriosus s'approcha de Scolastique dont le cœur oppressé battait avec violence ; elle sanglotait aussi, mais le plus doucement qu'il lui était possible.

» Voyant Scolastique insensible à ses premières caresses, Injuriosus lui dit : O vous qui êtes ma vie, vous qui serez toujours la bien-aimée de mon cœur, quand je me crois le plus heureux des hommes, quel est donc le sujet qui vous afflige ? Daignez, chère moitié de moi-même, daignez me le dire, j'ose vous en supplier. Après un moment de silence, il continua ainsi : Au nom de tout l'amour que j'ai pour vous, apprenez-moi la cause de vos pleurs ; prouvez-moi que vos yeux peuvent me voir sans dédain et sans colère, et ne refusez pas de me répondre.

» La jeune épouse, cédant aux premiers mouvements de son cœur, se retourne vers Injuriosus, et en tremblant lui adresse ce discours : « Hélas ! quand tous les jours de ma vie seraient consacrés à pleurer, jamais mes yeux ne verseraient assez de larmes pour expier ma faute ! Vous saurez donc, mon tendre époux, que je suis une grande pécheresse. Si, dans ce moment, vous ne fortifiez ma faiblesse, si vous ne m'aidez pas de tout votre courage, c'en est fait de moi, mon ami, je sens trop qu'auprès de vous je suis toute prête à devenir criminelle.

» Et de quoi pouvez-vous l'être, lui répond l'époux étonné, vous qui êtes l'innocence et la pureté même ?

» O mon bien-aimé ! répond-elle en pleurant, il faut que je vous confie ce qui fait ma honte et mon chagrin ; mais je tremble de vous le dire. Hélas ! j'ai besoin d'une grande indulgence pour que vous puissiez me pardonner. J'ai commis un crime, mon ami ; avant de vous avoir connu, j'étais.... Jugez si j'étais coupable, j'étais liée par l'engagement le plus sacré. Mon cœur s'était donné ; ma bouche avait promis..... Vous m'avez tout fait oublier ; mon amour a été plus fort que mon devoir; malheureuse que je suis ! Pourquoi vous ai-je vu ?

» Ces paroles furent suivies d'une abondance de larmes. L'époux étonné s'écrie : Votre cœur s'était donné ! Un autre était aimé ! répétait-il d'une voix presque éteinte. Un autre a reçu vos premiers serments ! Vous êtes liée enfin.... Il est vrai, répondit-elle, je le suis, et rien ne peut rompre mes premiers nœuds. Si vous exigez de moi les devoirs de l'épouse, peut-être n'aurai-je pas la force de m'opposer à vos désirs, tant je sens que je vous aime ! mais je n'aurai pas non plus la force de survivre à mes remords. A ces mots, l'époux dit avec une sorte de colère : Ce rival si redouté, qu'il faut que je déteste, quel est-il donc, grand Dieu ?

» Arrêtez, s'écria-t-elle ; eh bien ! il faut vous l'avouer, c'était Dieu seul que j'aimais avant vous; c'était à lui que je m'étais engagée; c'est Dieu que je voulais, que j'attendais pour époux ; le ciel était la dot qu'il m'offrait; malheureuse, j'avais juré de lui porter, aussi pure qu'au jour de ma naissance, la fleur de ma virginité ! Soyez juge entre vous et lui : faut-il violer ou remplir mon serment? Ma vie, mon sort, mon éternité sont entre vos mains.... L'époux effrayé s'écria : Que tous les fléaux m'accablent; que je meure mille fois avant de vous affliger. Non, la vertu la plus pure ne sera point la victime de mes désirs.

» Injuriosus, en protestant de respecter les serments de sa jeune épouse, chercha à la détourner d'un projet si opposé au vœu de la nature, et lui représenta que le serment de garder sa virginité, fait dans un âge tendre, pouvait être délié dans la célébration du mariage par les ministres à qui Dieu en avait donné le pouvoir. Scolastique répondit avec enthousiasme et convainquit son époux, qui lui jura de respecter sa virginité. Mais elle était femme, et elle exigea d'Injuriosus un autre serment. D'autres femmes, je le sais, dit-elle, sont plus belles que moi; elles vous paraîtront plus aimables; ouvrirez-vous toujours sur elles un œil indifférent et chaste? Me le promettez-vous? L'époux promit tout; ils se serrèrent la main et passèrent plusieurs années de la sorte n'ayant qu'une même volonté, qu'une âme et qu'un lit.

» L'épouse-vierge mourut la première; l'époux, en l'ensevelissant, s'écria : Je vous remercie, ô mon

Dieu ; béni soit votre nom à jamais ! Ce cher trésor, dont j'étais dépositaire, je vous le rends tel que vous me l'aviez confié. La vierge aussitôt ressuscita et répondit en souriant à son indiscret époux : Taisez-vous, homme de Dieu, taisez-vous ; pourquoi dévoilez-vous notre secret, lorsque personne ne vous le demande ?

» Injuriosus ne tarda pas à suivre la chaste Scolastique, et le ciel, après sa mort, fit un second miracle en leur faveur. Le tombeau de l'époux fut placé près d'un mur intérieur de l'église ; celui de l'épouse touchait au mur opposé. Le lendemain, la cloche ayant appelé les fidèles à la prière, on vit que ces deux tombeaux s'étaient rapprochés et n'en faisaient qu'un. La mort ne devait point séparer ce que le ciel avait si chastement uni. Les habitants ont consacré leur mémoire sous le nom des *deux amants.* »

II.

Près du lieu où s'élevait le monastère de Saint-Alyre, dans le quartier qui porte encore le nom du pieux et saint évêque de Clermont, des gamins, appostés aux coins des rues, flairent l'étranger et lui répètent sur tous les tons leur sempiternel refrain :

— La grotte du Pérou, Monsieur. Voulez-vous voir la grotte du Pérou ?

— La fontaine de Saint-Alyre, Monsieur. Venez voir la fontaine de Saint-Alyre.

Nous nous décidons pour la fontaine de Saint-Alyre. Nous traversons plusieurs rues étroites et sales, et nous arrivons à un maigre jardin en face d'une barraque en bois. Une femme ouvre la barraque et, moyennant quelques sous, nous pouvons surprendre la nature dans son travail d'incrustation. Sur les gradins sont disposés des fruits, des végétaux, des nids d'oiseaux, des moules en creux représentant des têtes et même des tableaux. Une mince nappe d'eau tombe des gradins supérieurs, et ses goutelettes, en touchant à chacun des objets, y déposent quelques parcelles de carbonate de chaux qu'elles portent en dissolution dans leur sein. L'action de l'eau est continuelle ; tout le travail de l'homme consiste à éloigner ou à rapprocher les objets selon le besoin de leur formation. Voilà donc la nature devenue artiste par la volonté de l'homme et façonnant à son gré les objets qu'il lui présente ! Un âne, un canard et un berger, placés dans le jardin près de la barraque en bois, n'ont pas eu d'autre origine. Vous les prendriez pour des statues taillées au ciseau. Ils résistent à toutes les intempéries des saisons.

A l'extrémité du jardin, sur le ruisseau de la Tiretaine, un pont qui n'a pas moins de dix mètres de longueur, cinq de largeur et cinq de hauteur au-dessus de l'eau, a été formé comme l'âne et le berger. Une source beaucoup plus élevée que le lit de la Tiretaine laissait tomber dans le ruisseau ses eaux qui, au moment de leur chute, déposaient sur le sol qu'elles abandonnaient une couche de calcaire. Peu à peu cette couche augmentait, s'étendait, et le moment vint où les deux bords du ruisseau furent unis.

Comment veut-on que l'imagination d'un peuple naïf et ignorant n'ait pas été frappée par un phénomène si extraordinaire dont l'explication lui était inconnue ? Le rocher se formait sous ses yeux, à l'air libre; chaque année, il s'avançait de plusieurs centimètres, et, un jour, ce n'était plus seulement un rocher suspendu à d'autres rochers, c'était un pont que nulle main d'homme n'avait bâti. Assurément, il y avait dans ce fait, pour le moyen-âge, une cause occulte, impossible à expliquer. Une volonté puissante avait pu seule produire un semblable résultat. L'imagination gracieuse des peuples de la Grèce aurait vu dans ce pont l'œuvre de Pan, ou d'un Faune, ou de quelque sylvain à la poursuite d'une nymphe, d'une dryade ou d'une amadryade. L'imagination de nos pères, assombrie par les terreurs salutaires de l'Enfer et par un amas de superstitions bizarres, reconnut la main du Malin dans ce nouveau pont fait tout d'une pièce, et le nomma le Pont du Diable.

Il faut avouer que le diable n'était pas trop mauvais prince, puisqu'il rendait d'aussi bons services aux hommes, et leur évitait la peine de bâtir leurs ponts. Non pas gratuitement, je suppose. Quelque pacte secret avait été probablement juré ; une âme quelconque avait été vendue. Car le diable n'est pas généreux ; mais les Auvergnats ne le sont pas trop non plus. La lutte a dû être chaude. La tradition ne nous a rien conservé sur ce sujet.

Il est permis de voir chaque jour comment le Malin s'y est pris pour bâtir le premier pont. A peu de distance de l'ancien, il s'en forme un nouveau. Quelques années encore, et il touchera la terre. Alors, si l'on ne détourne pas les eaux, il pourra s'étendre à plusieurs mètres, comme son aîné. Mais les générations futures ne s'en émerveilleront pas. Eclairées par la science, elles admireront la puissance créatrice des eaux et loueront l'habileté de l'homme qui sait la diriger et l'employer à son usage. Le diable seul y perdra.

III.

La place de la Poterne est dans une heureuse situation, à l'extrémité nord du plateau sur lequel s'élevait l'ancien château de Clarus-Mons. Deux de ses côtés sont escarpés ; ils plongent sur une autre promenade qui domine une rue, et sur la vieille ville de Saint-Alyre. On s'y promène dans des allées sablées, ornées de bancs. Il est huit heures du matin ; la place est déserte. Un brouillard de vapeurs grises, semblables à de la poussière, est au-dessous de moi. Les maisons et les arbres, dont les contours sont indistincts, ont un charme indéfinissable. Leurs pieds semblent noyés dans un vaste lac. Le soleil joue à travers les vapeurs avec une sorte de timidité. Cette lumière jeune et douce pénètre peu à peu la couche vaporeuse qui se fond sous ses rayons. Devant moi la montagne de Champturgue pose ses flancs décharnés à côté de ceux des Côtes ; un peu plus à gauche, Montjuzet lève sa tête pointue. Derrière eux les grands puys isolés se perdent dans les airs. A droite, la vallée se montre dans une échappée ; elle paraît comme une immense forêt ; elle est argentée d'une lumière blanche qui mêle le ciel à la terre ; il n'y a plus d'horizon. A mes pieds le faubourg de Saint-Alyre agglomère ses maisons basses et modestes, mais sales. J'ai sous les yeux des couvents, des jardins et un vaste espace appelé les Bughes, où les habitants de Clermont allaient autrefois chercher des amusements, les dimanches ou les jours de fêtes. Des jeux de boules, de barres, de quilles et autres y étaient établis. On y respirait un air pur ; l'exercice développait la santé. Aujourd'hui leurs descendants se renferment dans un café ou dans un cabaret, boivent, fument et s'épuisent.

Dans le faubourg de Saint-Alyre s'élève une église neuve en pierres de lave. C'est l'église de Saint-Eutrope qui change sa vieille robe sans nom, ni date, ni couleur, pour une belle robe gothique. Il y a quelques mois qu'elle est commencée, dans quelques mois elle sera achevée. Tout aujourd'hui se fait plus vite. On bâtit en deux ou trois ans des églises que plusieurs siècles voyaient à peine terminer autrefois. Mais aussi cette rapidité de l'exécution enlève quelque chose à la grandeur, à l'ampleur, à la majesté des monuments. Nous employons les ressources du moment ; nos pères comptaient sur l'avenir pour achever leur œuvre. Nous élevons des chapelles ; ils construisaient des cathédrales.

IV.

De la Poterne, une pente ravinée par les eaux du ciel conduit à une autre promenade assez agréable, appelée Place d'Espagne, parce qu'elle fut, dit-on, construite par des Espagnols prisonniers. A l'extrémité de la place d'Espagne, un grand carré pavé comme la plupart des rues, de petits cailloux pointus qui font sentir à vos pieds qu'ils sont en province, porte le nom de Place Delille. C'est en ce lieu, suivant la tradition, que fut prêchée la première croisade. Une ruelle mal bâtie, sale, mal pavée, débouchant sur cette place par une ouverture ceintrée, sans portes, est décorée du titre de passage, et garde encore aujourd'hui le nom de Godefroy de Bouillon écrit sur ses murs délabrés.

Deux tours près desquelles j'ai passé sans les voir, cachées qu'elles sont dans un massif de maisons, attirent mon attention. Elles appartiennent à l'église de Notre-Dame-du-Port, ainsi nommée, dit-on, à cause de sa position près d'un marché où l'on apportait jadis toutes sortes de marchandises. De ces deux clochers, l'un est carré, couvert de zinc et surmonté d'une espèce de guérite; l'autre est octogonal, et terminé par une pyramide. Au-dessus de la porte méridionale sont de curieux bas-relief, mutilés par une main barbare. Le chevet et plusieurs autres parties extérieures de ce monument sont revêtus de marqueterie en pierres noires et blanches, sorte de mosaïque qu'on remarque dans la plupart des édifices byzantins. L'église est dans un trou, il faut descendre douze ou quinze marches. A l'intérieur le chœur est élevé de quatre degrés au-dessus du pavé de la nef. Deux rampes placées de chaque côté du chœur conduisent à une crypte ou église souterraine dans laquelle est honorée une image noire de la Vierge. Il y a au fond de la crypte une fontaine miraculeuse : les personnes atteintes de la fièvre sont guéries sur le champ, si elles boivent avec foi de son eau.

Il semblerait que, dans une église, l'intérieur dût être entretenu avec plus de soin que l'extérieur; c'est le contraire qui a lieu ici. L'extérieur est propre, net, gratté, poli : le gouvernement s'en occupe; l'intérieur est orné de tapisseries d'araignées et badigeonné d'épaisses couches de poussière : on voit que l'entretien en est confié aux soins de la fabrique.

Puisqu'on s'est mis en frais de réparations pour cette église, on aurait bien dû faire disparaître cette ignoble ogive qui sert de porte et créer à ce curieux monument une entrée digne de lui. C'est une des plus anciennes églises qui existent. Fondée par saint Avitus, dans le sixième siècle, elle fut détruite dans le neuvième. Rebâtie par saint Sigon, elle devint la proie des flammes. Telle qu'on la voit aujourd'hui, avec sa forme et son style byzantins, elle date du onzième siècle. Nos pères ne se lassaient pas. Sur les ruines d'un temple ils en élevaient un autre. Leur foi avait besoin de se manifester dans une enceinte consacrée.

Il n'y a rien de plus capable de porter à la piété que les églises du moyen-âge. Sous ces voûtes sombres et silencieuses que soutiennent de nombreuses colonnes, l'âme s'isole du monde, l'imagination, frappée par les objets qui l'entourent, perd de vue la matière et s'élève vers les régions de l'idéal et de l'infini. Quel dommage qu'elle soit trop souvent rappelée à la réalité par la malpropreté du temple ou par l'exhibition de peintures ridicules.

Sous les voûtes jaunies par endroits de Notre-Dame-du-Port, sur les colonnes dont les chapitaux sont admirablement fouillés, sont collés quelques tableaux noirs, à peines visibles, qui gagneraient encore plus à n'être pas vus, sauf cependant une petite toile qui représente sainte Anne apprenant à lire à la Vierge. Tout le long des murs règne un cordon de gravures enluminées, salies par l'humidité, qui tachent les murailles. Au-dessus de la porte méridionale, un grand tableau indique une Annonciation. L'ange se précipite comme un furieux; on dirait qu'il veut pourfendre un ennemi. Quant à la Vierge, elle n'en paraît pas surprise, et n'en conserve pas moins ses couleurs jaunes, rouges et blanches, renforcées de bistre. De pareilles œuvres d'art, sur un fond zébré de poussière, ne sont pas d'un effet médiocre.

Mais la plus belle collection d'affreuses peintures que l'on puisse voir se trouve dans une longue chapelle parallèle au bas-côté de gauche. C'est un musée de croûtes. Sans doute il en est quelques-unes qui ne manquent pas de mérite. Aussi puis-je signaler une Assomption qui serait assez supportable, si la Vierge n'avait pas le pied sur une tranche de melon. J'en dirais autant d'un Christ sur la croix, si la tête du Christ n'était pas remplacée par un trou. Mais ce que je recommande aux amateurs, c'est un moine auquel apparaît l'enfant Jésus sur les genoux de sa mère. La peinture en est horrible et la composition encore plus. Près du moine est une bête qui ressemble à peu près à un chien et qui porte dans ses pattes le globe du monde, tandis que ses dents retiennent dans sa gueule une torche penchée. Il s'agit sans doute de quelque zélé missionnaire que le flambeau de la foi va éclairer dans des régions éloignées. Le chien doit être l'emblème de la fidélité de son amour. C'est un *rebus* comme la plupart des tableaux, mais un *rebus* barbare.

Je ne dirai rien d'un groupe où avec beaucoup de bonne volonté on peut parvenir à découvrir une tête de femme et un enfant. Pieds, mains et têtes sont dessinés de telle sorte qu'on est en droit de se demander à quelle espèce animale le tout appartient. Près de la porte est une petite statuette dont le nom est écrit sur le piédestal ; c'est un saint Laurent ; l'énorme gril qu'il porte à la main l'aurait fait prendre pour un maître cuisinier. C'est un épouvantable magot.

Dans une chapelle voisine, un grand tableau, meilleur que les précédents, représente le Christ mort. On n'y voit qu'un léger défaut ; c'est que le Christ a l'air de se laisser choir en dormant. Mais à côté de ce tableau, quel groupe de grotesques ! Comme ils sont brossés ; comme ils sont peignés ; comme ils sont habillés ! Ils descendent un des leurs d'une croix. Je suis sûr que les enfants les prennent pour des polichinelles ou des pantins. Sous les pieds de l'un d'eux, on lit : Besson de Rome *invenit et pinxit*. Voilà un nom qui méritait de passer à la postérité.

On oublie trop en province que le peuple a peu de ressources pour former son goût et que les tableaux et les statues exposés dans les églises y contribuent pour leur part. Sans doute ce n'est pas le but principal pour lequel on les y introduit ; mais pourquoi l'effet artistique, esthétique, ne serait-il pas produit en même temps que l'effet religieux ? La religion n'aurait qu'à y gagner. Je voudrais donc que, pour l'admission d'une statue ou d'un tableau dans une église, on formât un comité de gens éclairés, aussi sévère que le jury chargé d'admettre ou de rejeter les objets d'art offerts à nos expositions publiques de Paris. Mieux vaut une ou deux bonnes peintures que des milliers de polichinelles.

V.

La cathédrale est le monument le plus important

de Clermont; mais c'est un monument inachevé : la porte principale manque. Ce grand invalide, placé à peu près au sommet du monticule sur lequel est bâtie la ville, dresse majestueusement sa tour surmontée de la croix au-dessus des édifices construits à ses pieds, comme pour les bénir. Eglise ogivale, elle se compose tout entière d'une suite de colonnettes qui se perdent dans les voûtes. Les gros piliers eux-mêmes ne sont qu'un élégant faisceau de colonnes fluettes et gracieuses, sous lesquelles disparaît leur épaisseur. C'est la grâce et l'élégance jointes à la hardiesse.

Ici les fraîches toilettes sont chez elles; elles peuvent y étaler leur luxe de soie et de dentelles; il ne paraîtra pas choquant : les pierres ont un air de fête perpétuel; le moindre rayon de soleil qui passe à travers les vitraux nuancés de mille couleurs semble les faire sourire dans leurs robes d'ogives ou de rosaces rehaussées de guipures.

Il est fâcheux que des frontons triangulaires et des colonnes plus ou moins grecques viennent, sous les ogives des chapelles, faire grimacer leurs formes savamment calculées et longuement mesurées par le compas d'une civilisation éteinte. La ligne droite et le triangle antique jurent en face des caprices de l'ogive et des élans des colonnes gothiques, comme la froide raison à côté de l'enthousiasme de la foi, la mort au milieu de la vie.

On ne comprend pas que, dans une église où l'ogive domine avec tant de puissance, quelqu'un ait pu même avoir l'idée de donner aux objets une autre forme que la forme ogivale. Ce n'était pas assurément pour rompre la monotonie de l'édifice. Nulle part il y en eut moins. La variété dans l'unité semble avoir été la devise de l'architecte. Non, c'était pour obéir au mauvais goût de l'époque.

Voici la porte où, selon l'abbé Faydit, l'évêque de Clermont, Guillaume du Prat, fils du chancelier du Prat, fut arrêté par ses chanoines, au moment où il allait en franchir le seuil en grande pompe. C'était sous le règne de François Ier. La mode de porter la barbe longue avait gagné tout le monde, et Guillaume du Prat s'était mis à la mode. A son retour du concile de Trente, il voulut faire une entrée solennelle dans sa cathédrale. Mais au moment d'y entrer, il se trouva en face de la mine sévère de ses chanoines qui lui présentèrent leurs statuts, des ciseaux et un rasoir. A la vue de cet appareil menaçant, le prélat, alarmé pour le salut de sa barbe, se retira en disant : « Je sauve ma barbe et laisse mon évêché. » Il partit pour son château de Beauregard.

Peu de tableaux méritent d'être signalés. Nous remarquons toutefois les quatre évangélistes de Manfrède, élève de Michel-Ange de Caravage, maladroitement restaurés ; une copie des disciples d'Emaüs où quelques parties sont assez bien rendues, et un Christ descendu de la croix et prêt à être enseveli. Dans ce tableau, les saintes femmes sont un peu longues, et le groupe formé par saint Jean et saint Joseph ressemble trop à une apparition fantastique.

Mais pourquoi, vers la porte septentrionale, cette troupe de paysans rejette-t-elle la tête en arrière, en ouvrant la bouche et en écarquillant les yeux ? Midi sonne et le bedeau leur montre avec empressement une horloge dont le timbre du milieu est frappé alternativement par les longs marteaux de deux statues debout qui représentent Mars et Faunus. On les appelle des Jacquemarts. Le dieu Mars porte un turban, en vrai mécréant qu'il est; Faunus a le pied fourchu. Un vieillard, qui a conservé la barbe et la faux traditionnelles, est assis au milieu : c'est Tempus. Sa tête est courbée sous le timbre qui lui sert de bonnet. Pour qu'il n'y ait de doute sur aucun des trois personnages, leur nom est écrit en lettres d'or à leurs pieds. C'est un joujou burlesque qui amuse les enfants et les bonnes.

VI.

Saint Grégoire sait tout ce qui se rattache à sa bonne ville de Clermont. Les faits les plus cachés, les miracles les plus intimes lui sont familiers ; il les raconte avec une bonhomie charmante. Mais il n'aime pas la barbarie; et les vices, quelle qu'en soit la source, lui font horreur. Il faisait bon cependant vivre au commencement du sixième siècle ! témoin l'histoire suivante du prêtre Anastase.

« Cautin, dit le saint évêque de Tours, ayant obtenu l'évêché de Clermont par surprise, se conduisit de manière à mériter l'exécration générale. Il s'adonnait au vin outre mesure ; et souvent il se plongeait tellement dans la boisson, que quatre hommes avaient peine à l'emporter de table; en sorte qu'il devint épileptique, et plusieurs fois le peuple fut témoin de ses accès. Il était de plus excessivement livré à l'avarice; et quelle que fût la terre dont les limites touchaient à la sienne, il se croyait mort, s'il ne s'en appropriait pas quelque partie, l'enlevant avec des procès et des querelles, l'arrachant aux plus faibles par la violence. Et s'il empruntait jamais, il ne passait aucun acte, et par mépris, il ne payait pas.

« Nous avions à Clermont un prêtre nommé Anastase. Il était recommandable par sa droiture et par la fermeté de son caractère. Clotilde, la vertueuse épouse du roi Clovis, avait donné à ce prêtre un certain bien dont il jouissait. Des lettres de cette grande reine lui en assuraient la propriété pour lui et pour ses héritiers. Notre évêque Cautin, qui trouvait ce bien à sa convenance, aurait voulu l'obtenir d'Anastase. Plusieurs fois il était venu le trouver, le priant et le suppliant de lui remettre les chartes de la reine et de lui abandonner sa propriété ; mais comme le prêtre différait d'acquiescer au désir de son évêque, celui-ci, après avoir essayé tantôt de le séduire par des caresses, tantôt de l'effrayer par des menaces, lui ordonna de se présenter à la ville, et l'y fit retenir contre toute pudeur, avec ordre, s'il ne livrait ses titres, de l'accabler de mauvais traitements, et de le faire mourir de faim. Mais Anastase résista courageusement et refusa toujours les titres, disant qu'il valait mieux pour lui d'être consumé par la faim, dans le temps présent, que de laisser ses enfants malheureux pour toujours. Alors, par ordre de l'évêque, il est remis à des gardiens et condamné, s'il ne donne ses chartes, à mourir de faim. Puis l'évêque lui fait une peinture effroyable des tourments qui l'attendent.

» Anastase, sans lui répondre, le regarde avec mépris, se retourne et marche à la mort.

» Il y avait, dans l'église du saint martyr Cassius, un caveau profond ; c'était une crypte très-antique et très-secrète. On y fait descendre Anastase. Là se trouve un tombeau de marbre blanc qui s'ouvre devant lui : le cadavre d'un grand personnage y avait été déposé. C'est sur ce cadavre empesté qu'Anastase est étendu.

» **La pierre sépulcrale retombe et l'enferme.**

» Les gardes, comptant sur la pierre qui le couvrait, sortent, allument du feu, car on était en hiver, et, assoupis par du vin chaud, s'endorment profondément.

» Cependant Anastase éprouve les horreurs d'une mort anticipée; tout espoir est anéanti dans son cœur. Le bruit de la pierre qui retombe est encore dans son oreille; cette pierre fatale pèse sur tout son corps. Ses yeux lui sont devenus inutiles; son imagination n'en est que plus frappée.

» Nouveau Jonas, du fond de son tombeau fermé, ainsi que des entrailles de l'Enfer, il invoque la miséricorde de Dieu. Le tombeau est assez grand pour qu'il puisse retrouver l'usage de ses mains; mais il n'a point la liberté de se retourner, et tous ses membres comprimés portent sur la pourriture du cadavre. L'odeur infecte qui s'en exhale se glisse jusque dans le fond de ses entrailles; son cœur bondit et semble prêt à lui échapper. Tour à tour ses forces s'éteignent et se raniment, et sa longue agonie est d'autant plus épouvantable, qu'elle réveille à tout instant le sentiment de la douleur et d'un désespoir impuissant.

» Quelquefois, de son manteau, couvrant sa bouche et son nez, il intercepte sa respiration. Le croiriez-vous? il s'efforce de prolonger un état si pénible. C'est lui-même qui l'a raconté. Au moyen d'une contrainte aussi cruelle, il éprouve un calme qui suspend, pour quelques instants, le plus effrayant, le plus insupportable des supplices; mais quand il se sent prêt à étouffer, sa main machinalement écarte son manteau de dessus sa bouche; alors, commandé par la nature, il reprend malgré lui son haleine; soudain, comme un trait, la vapeur empoisonnée, frappant ses poumons et son cerveau, forme une épaisse exhalaison qui remplit à la fois sa bouche, son nez et même ses oreilles.

» A la fin, Dieu daigna jeter sur le plus malheureux des hommes un regard de miséricorde. Anastase, en étendant sa main droite vers le bord du tombeau, y trouva une barre de fer laissée là par oubli entre le couvercle et les parois du sépulcre. » Il la saisit, la pousse et se débat comme le moribond que les flots engloutissent. « Peu à peu il sent la pierre se reculer. » Accablé de ce premier effort, soudain il se ranime; il bénit le ciel; ses forces renaissent, il les ramasse toutes; il pousse de nouveau; le levier cède, et le marbre se meut. « Bientôt Anastase parvient à faire une ouverture, à la faveur de laquelle il passe un bras, puis la tête, les épaules, enfin son corps tout entier.

» Hors de cette tombe fatale, dans le premier mouvement de sa joie, le prêtre se prosterne et rend grâces à la bonté divine. Mais comment sortir de cet affreux cachot? Les murs en sont épais; une porte de fer en ferme l'entrée, et cette entrée est gardée par les satellites de Cautin. Anastase est sans armes; il est seul; que peut-il faire?

» Il n'était plus nuit; il n'était pourtant pas jour encore. Anastase court à une autre porte de la crypte : elle était fermée par de fortes serrures et consolidée par d'énormes clous; mais elle n'était pas tellement unie dans son ensemble qu'on ne pût voir par les interstices des planches. »

Il prête l'oreille et croit entendre quelque bruit au dehors. Est-ce une sentinelle? Est-ce un passant? « Son œil inquiet s'attache au trou de la serrure; il lui semble entrevoir quelqu'un. » Plus il observe, plus il croit qu'on vient de son côté. Il se laisse aller d'abord à un faible sentiment d'espérance que la réflexion détruit aussitôt. Malgré le trouble qui l'agite, il redouble d'attention. « Voici qu'il distingue un homme marchant dans un sentier voisin de son cachot. Il l'appelle en suppliant, mais d'une voix exténuée. » D'ailleurs il craint les gardes qui doivent le surveiller; il ne veut se faire entendre que du passant. Il le prie d'un ton si douloureux, que l'homme s'arrête étonné, cherchant d'où part cette voix plaintive. Le prêtre recommence sa prière. Alors le passant l'interroge et demeure glacé d'horreur au récit d'un malheur si peu croyable.

Le passant est un homme des champs; il s'en allait à la forêt voisine, « armé d'une forte hache qu'il a sur l'épaule. Il examine avec soin la porte du cachot;

un poteau la retient et touche à la serrure. Il frappe à coups redoublés au risque d'éveiller les sentinelles. Enfin le poteau tombe et rend au prêtre la vie et la liberté. »

« Anastase se précipite dans les bras de son libérateur, le remercie, lui recommande le secret, court à son logis, recueille les chartes que lui avait octroyées la reine Clotilde, et les porte au roi Clotaire, en lui dénonçant comment il avait été enseveli vivant par son évêque. Lorsque tous étaient encore stupéfaits de ce récit et avouaient que jamais Néron ni Hérode n'avaient commis un tel forfait, d'enfermer un homme vivant, dans un sépulcre, avec un cadavre corrompu, l'évêque Cautin vint trouver le roi Clotaire. Mais accusé par le prêtre, il s'en retourna convaincu et couvert de confusion. Anastase, muni de diplômes du roi, défendit son bien aisément, en jouit librement et le transmit à sa postérité. »

« Cautin n'avait ni religion, ni respect humain. Complètement étranger aux Saintes Ecritures et aux lettres profanes, il était cher aux Juifs dont il se faisait le serviteur, non pour les amener au salut, mais pour en acquérir certains objets de prix. »

Quelque temps après le crime dont on vient d'entendre le récit, lorsqu'une peste envahit la ville de Clermont, Cautin s'empressa de quitter son siége épiscopal et d'errer dans les environs ; mais au moment où il revint, persuadé que le mal avait cessé, il en fut atteint et mourut subitement le jour du Vendredi-Saint.

Le Ciel avait vengé les hommes.

VII.

L'église des Carmes n'est visible que de loin. Sa flèche élégante et pointue comme une aiguille s'élance dans les airs et montre qu'à ses pieds il doit y avoir une église ; mais si l'on approche, on ne voit plus que des maisons fort laides, au milieu desquelles cependant une porte ogivale, sculptée, indique l'entrée du temple saint. Pourquoi ces maisons parasites salissent-elles la maison de Dieu ? Cette église est une charmante bonbonnière, toute brillante de dorures et de peintures à fresques ; mais construite de la façon la plus étrange. En entrant vous vous croyez dans une église d'une dimension moyenne et d'une élégance remarquable. Vous avancez ; vous avez, à votre gauche, une nef perpendiculaire à la première, plus large et plus longue qu'elle, et, à votre droite, un vaste espace qui longe le côté de l'épître et va se perdre derrière le chœur. Bizarre architecture, assurément!

VIII.

Un vol de nuages blancs s'abat, comme une troupe d'oiseaux, sur le sommet du Puy-de-Dôme. D'autres se joignent à eux. La haute montagne disparaît sous le nombre : il pleut. Que faire ? Nous nous donnons le plaisir de lire la savante notice de M. l'abbé Delarbre sur l'Auvergne et en particulier ce qui concerne la cathédrale de Clermont.

« L'église cathédrale, dit-il, est un des édifices les plus élégants que l'on puisse voir, dans le genre gothique. Ce fut en 1248 que Hugues de la Tour, évêque de Clermont, en jeta les fondements, avant son départ pour la Terre-Sainte, suivant le plan qu'en donna Jean de Campis, architecte. Guy de la Tour, successeur de Hugues, la fit continuer ; mais elle ne fut pas achevée, à cause des guerres des Anglais qui commencèrent en Auvergne dès le treizième siècle, et elle est toujours restée imparfaite. La nef qui devait se prolonger plus avant dans la rue des Gras, ainsi que plusieurs tours des clochers, n'ont pas été terminées ; et le portail principal, en face de la rue des Gras, n'a pas été construit. Cet édifice, malgré ses imperfections, est un superbe monument gothique. Sa longueur est de trois cents pieds, sa largeur de cent trente pieds, sa hauteur, du pavé à la voûte, est de cent pieds. La voûte en ogives est soutenue par cinquante-six piliers. Chacun de ces piliers forme un faisceau carré de colonnes rondes très-déliées. Au-dessus de la corniche, et à la naissance de la voûte, ces colonnes se détachent et se courbent pour former les arêtes des voûtes. Cette architecture, malgré le mauvais goût de son genre, est admirable par les belles proportions du plan, et par la hardiesse et la solidité de sa construction. Les piliers du rond-point sont surtout remarquables par leur délicatesse : ils sont si déliés, respectivement à la masse qu'ils supportent, qu'on ne peut les considérer sans effroi. »

Là-dessus Henri s'est emporté. Il a traité fort irrespectueusement M. l'abbé Delarbre de vieille ganache, sans caractère, sans goût et sans logique. Je reconnais bien là, s'est-il écrié, ces gens incapables de juger par eux-mêmes, qui acceptent des idées toutes faites sur toute espèce de sujets. Parce que la mode est au genre grec, il n'y a de beau que ce qui est paré d'un chapiteau grec ; parce que le vent souffle au gothique, nous n'admirerons que les ogives et les colonnes massives ou fluettes. Mais ce que je dis de l'architecture s'applique à tout. Que de badauds acceptent comme des vérités, malgré leur conscience, malgré l'évidence, les idées ridicules qu'ils ont ramassées ou dans des salons rachitiques, ou dans des journaux débiles, ou dans des livres nauséabonds !

Allons donc, M. l'abbé Delarbre, pénétrez au fond de votre cœur; fouillez les lobes de votre cerveau, et vous verrez que vous êtes meilleur juge que vous ne dites. Il y a en vous de l'étoffe. Vous comprenez le beau; mais vous êtes encore sous l'empire des idées de votre temps, vous n'osez pas secouer le préjugé. Quoi ! vous trouvez l'architecture ogivale « admirable par les belles proportions du plan et par la hardiesse et la solidité de la construction, » et vous déclarez que c'est une « architecture de mauvais goût! » Mais si elle est admirable, elle n'est pas de mauvais goût; on n'admire pas le mauvais goût, on le dédaigne, on le hait ! C'est un mal qu'il faut fuir.

— Il n'est pas aisé de se soustraire aux idées de son temps.

— Non, pour les esprits étiolés et malingres; mais il en est autrement pour les caractères fortement trempés. Il faut avoir le courage de son opinion et dire à son siècle : Vous faites fausse route ; vous quittez le simple, le naturel, pour entrer dans le conventionnel, dans le maniéré. Il ne faut pas qu'il y ait deux vérités, l'une pour une époque, l'autre pour une autre ; « une vérité en-deçà, une vérité au-delà des Pyrénées. » Il ne faut pas qu'on s'éloigne de la nature, ce grand modèle que Dieu a mis à la portée de tous. Ce que chacun, sans parti pris, sans désir de faire comme tout le monde, trouve beau, voilà ce qui est beau, voilà ce qui est de bon goût.

— En ce cas, nous allons avoir à dégaîner contre bien des coteries qui font la loi dans la littérature, dans les arts et dans la société ; à coucher dans la poussière bon nombre d'auteurs qu'un engouement de réclame a portés fort haut ; à renverser des milliers de statues de leur piédestal usurpé !

— Suivez-moi ; je vous ferai faire quelque jour bonne et rude guerre à tout ce qui s'éloigne du beau, du vrai dans la nature, à tout ce qui n'a pas pour guide le sens commun.

IX.

Aujourd'hui le soleil brille d'un nouvel éclat. Après la pluie ses rayons semblent plus purs. Ils jouent à travers les branches des arbres et soulèvent dans la vallée un voile blanc de vapeurs diaphanes. Il ne reste plus autour des flancs du Puy-de-Dôme que quelques débris de nuages qui pressent encore ses reins et flottent comme une écharpe. La promenade du Cours-Sablon commence à se repeupler d'enfants et de bonnes, ses hôtes ordinaires. A l'endroit où une avenue ébauchée, empierrée, ravinée, la coupe à angles droits, laissant reposer les yeux sur l'immense horizon bleu qui se déroule au fond de la Limagne, une fontaine d'une rare élégance étage ses bassins les uns sur les autres en pyramide. C'est la fontaine de Jacques d'Amboise, appelée depuis quelque temps fontaine Delille. C'est l'art et la grâce de la renaissance en face de la négligence ou de l'impuissance du présent.

Cette fontaine elle-même est une preuve de l'insuffisance des ressources de certaines villes pour leur alimentation. De ses vasques, de ses statuettes et des colonnes qui surmontent le bassin principal devraient jaillir trente jets en minces filets du plus bel effet; mais il n'y a qu'un malheur : la fontaine n'a pas d'eau, ou elle en a si peu que c'est à peine si les tuyaux les plus bas en laissent tomber chichement quelques gouttes.

C'est vraiment dommage; car c'est un beau morceau d'architecture. On y voit mêlés ensemble les caprices de la renaissance et ceux du genre gothique. Le plan, la forme, les découpures et les arabesques appartiennent au goût gracieux du seizième siècle trop tôt disparu, tandis que les personnages, leurs attitudes, leurs grimaces et leur nudité rappellent ces figures grotesques qui font des contorsions dans les chapitaux et dans les frises de nos cathédrales.

Henri contemplait cette fontaine avec une joie naïve :

— Je vous le disais bien, s'écria-t-il, au point de vue moral nous valons beaucoup moins que nos pères. Ce que la plume de Rabelais traçait sur le papier, le ciseau de l'artiste le taillait dans la pierre. Chacun lisait ou regardait en passant et riait, trouvant tout simple qu'un conduit naturel fût devenu un jet d'eau. Personne n'y trouvait à redire; on y était habitué : les monuments religieux comme les édifices profanes étalaient leurs nudités à tous les yeux. Y avait-il pour cela plus de filles séduites ou de femmes déshonorées ? Aujourd'hui nous bannissons des œuvres d'art tout ce qui pourrait choquer nos vertus ou notre goût; nous rougissons même d'un mot un peu trop cru, et nous avons raison; mais nous souffrons que l'on placarde des affiches infâmes sur nos murailles, et nos hôpitaux se remplissent de maladies odieuses. La civilisation a fait de nous des hypocrites.

— Mais, cher ami, à ce compte-là, nous allons donner le prix Monthyon à Paul de Kock, et nous couronnerons rosière la jeune fille qui réunira, sur sa cheminée, sur sa commode ou sur son étagère, le plus d'amours et de chérubins en plâtre ou en marbre, dans le premier costume de nos premiers parents?

— N'allez pas au-delà de ma pensée. Il ne serait pas bon que la sculpture moderne reproduisît les groupes et les attitudes dans lesquelles se plaisait la sculpture du moyen-âge : l'innocence n'est plus la même. Je veux dire seulement que nous n'avons pas le droit d'avoir de la pruderie, ni d'être sévères pour ce genre passé et que, loin d'en tirer des conséquences contre la moralité de l'époque où de pareils types se produisaient publiquement, je n'y vois qu'une preuve de la simplicité innocente qui présidait à leur confection. J'aime mieux les statuettes naïves et grossières de nos pères que le goût raffiné de notre siècle. Si l'art y a gagné, je n'en dirai pas autant des mœurs. Est-ce qu'avant d'avoir mangé la pomme, Adam avait songé à cueillir une feuille de figuier ?

X.

Près d'un Jardin-des-Plantes en désarroi, au milieu duquel s'élève une sorte de château périgourdin, un obélisque dresse dans les airs sa flèche surmontée d'une urne funéraire. C'est un monument élevé à la mémoire du général Désaix. Dans le jardin voisin, on voit ce brave général couché à côté de son cheval, qui ressemble à un poulain d'un an. L'artiste n'a pas osé achever son œuvre. Il aurait mieux fait de la briser ou d'attendre que le poulain eût grandi.

Les lettres, les sciences et les arts se sont donné rendez-vous dans un bâtiment nu et fort restreint qui touche au Jardin-des-Plantes. La Faculté des sciences descend presque sous terre pour se faire entendre de ses auditeurs. C'est un peu dans ses habitudes. La Faculté des lettres au contraire monte aussi haut qu'elle peut monter.

Au-dessus d'elle cependant on a trouvé place pour un commencement de Musée. N'en disons pas de mal. Il y a de bonnes toiles; mais il y en a de bien mauvaises qui disparaîtront, je pense, à mesure que de meilleures apparaîtront. Il faut espérer d'ailleurs qu'on leur fera quelque jour l'honneur d'un domicile moins rapproché des toits et mieux disposé.

Nommerai-je quelques tableaux ? Un *arracheur de dents* de Valentin frappe tout d'abord les regards des curieux, à leur entrée, par les bizarres postures des personnages et surtout par l'air de matamore du héros, qui est aussi fier d'avoir arraché une misérable dent à une pauvre femme que dut l'être Hercule du dernier de ses travaux. Malheureusement, la peinture est un peu trop verte : tout le monde a l'air d'avoir la jaunisse.

Une bonne copie de la *Fête de la Madonne de l'Arc* saisit l'attention par des attitudes robustes ou gracieuses, mais un peu maniérées, surtout par une grande chaleur de tons répandue dans tout le tableau.

Diogène cherchant un homme ne manque pas de

vérité. Le cynique a l'air qui lui convient. Il se rit de ces badauds qui l'accostent pour connaître l'usage qu'il veut faire de sa lanterne. On l'attribue à Philippe de Champagne.

La *Diseuse de bonne aventure* de Valentin est d'un réalisme frappant.

Gardons-nous de croire que l'école réaliste, qui a fait tant de bruit dans ces dernières années, soit une invention moderne. Elle a toujours existé. Depuis Parrhasius et Zeuxis qui peignaient des raisins et des draperies avec une réalité capable de tromper des oiseaux et même des hommes, jusqu'à M. Courbet qui prend les puissants appas de sa cuisinière pour le type de la grâce féminine, le réalisme a toujours eu de nombreux partisans. On a toujours aimé à voir représentés dans toute leur vérité les objets connus. Si l'idéal semble permis, c'est dans les compositions qui s'éloignent un peu de nos habitudes ordinaires. Du moment où les personnages sont mes voisins, je suis bien aise de les retrouver avec leur air niais, leur traits épattés, et leur teint terreux. Je ne suis pas trompé par une fausse ressemblance. L'idée du peintre n'en perce pas moins sous son enveloppe vulgaire.

De nos jours l'école réaliste a eu quelques chances de succès, parce que la peinture idéaliste, entraînée par la pente de sa voie, a paru dépasser le but. Pleins d'idées, de sentiments généreux, tourmentés par la pensée, nos jeunes peintres ont peur du naïf; ils ne s'attachent pas à une forme; ils cherchent l'idée qu'elle exprime. Ce sont des philosophes qui dédaignent la matière. Ce sont des poëtes qui se servent de la ligne ou de la couleur pour rendre leurs pensées, mais qui craindraient d'étouffer leurs poétiques inspirations en les emprisonnant dans une forme trop commune. Ils ne veulent plus seulement, comme leurs devanciers, plaire aux yeux; ils tiennent à satisfaire l'esprit. Voilà leur tort, tort bien excusable sans doute; mais le nombre des personnes qui songent, qui pensent, qui font fête à l'âme est bien restreint, tandis que la foule des gens que la matière enveloppe et obstrue est fort grande !

Je ne peux passer sans admirer la *Cléopâtre* de Rubens. C'est une copie attribuée à Pietro Berettino, autrement dit Pierre de Cortone. C'est un excellent tableau. Cléopâtre est d'une beauté splendide, à peine altérée par le chagrin qu'elle éprouve d'être obligée de se donner la mort et par la douleur et l'effroi que lui cause le reptile qui lui pique le sein. On comprend qu'une pareille femme ait pu séduire César et Antoine.

Parlerai-je de *Bacchus et Ariane ?* La composition en est charmante; les types admirables; mais la couleur en est trop rouge. On dirait qu'ils ont été peints avec des tuiles broyées.

Pourtant cela n'est rien. Il faut voir **Désaix en Egypte**. En voilà de la couleur, de la chaleur ! Tout y est écarlate. Le noir lui-même a changé de teinte ; il devient sensiblement rouge. Je sais bien que le ciel d'Afrique est autrement chaud que le nôtre et que les tons les plus vifs sont les tons ordinaires de ce climat ; ce n'est pas une raison pour placer Désaix au milieu d'un incendie. L'exagération n'a jamais rien valu.

Parlez-moi d'un petit tableau d'Hillemacher, une *Scène d'invasion en* 1814. Nous sommes ici chez nous. Ce sont les couleurs, les objets, les formes que nous sommes habitués à voir. Aucun ton cru. Tout y est plutôt un peu gris ; mais c'est la faute de notre soleil qui manque de vigueur. Comme cette femme, ces enfants, ce vieillard se groupent bien ! Comme l'effroi transpire sur ces visages pâlis ! Quelle triste attitude dans ce soldat blessé qui ne peut pas aller aider ses camarades à barricader la porte de la maison ! C'est de la peinture bourgeoise, si on veut, mais c'est de la peinture où les idées dominent, où le sentiment triomphe ! Cela vous émeut.

Voulez-vous de la peinture fantastique ? Jetez les yeux sur ce petit tableau attribué à David Téniers. C'est la ronde des *farfadets*. Je ne sache rien de plus curieux et de plus hideux que ces petits êtres aux formes étranges, légères et burlesques qui tournoient comme des damnés qu'ils sont.

J'aurais bien d'autres tableaux à signaler ; mais il faut me borner. Toutefois une tête de Vierge peinte par Carlo Dolci, ainsi qu'une *Annonciation* et une tête de Christ méritent l'attention des connaisseurs.

Mais arrêtez-vous devant trois Callot, qui représentent les malheurs de la guerre. Tous ces bonshommes qui se poussent, qui se ruent les uns sur les autres, qui se tuent, vus de près, ont tous l'air de magots de la Chine. Mais voyez-les à distance. Comme ils sont à leur place ! Comme leurs proportions sont exactes ! Il n'est pas même jusqu'aux pendus qui ne fassent bonne figure dans ces petits tableaux, pleins de vie, d'originalité, d'humour.

Il y a une demi-heure qu'Henri est en contemplation devant eux ; on le croirait en extase. Pendant ce temps Georges refait connaissance avec les antiquités qu'il a déjà contemplées vingt fois peut-être. Il revoit la momie ou plutôt ses bandelettes à hiéroglyphes. Il compte les haches gauloises en silex, en jade, en serpentine, en basalte. Pour lui, comme pour tous les antiquaires, la moindre pierre roulée par les eaux d'un torrent, se transforme en hachette gauloise, en couteau de sacrifice druidique. Pour une qui l'a été véritablement, il en est cent sur lesquelles on se trompe. J'ai vu sous la vitrine plus d'un galet surpris de l'excès d'honneur qu'on lui faisait.

Ceci me rappelle un fait qui a eu lieu dans une

ville de l'ouest de la France, où la science des antiquités est très-cultivée. Un estimable savant, en se promenant dans un des faubourgs, aperçoit près d'une maison une statuette grossièrement sculptée. Il la considère, l'examine et finalement reste convaincu qu'elle remonte à une antiquité qu'il se réserve de fixer plus tard, dans un rapport à l'académie. Le propriétaire de la statuette était sur sa porte. C'était un maçon. On fait marché. Le savant achète ce précieux objet d'art et s'en va. Le lendemain il revient. « Mon ami, dit-il au maçon, savez-vous d'où provient la statuette que je vous ai achetée hier ?

— Oui, Monsieur.

— Sans doute de quelque temple détruit dans les environs ?

— Non, Monsieur : elle provient de la carrière voisine.

Ecarquillement d'yeux de la part du savant ; joie délirante ; serrement de cœur : il a trouvé un trésor. — Ah ! bah ! s'écrie-t-il !

— Oui, Monsieur ; elle vient d'un bloc de pierre qui en a été extrait. C'est moi qui l'ai faite, il y a une vingtaine d'années. »

Le savant n'en demanda pas davantage.

Georges a de quoi saturer son amour pour les antiquités. Nous sommes à l'endroit où deux civilisations se sont trouvées aux prises. Les Romains et les Gaulois ont dû laisser, dans leurs luttes, bien des débris sur le champ de bataille. Aussi, depuis les hachettes en pierre jusqu'aux lances en fer des Gaulois ; depuis les clous qui retenaient les fers des chevaux romains, jusqu'aux casques des guerriers ; depuis le vase le plus minime jusqu'aux amphores gigantesques, la collection d'objets antiques ne manque ni de nombre, ni de cachet. « Voyez-le, disait Henri ; il est capable de fixer l'époque à laquelle remonte chacune de ces vieilleries. Pour moi, je laisserai volontiers toutes les académies disputer sur la date d'un morceau de pierre, persuadé, comme Taine, que toutes les dates du monde ne valent pas une idée. »

Quelques grands tableaux, que l'exiguité du Musée n'a pu recevoir, sont restés dans la Bibliothèque, au rez-de-chaussée. La Bibliothèque est une fort belle salle. Les vingt-trois mille volumes qu'elle renferme y sont à l'aise et tiennent compagnie à ce pauvre Pascal qui a l'air de bien s'ennuyer au milieu de tous les grands hommes reliés en veau qui dorment à ses côtés, tandis qu'il est toujours debout, lui, et toujours réfléchissant, au sommet du piédestal sur lequel Ramey l'a placé. Je suis sûr qu'il ne réfléchit plus sur la géométrie, ni sur le triangle arithmétique, ni sur l'équilibre des liqueurs, ni même sur les Provinciales ou les Pensées ; mais bien sur la malencontreuse idée qu'ont les habitants de Clermont de le tenir enfermé loin des regards de la foule et du grand air. C'est une belle statue de marbre, je l'avoue, mais ce n'est pas une raison pour la claquemurer dans une bibliothèque comme un bijou dans une boîte. Clermont n'a pas trop de statues ; pourquoi mettre sous clef celles qui méritent d'être vues?

XI.

La place de Jaude est un immense carré long dont on pourrait tirer un excellent parti. Peu de villes de province en ont une aussi étendue ; mais peu en ont une en aussi mauvais état. C'est aujourd'hui jour de marché. De la montagne descendent des chars dont la forme n'a certainement pas varié depuis Vercingétorix. Ils sont tout aussi primitifs qu'il l'étaient alors : c'est un tronc d'arbre traîné sur deux essieux par deux vaches maigres. Ils sont chargés de bois et s'alignent sous les ordres d'un agent de police. L'indiscipline montagnarde se règle en touchant le seuil de nos villes.

Bientôt la place tout entière n'offre plus qu'un immense amas de bois coupé où des allées sont réservées pour les acheteurs, à travers bêtes et montagnards, dont les unes vous salissent, tandis que les autres essaient de vous tromper sur la qualité et sur la quantité de leur marchandise.

L'antagonisme entre l'homme qui achète et l'homme qui vend durera tant qu'il y aura des hommes. Mais s'il est surtout prononcé, c'est entre l'habitant des montagnes et celui des villes. Il y a entre eux une défiance mutuelle. De là la difficulté des transactions. L'acheteur offre la moitié du prix qui lui a été fait. Le vendeur n'accepte pas. On insiste. L'un ajoute à son offre; l'autre retranche de ses exigences. On finit par faire chacun la moitié de la route et on se rencontre, au bout d'une heure, à un prix qui devient le prix d'achat. Mais quelquefois chacun s'entête, espérant que l'autre cédera. Alors on ne conclut rien.

Le parisien ne comprend pas un pareil abus dans l'exagération des prix. Il sait que le temps est précieux, que c'est un capital gratuit qu'il faut savoir utiliser, et il ne perd pas son temps à marchander l'objet qu'il veut acheter. D'ailleurs il a confiance dans le marchand; c'est la seule condition d'existence pour le commerce. Il sait qu'on ne lui surfera pas trop sa marchandise. Il n'en est pas de même en province. Les habitudes, les routines du passé subsistent éternellement. On perd son temps à des niaiseries.

Dans un des coins de cette vaste place se cache l'église de St-Pierre-des-Minimes qui faisait autrefois partie du couvent des Minimes, aujourd'hui converti en hôtel. Elle n'a aucun style ; mais elle possède deux beaux tableaux : derrière le maître-autel, une Nativité, et, dans une chapelle latérale, les quatre Évangélistes. Ces deux tableaux sont de Valentin et ne manquent pas de mérite.

A l'extrémité de la place de Jaude, s'élève la statue en bronze de Désaix. Le général, beaucoup plus grand que nature, est dans l'attitude du commandement. Sa tête est surmontée d'un panache à trois branches énormément lourd et qui doit le fatiguer ; on dirait des tiges de palmier. Néanmoins, c'est une œuvre d'art assez remarquable, due au ciseau de Nanteuil. La statue repose sur un socle en briques recouvertes d'un enduit de plâtre. On se demande pourquoi ces briques, quand, à deux pas, il y a de si beaux blocs de lave ou de basalte ! Est-ce qu'une balustrale ne devrait pas protéger ce monument contre les profanations qui s'y commettent chaque jour ?

Voilà la situation faite à l'art en Auvergne ! Si la statue est jugée trop délicate pour supporter les brusques variations de la température, on la renferme dans une salle bien close où elle reste à l'abri des fluxions de poitrine ou des pleurésies. Si son tempérament a été déclaré robuste et capable de résister à toutes les intempéries des saisons, on la huche sur une sorte de piédestal où, aux injures du climat, se joignent contre elle celles des hommes.

Mais qui m'indiquera que j'ai sous les yeux l'image

du général Désaix ? Il serait à souhaiter que le nom de toutes les statues fût inscrit sur leur piédestal. Le passant pourrait de cette manière savoir, sans avoir recours aux guides ou aux bonnes femmes du quartier, quel est le personnage qu'on présente à son admiration. Les statues dont le nom n'est pas gravé sur le socle me paraissent autant de logogriphes destinés à faire oublier au voyageur impatient l'ennui qui le tourmente. Beaucoup de villes n'ont pas autre chose à offrir (1).

---

(1) A mon retour, j'ai vu que l'administration municipale avait réparé l'oubli dans lequel on a laissé trop longtemps cette pauvre statue. Le socle a été recouvert d'un nouvel enduit sur lequel on a inscrit, avec le nom du général, celui des batailles auxquelles il a assisté, et une balustrade le protège, ainsi que les arbustes qu'on a eu la bonne idée de planter à ses pieds, contre les outrages des Vandales modernes.

MONTFERRAND.

I.

Une longue avenue de peupliers essaie d'unir Montferrand à Clermont ; mais elle a beau étendre sa longue chaîne et la rendre séduisante, l'union entre les deux villes n'est qu'une union forcée. Il se passe ici ce que l'on voit dans certains grands hôtels : Monsieur habite l'aile de droite et Madame l'aile de gauche. Quelques usines vont de l'une à l'autre comme des valets en livrée. Du reste, parfait ménage, en apparence; les convenances sont sauvées. Les étrangers trouvent que tout va bien; les intimes seuls s'aperçoivent de quelques tiraillements ; mais on n'en parle pas.

Montferrand est placée sur une butte, presque au pied de Champturgue et dans la Limagne. Une forêt de vergers l'enserre de toutes parts. Les pampres des montagnes semblent penchés sur les toits; aussi presque tous les habitants sont-ils vignerons.

En traversant ses rues, il me semble voir passer devant moi une longue suite de bourgeois qui poussent vers le ciel des cris, des gémissements, des sanglots. Ils portent dans la main gauche leur main droite coupée. Souvenirs du passé pourquoi m'obséder ainsi ? Débris de la barbarie, dormez dans les tombeaux de nos pères !

Voici le fait ; il ne laisse pas que d'être instructif et de rendre sensibles la loyauté et la douceur qui distinguaient les mœurs du douzième siècle.

Lorsque le comte d'Auvergne, Guillaume VI, à son retour de la croisade, eut un démêlé avec son frère, l'évêque de Clermont, Louis le Gros, qui se montrait plus docile à l'Eglise que ne l'avait été son père, et qui avait fait pour elle ses premières armes, s'empressa de venir au secours de l'évêque de Clermont, et campa devant Montferrand.

A la vue de cette armée formidable, les habitants de Montferrand furent saisis de terreur. Se croyant menacés par elle, ils mirent le feu à leur ville et se retirèrent dans la citadelle.

Du haut de leur forteresse, ils faisaient beaucoup de mal à l'armée du roi, surtout pendant la nuit. Le roi, ennuyé de cette guerre nocturne qui décimait son armée, la plus considérable que « onques on ne vit, » chargea Amaury de Montfort de surprendre les habitants dans une embuscade.

Amaury obéit, s'avança près des murs, engagea

les habitants à venir sans défiance dans le camp du roi, et fit si bien qu'il le leur persuada. Eux, simples et naïfs, quittent leurs murs et s'avancent avec confiance pour parlementer. Ils sont en grand nombre. Mais à peine sont-ils sortis que des soldats, apostés dans ce but, fondent sur eux, les enveloppent et les font prisonniers. C'est en vain qu'ils offrent des sommes considérables pour racheter leur liberté, le roi exige un châtiment cruel qui puisse les mettre dans l'impossibilité de lui nuire dorénavant : il leur fait à tous couper une main et « les renvoie à leurs camarades portant dans l'autre main celle qu'on venait de leur couper. » L'historien de cet acte barbare, l'abbé Suger, ne trouve aucun cri pour flétrir cette mutilation sauvage ; il se contente d'ajouter que la forteresse se rendit et que le comte et l'évêque s'accomodèrent. Il en est toujours ainsi ; ce sont les petits qui payent les fautes des grands.

Montferrand est une vieille ville. Son église gothique le prouve. D'ailleurs il n'y a qu'à regarder ses maisons pour en être convaincu. Des étages qui surplombent, des figures sculptées qui grimacent, des fenêtres aux coins supérieurs arrondis, séparées en deux par une délicate colonnette, ne sont pas des caractères d'architecture précisément moderne.

« C'était, dit Froissard, ville de grand trésor et pillage, riche de soi et bien marchande, où il y avait de riches vilains à grand'foison, la ville où l'on faisait le plus simple et pauvre guet qui soit au royaume. » Voilà bien des raisons pour tenter la cupidité d'un chef de bandes, à une époque où la guerre n'était qu'une affaire de pillage, où chaque ville, chaque village devait se tenir en garde contre les surprises, contre les coups de mains qui réjouissent tant ce bon Froissard, parce qu'il y trouve matière à faire de longs récits. Aussi comme il est heureux de nous raconter les grands coups d'épée qui s'y sont donnés !

Il est au château d'Orthez, savourant l'hospitalité magnifique que lui offre le seigneur châtelain ; mais on vient lui conter ce qui s'est passé à Montferrand, et il s'empresse de l'inscrire dans sa Chronique pour charmer les loisirs de son hôte. Parcourons avec lui les faits ; ils seront pour nous un curieux enseignement. Nous admirerons la bravoure des chevaliers ; mais nous réfléchirons à la confiance que les villes comme les individus pouvaient avoir dans leur sécurité personnelle.

Un chevalier du Bourbonnais, nommé Bonnelance, « vaillant hommes aux armes, gracieux et amoureux, » s'étant trouvé à Montferrand, « en grand esbattement avec dames et demoiselles, » elles le prièrent de se signaler par quelques exploits contre les Anglais. L'une d'elles qu'il avait « en sa grâce » lui déclara qu'elle serait bien aise d'avoir un Anglais pour son prisonnier. Le chevalier promit de lui donner ce qu'elle désirait. L'occasion se présenta bientôt. Il courut sur un parti d'Anglais, en fit plusieurs prisonniers et les conduisit à Montferrand. Les dames, charmées d'un succès dont elles s'attribuèrent la gloire, fêtèrent le chevalier. Il dit à celle qui lui avait demandé un anglais : « En voici plusieurs que je vous laisserai en cette ville tant qu'ils n'auront pas trouvé qui leur rançon payera. Les dames se mirent à rire et tournèrent la chose en plaisanterie et dirent : Grand merci. » Bonnelance reçut le prix de sa courtoisie, « et fut dedans Montferrand trois jours entre les dames et demoiselles. »

Parmi les prisonniers de Bonnelance était un gentilhomme gascon nommé Géronnet de Ladurand. Sa rançon fut payée par Perrot-le-Béarnais qui tenait pour les Anglais et dont le repaire était au château de Châlus en Limousin, à la condition que Géronnet de Ladurand accomplirait la promesse qu'il lui avait faite de lui livrer la ville de Montferrand.

Géronnet se prépara à se montrer homme de parole et, suivi de onze compagnons « vêtus en habits de gros varlets et marchands et menant chevaux de harnais tout unis », se mit en marche vers Montferrand, « tenant leurs chevaux comme marchands, voituriers, et entrèrent, comme environ nonne, en la ville de Montferrand. » On ne se défie pas d'eux, on ne les prend pas pour des pillards, mais « pour marchands qui viennent au marché. » Ils se faisaient passer pour gens de Montpellier et prétendaient venir pour la foire qui allait avoir lieu. « Et là y avait grand'foison de marchands venus et des marchandises des villes et cités de là environ. »

Ils se logent à l'hôtel de la Couronne, se tiennent chez eux et n'en sortent pas pour qu'on ne se doute pas de leur ruse. « Le soir ils font entendre à l'hôte, à l'hôtesse et aux varlets de l'hôte, que leurs chevaux étaient travaillés », qu'ils devaient les soigner et « ne se voulaient aller coucher; mais burent dans leurs chambres et menaient grand'vie. L'hôte et l'hôtesse allèrent dormir et les laissèrent faire leurs volontés; car ils n'avaient nul soupçon d'eux. »

C'était à l'époque de la Chandeleur où les nuits sont encore longues et froides. « Et vous dis que toute cette nuit il pleuvait et ventait et fit un trop désespéré temps. » Aussi le capitaine du guet de Montferrand ne sortit pas de son hôtel, mais envoya au guet son fils, un jeune enfant de seize ans. L'enfant alla faire sa ronde et « trouva quatre pauvres hommes qui veillaient et gelaient de froid. Ils lui dirent: Prends à chacun de nous un blanc, et nous laisse aller chauffer et dormir. Il sera tantôt onze heures... Le varleton convoita l'argent et le prit et eux se départirent de leur guet et retournèrent en leur maison. »

Géronnet et les siens étaient toujours sur le qui-vive. Dès qu'ils virent passer les gens du gué, ils se réjouirent et comprirent que leurs affaires allaient bien.

Cependant Perrot-le-Béarnais avançait à la tête de quatre cents hommes bien montés. Arrivés près de Clermont, ils furent sur le point d'en escalader les murs; mais sur les observations de leur chef que la ville était forte et bien gardée, ils y renoncèrent et se dirigèrent vers Montferrand. Perrot-le-Béarnais fait arrêter sa troupe et s'avance à la découverte « lui quatrième tant seulement; et faisait si noir qu'on ne voyait point devant soi un arpent loin; et encore avec ce il pleuvait, neigeait, ventait et faisait moult froid. » Pourtant le Béarnais voit des ombres sur les murs, il appelle : c'était Géronnet qui lui offre d'escalader les remparts ; mais Perrot ne l'entend pas ainsi; il veut entrer par la porte. Ils se disputent là comme s'ils étaient chez eux, si bien qu'un pauvre tailleur, qui les a entendus, s'approche, se doute de ce qui va avoir lieu et se met à crier; mais on le saisit et on le force à réveiller les gardes pour qu'ils lui donnent la clef de la porte. Le pauvre homme, moitié mort de peur, s'empresse de faire ce qu'on exige de lui; « il heurte à l'huis où dormaient ceux qui les clefs de la porte gardaient et fit tant qu'ils furent éveillés. Ils demandèrent : Qui es-tu, qui nous éveille à cette heure? — Je suis, dit-il, tel; et si nomma son nom. J'ai anuit fait besogne pour l'hôtel du capitaine. Si que, ainsi que je lui rapportais son ouvrage, nouvelles lui vinrent de marchands de Montpellier qui sont là dehors lassés et mouillés, et leurs fardages... Si vous mande, de par moi, que vous ouvriez la porte, ou que vous me bailliez les clefs, et je l'ouvrirai, à ces enseignes que cette nuit il n'a point été au guet, mais son fils y a été. — C'est vérité, répondirent-ils. Tu les auras. Attends un petit. » Un d'eux se leva et lui donna les clefs. Géronnet les prit et ouvrit la première porte ; mais il ne put jamais venir à bout d'ouvrir la seconde. « Crie à ceux du dehors : Beaux seigneurs, aidez-vous, et vous avancez. Je ne puis ouvrir cette seconde porte, dérompez-la à vos haches. Et ceux qui étaient pourvus de haches commencèrent à férir et à frapper en cette porte, comme charpentiers. » Mais le bruit qu'ils firent réveilla plusieurs hommes, et les gardes, en entendant retentir les coups de haches et hennir les chevaux, comprirent qu'ils étaient « déçus et surpris. » Ils se levèrent et « commencèrent à crier à haute voix : Trahis! trahis! » La population réveillée court vers le château; mais le châtelain refuse de baisser le pont-levis, il laisse seulement passer quelques-uns de ses amis sur une planche qu'il retire quand il voit la foule accourir, décidé à bien défendre son château.

Perrot-le-Béarnais et sa troupe entrent donc en ville et cherchent si les habitants ne sont pas sur la défensive ; mais ils ne rencontrent que ceux qui se sont retirés près du château et dont ils ont bientôt raison. Se voyant le maître de Montferrand, Perrot « défendit sur la tête à perdre, que nul ne violât femme, ni pucelle, ni ne boutât feu, ni ne fît pillage, ni prisonnier, dont il n'eût la connaissance. » Mais le lendemain chacun pilla et emporta tout ce qu'il put emporter. Ils amenaient leurs charrettes devant les maisons et les chargeaient sans en être empêchés. « Ils trouvèrent les écrins tout pleins en ces riches hôtels, mais ils les laissèrent tout vides. » A la nuit, ils repartirent, en emportant la valeur de cent mille francs et en emmenant deux cents prisonniers. « Messire de Giac, chancelier de France, y perdit bien en or trente mille francs. »

II.

Les fortifications de Montferrand ont été détruites depuis longtemps, et il n'en reste plus que quelques traces, du côté de Riom, qui sont là comme pour rappeler l'ancienne puissance de cette ville. De ses anciens monuments, on voit encore une église du quinzième siècle. C'est l'église paroissiale. Elle appartient au gothique flamboyant ; la rosace de la façade donne une splendide idée de ce genre.

Les femmes de Montferrand ont quelque chose de masculin dans leurs poses et dans leurs allures. En les voyant, on se rappelle que leurs mères, en 1793, se chargèrent de défendre seules leur ville, lors du départ de leurs maris pour le siége de Lyon. Elles s'étaient organisées en garde nationale. Elles avaient nommé leurs officiers, choisi leurs tambours, et on les vit, armées de piques, faire leur service jusqu'au retour de l'expédition, comme de vieux grognards rompus aux fatigues de la guerre.

Montferrand est la patrie de l'abbé Girard, auteur des *Synonymes français*, ouvrage plein de goût, de finesse et de précision. C'est aussi dans ses murs qu'a vu le jour une personne bien modeste, quoique d'une haute naissance, Madame Antoine Legras, née de Marillac. C'est elle qui fonda, en 1633, conjointement avec saint Vincent de Paul, la Compagnie des *Sœurs de la Charité*, des humbles et actives Sœurs grises dont elle fut la première supérieure.

ÉCRIVAINS CÉLÈBRES.

« Quoique nous devions revenir à Clermont, nous dit Georges, saluons, en quittant cette ville, les grands hommes qui abondent en Auvergne; mais en particulier ceux qui ont vu le jour dans la vieille cité des Arvernes.

— Soit, dit Henri, commence; nous écoutons.

— Le plus ancien est saint Avit, le précurseur de Milton, charmant poète qu'on ne lit pas assez.

Puis saint Grégoire de Tours, intelligence supérieure à son siècle; esprit cultivé à une époque de barbarie; historien naïf; conteur aimable; mais critique peu sévère.

Savaron, magistrat distingué et historien judicieux. Entendez-vous avec quelle liberté de parole il s'adresse à la noblesse, aux Etats-Généraux de 1614. C'est le tiers-état qui parle par sa bouche :
« Si la noblesse, disait-il dans son discours contre la vénalité des offices, s'est écartée des honneurs de

la judicature, est-ce uniquement droiture et générosité de sentiments qui défend d'acheter ce qui ne doit pas être vendu? Non ; mais la noblesse est convaincue, depuis longues années, que l'étude et la science affaiblissent le courage ; et d'ailleurs, elle se soucie peu de ce qu'il faut acheter fort cher. Elle préfère les choses qui dépendent de la générosité des princes et pour l'acquisition desquelles un remerciement suffit.... La noblesse s'est retirée elle-même de l'honneur, elle sert le roi à prix d'argent. » Si Savaron ne fut pas bâtonné par les laquais de la noblesse, il ne s'en fallut guère ; il le dut au roi, qui lui donna une garde d'honneur pour repousser la violence.

Savaron a laissé une excellente histoire de la ville de Clermont.

Domat, savant jurisconsulte. Avant lui, le droit romain était un véritable chaos; il fit jaillir la lumière au milieu de cette obscurité, en replaçant les lois romaines dans leur ordre naturel.

Thomas, littérateur distingué, plein d'éloquence, d'un talent remarquable; mais emphatique, obscur et monotone. C'était une belle âme, un cœur généreux.

Chamfort, poëte et littérateur, qui réussit au théâtre dans la comédie et dans la tragédie, mais qui ne fut vraiment connu de ses contemporains que par sa parole et ses bons mots.

L'abbé Delarbre, célèbre et modeste naturaliste.

Delille, l'élégant traducteur de Virgile. Si on lui refuse le génie poétique et l'invention, on ne peut s'empêcher de le mettre au premier rang pour l'art de la versification et le talent descriptif.

Dulaure, savant comme la science elle-même.

De Montlosier, écrivain éloquent, profond géologue, le seul des volcans de l'Auvergne qui ne se soit pas refroidi.

Et enfin Blaise Pascal, qu'il suffit de nommer pour rappeler le chrétien sévère, le littérateur distingué, l'homme de génie, une des gloires de la France.

Je n'ai indiqué que les principaux écrivains. Le sol de l'Auvergne est si fécond que ma liste eût été trop longue, si j'avais voulu citer seulement les hommes qui se sont signalés par leurs talents dans les armes, dans l'administration, dans les lettres ou dans les arts, témoin le petit livre qu'un jeune savant de Clermont, M. Francisque Mège, vient de faire paraître sous le titre d'*Ephémérides du département du Puy-de-Dôme*, et dans lequel l'auteur a pu consigner un fait historique pour chacun des jours de l'année.

DE CLERMONT A ISSOIRE.

I.

Il s'agit de parcourir la Limagne en suivant les grands centres. Le convoi nous entraîne dans la direction d'Issoire. Tandis que la plaine s'étend et se prolonge à notre gauche, enveloppée d'une légère gaze d'azur, le terrain s'abaisse, puis sursaute à notre droite, pour s'abaisser et sursauter encore. Des promontoires, presque symétriques à ceux qui nous ont frappés à notre arrivée à Clermont, se dressent à côté de nous.

Gergovia allonge sa haute tête plate sur la vallée. Le long de ses flancs, des déchirures encore toutes saignantes étalent leurs profondes cicatrices béantes. Le temps n'a pu les guérir ; chaque nuage qui s'assied sur son front les maintient vives en les lavant.

Puis c'est un ruisseau qui descend des montagnes. Il est dominé par un autre promontoire au sommet duquel s'empilent des maisons. Des trous semblent le percer comme les alvéoles d'une ruche. C'est la Roche-Blanche.

En face, de l'autre côté de l'Allier, une longue bande noire que l'on prendrait pour une muraille de citadelle, nous ferme l'horizon. C'est une coulée de lave, au pied de laquelle est bâti le village de la Roche-Noire.

Elle fait suite à une haute montagne que l'on appelle le puy de Saint-Romain. Le puy de Saint-Romain est un ancien volcan dont la base renferme des carrières de plâtre. Au sommet s'élève une petite chapelle où jadis habitait un ermite. Aujourd'hui ce sanctuaire est rarement visité par les fidèles! La foi n'est plus assez robuste pour y porter les pèlerins. Mais en revanche, on y voit parfois des curieux et souvent des amis de la science qui viennent étudier la composition de la montagne.

« Ce puy, nous dit Georges, offre des traces d'habitations antiques. Une population considérable a dû se presser sur son plateau. On y a découvert, il y a peu de temps, des sarcophages en grés, renfermant chacun deux ou trois squelettes. Dans l'un d'eux étaient étendus sur un lit de cendre et de chaux les restes d'un personnage de grande stature. A côté de lui on voyait encore une ombre d'épée.

— Et ces deux ombres se consolaient entre elles, s'écria Henri. Etaient-ce des ombres grecques, des ombres romaines, des ombres gauloises ou des ombres chinoises! Nul ne le sait probablement; ce qui, je le parie, n'a pas empêché les savants du pays d'écrire de longues dissertations sur ces précieux restes, en soutenant chacun leur opinion avec les raisons les plus étourdissantes, les plus concluantes, les plus péremptoires. D'où il suit que ce personnage est tout à la fois un tribun romain, un chef celte, un brenne gaulois et un général normand ou sarrasin. Nous sommes aussi avancés qu'avant la découverte, sauf le fait qui ne peut être contesté.

— A notre droite, reprend Georges, au pied de cette montagne qui marche, comme disent les paysans, parce que quelques-unes de ses parties s'affaissent, aux Martres-de-Veyre que vous voyez, il y a quelques années, en 1851, on a découvert sur la route de Vic-le-Comte, un tombeau curieux. La bière en planches de chêne fort épaisses contenait une femme de distinction, à en en juger par le soin avec lequel elle avait été inhumée et par les ornements qui l'accompagnaient. Elle avait été si bien embaumée, qu'elle était restée dans un parfait état de conservation. Elle avait aux pieds des babouches d'une étoffe tissue d'or et de soie; aux bras des bracelets en cuivre ouvragé; et sur le corps une espèce de châle à franges.

— Là-dessus, force dissertations; force répliques!

Et a-t-on trouvé à quelle nation appartenait cette femme considérable?

—Non. Bien des suppositions ont été faites; mais on a oublié la plus raisonnable, à mon avis. Ce serait celle qui considérerait ce tombeau comme un monument du passage des Sarrasins dans nos contrées. Le costume a quelque chose d'oriental, et l'on ne doit pas ignorer que les Musulmans avaient appris des Egyptiens l'art d'embaumer leurs morts de distinction.

Pendant cet entretien, le convoi passait au pied du puy de Corent, où le sol a souvent trahi par la présence d'objets antiques, le séjour des Romains et des Gaulois. Mais ce que le voyageur remarque du fond de son wagon, c'est la situation pittoresque du joli petit village de Corent. La montagne est âpre, escarpée, et cependant, presque à son sommet, des maisons blanches s'accrochent au rocher et semblent suspendues comme un nid à une corniche de lave. Elles forment un village aérien peuplé d'habitants frais et vigoureux. Ces gens-là doivent avoir des ailes aux pieds et à la tête, comme le Mercure antique.

II.

Détournons-nous un peu de la ligne du chemin de fer pour contempler la troisième capitale de l'Auvergne, hélas! bien déchue de sa splendeur, si jamais elle en eut. Vic-le-Comte est située sur le penchant d'un massif de petites montagnes qui s'inclinent vers l'Allier, dans une sorte de bassin. C'est une agglomération de maisons qui ne vous donne l'idée ni d'une ville, ni d'un bourg, ni d'un village, mais de quelque chose qui tient de tout cela. Il faut dire aussi que depuis longtemps elle n'a plus ses comtes, et qu'elle fut prise, pillée et brûlée par les Ligueurs.

Vic-le-Comte dut sa fortune et son titre de capitale aux successeurs de cet infortuné Guy II que Philippe-Auguste dépouilla de ses états. Vic conserva son nom, s'agrandit insensiblement et devint la capitale d'un microscopique comté.

Ses comtes y firent bâtir une sainte chapelle qui forme aujourd'hui le chœur de l'église paroissiale.

A l'intérieur, Georges nous signalait la galerie dentelée à jour qui servait de tribune, le rétable du maître-autel, des arabesques gracieuses, des têtes d'anges et surtout les douze statues en terre cuite, qui représentent les douze apôtres.

Dans l'ancienne chapelle des Cordeliers, Henri trépignait de fureur en face du tombeau de Jeanne de Bourbon, qu'il trouvait atroce. Le sujet, je l'avoue, n'en est pas très-réjouissant. Jeanne de Bourbon avait épousé en troisièmes noces le fils de son maître-d'hôtel, François de la Pause. Elle mourut pendant l'absence de son mari. A son retour, François de la

Pause voulut voir une dernière fois les restes de la comtesse. Il les trouva en pleine corruption, et, pour perpétuer cet affreux souvenir, il ordonna qu'on fît la statue de Jeanne dans cet horrible état. C'était elle que nous avions en face de nous. La statue est debout le long du mausolée. La tête est couverte d'un suaire qui, tombant des deux côtés du corps, vient se croiser au bas de l'aisne, et laisse le buste entièrement nu. Les yeux sont creux et les joues enfoncées. Des vers d'une forme et d'une grosseur extraordinaires sont représentés dans le corps; déjà le sternum est percé; un sein et le bras droit sont rongés en partie. C'est un spectacle fort attrayant.

De l'ancien château des comtes, on voit peu de traces.

III.

Pour aller à Issoire, le chemin de fer longe l'Allier jusqu'à l'endroit où il entre dans le bassin de la Couze. Il y a peu de parcours aussi pittoresques que celui-là. L'Allier est resserré entre de hautes montagnes tantôt granitiques, tantôt volcaniques. D'un côté la route, et de l'autre le chemin de fer, ont été percés dans d'énormes rochers dont quelques-uns saignent encore. Rien n'est sévère comme cette gorge où coule l'Allier. Devant nous la vallée s'étend et ondule comme les mamelons arrondis qui l'encaissent; derrière nous, à un détour, le Puy-de-Dôme apparaît subitement comme un gigantesque fantôme vêtu d'un bleu sombre; on le dirait en deuil.

Tout-à-coup, à gauche, à quelque distance, entre deux cornes de rochers, se dresse une montagne basaltique, pointue, escarpée de tous les côtés, couronnée de ruines; c'est Buron, un antique volcan, dont un château occupa longtemps le cratère. Il domine, à plus de cent mètres, un village bâti à ses pieds dans la plaine. Château habité par de puissants seigneurs, il protégeait et pressurait les vilains dont les huttes se blottissaient bien bas à l'abri de ses tours; ruines cultivées, il forme de ses débris des maisons aux toits rouges que de longs pans de murailles défoncent quelquefois en tombant.

A droite, la tour de Montpeyroux dessine sa silhouette élancée sur le ciel que la blanche lumière du soleil inonde. Elle ressemble à un poteau fixé au milieu d'un amas de maisons groupées sur une montagne. Est-ce un reste de quelque château fort ou simplement une de ces tours isolées qui, relevant d'un seigneur voisin, indiquaient une prise de possession? Rien ne le fait connaître. Dans tous les cas, elle est dans ce moment au pouvoir d'une puissante colonie de pigeons.

Dans le splendide panorama qui passe sous nos yeux, la tour de Montpeyroux s'enfuit; elle est déjà loin de nous; mais en s'enfuyant, elle amène à sa suite une montagne tailladée, déchiquetée, dont chaque rocher forme une flèche, une pointe aiguë; les intervalles sont plantés de vignes qui grimpent jusqu'à un village tout blanc situé au sommet. En bas, de misérables cabanes grises se cachent et s'effacent sous leurs toits de chaume, au pied des rochers, à l'ombre de la croix qui surmonte une sorte de clocher carré, peint en blanc, penché au-dessus de l'abîme. C'est Saint-Yvoine.

Des hommes debout sur une barque pêchent; des enfants, les jambes nues, folâtrent dans l'eau; quelques femmes lavent de misérables haillons, et, la bouche béante, regardent passer le convoi. Cette misère à côté de la fertilité de la Limagne fait peine; mais tous ces gens paraissent contents.

Bientôt l'horizon s'élargit; le chemin de fer saute par-dessus l'Allier, au moment où cette rivière roule beaucoup de pierres, beaucoup de sable et un peu d'eau; puis il suit une plaine à l'extrémité de laquelle de hautes montagnes s'entassent les unes à côté des autres, comme une troupe de mastodontes endormis. Çà et là, parmi des massifs de basaltes ou de calcaires, des cônes volcaniques lèvent leur tête isolée et pointue. A quelques lieues, au couchant, la chaîne du Mont-Dore se détache du ciel. On dirait qu'elle se dérobe derrière un voile de gaze bleuâtre parsemé de taches blanches : la neige n'y est pas encore fondue.

ISSOIRE.

I.

Les wagons s'arrêtent devant un amas de maisons grises et blanches ; c'est Issoire.

« Issoire, a dit Voltaire, est célèbre par son collége et ses chaudronniers. » S'il vivait aujourd'hui, Voltaire ne parlerait pas ainsi. Son collége n'existe plus, et ses chaudronniers n'y sont guère plus communs qu'ailleurs. La ville est petite. La plupart des rues y sont étroites et tortues. On y sent le moyen-âge. On y étouffe; il semble qu'on y aspire les fièvres et toutes les maladies. Néanmoins un large boulevard est bien aéré, mais fort inutilement. La ville paraît ensevelie dans un profond sommeil.

Une magnifique église byzantine, la plus belle assurément de toute l'ancienne Auvergne, frappe les regards du voyageur. C'est le seul monument remarquable d'Issoire. Elle est complètement débarrassée de cette lèpre de petites échoppes ou de grandes maisons qui ronge la plupart des édifices religieux. Elle se présente sous un aspect séduisant, avec ses colonnades cintrées, ses étages superposés à l'abside et ses deux clochers dont l'un est bien bas, bien lourd, bien pigeonnier. Au-dessus des fenêtres septentrionales, à l'extérieur, deux bas-reliefs, méritent d'être vus, quoique les figures en aient été gâtées. C'est l'apparition des anges à Abraham et à Sarah, et le sacrifice d'Isaac. A l'intérieur, l'ordre, la symétrie, et surtout la propreté font contraster cette église avec toutes celles que nous avons déjà parcourues : elle vient d'être entièrement badigeonnée dans le genre, dit-on, de l'époque où elle fut construite. Cette variété de tons crus qui se heurtent depuis la voûte jusqu'au bas des colonnes est d'un effet fatigant pour l'œil. Il y a surtout un fond général d'un rouge sanguin incroyable. L'artiste a dû s'inspirer dans une boucherie. On dirait que le but de cette peinture a été de faire ressortir les chapiteaux des colonnes. S'il en est ainsi, l'artiste a réussi. Les chapiteaux, d'ailleurs, le méritaient bien. Ce sont des sculptures fort remarquables, surtout celles du chœur. La gracieuse naïveté des figures, le bon ajustement et l'élégance des draperies tenaient Henri en extase. Il admirait les saintes femmes au tombeau, en compagnie de l'ange, devant les sentinelles endormies. Il faut avouer que le groupe était digne de son admiration et que les sentinelles avaient tout l'air de magots couchés les uns au-dessus des autres comme des harengs dans une caque.

Sous le chœur s'étend une vaste crypte. Aucun lieu n'est plus propre à détacher l'âme de la terre, à l'élever vers le Créateur. Là, les objets indistincts ne détournent pas l'esprit de la méditation et l'âme humaine disparaît dans un mysticisme de bonheur qui, pour un instant, confond son essence avec celle de l'être divin.

II.

Le grand saint de ces contrées, saint Austremoine, fut enterré à Issoire. Un diacre nommé Cautin, celui-là même qui devint évêque de Clermont et qui montra tant d'humanité envers le prêtre Anastase, était un soir plongé dans ses méditations pieuses, lorsqu'il entendit un concert de voix jeunes comme celles des anges, qui célébraient la gloire de saint Austremoine. Comme la fenêtre de sa cellule plongeait dans l'église, il aperçut le temple illuminé et une foule de Séraphins vêtus de blanc, tenant un cierge à la main et psalmodiant près du tombeau du saint. Cautin s'empressa de raconter sa vision à saint Grégoire de Tours, qui la rapporte avec sa candeur ordinaire, en ajoutant que la pauvre église fut remplacée par un temple splendide. Il y a toujours au berceau des religions une fleur de poésie naïve qui est remplie de charmes.

III.

A l'époque de la réforme, Issoire eut à subir toutes les horreurs des guerres de religion. Les manuscrits qui nous en ont conservé le souvenir racontent, à ce sujet, de si gracieuses idylles, que je ne puis m'empêcher de leur faire quelques emprunts. On y verra à quels délicieux excès se portent les hommes, lorsque leurs passions sont déchaînées.

« Un jacobin venu d'Allemagne demande aux consuls la permission de traverser la ville d'Issoire. La permission lui est accordée ; » mais les consuls sont curieux, ils veulent savoir ce qui se passe en Allemagne. Le jacobin profite de l'occasion et « leur dit comment Luther a réformé la religion de Jésus-Christ, et comment le prince de Saxe et quelques autres ont adopté avec empressement la nouvelle doctrine. » Les consuls, convaincus par l'exposition que vient de leur faire le moine, se décident à imiter les princes allemands, et retiennent le jacobin pour avoir le bonheur de l'entendre prêcher le carême, « quoiqu'on se fût déjà entendu avec un cordelier de Clermont pour cet effet. Le jacobin accepte et on prie le cordelier de rester chez lui. »

Tout d'abord le disciple de Luther ménage l'ancienne croyance de ses auditeurs ; mais lorsqu'il croit les esprits assez préparés, « il prêche sans ménagement contre les prêtres et contre le pape. » Quelques-uns des principaux citoyens, indignés de son audace, font venir le cordelier de Clermont, « en l'engageant à monter en chaire avant l'arrivée du jacobin. » Les consuls, qui ont eu vent de ce projet, mettent des gardes autour de la chaire et empêchent le cordelier d'y monter. A peine le jacobin a-t-il commencé son sermon qu'un épouvantable tumulte a lieu. Des cris retentissent. Ils couvrent la voix du prédicateur qui a même de la peine « à éviter un coup terrible dirigé vers sa tête par un des citoyens armé du bâton de la croix. » Pendant ce temps le cordelier monté sur les marches de l'autel essayait de se faire entendre et de retenir le peuple qui s'enfuyait effrayé de cette profanation du temple. Le jacobin s'enfuit aussi et disparut ; mais il avait semé dans la ville des germes de discorde qui porteront leurs fruits.

Le fameux capitaine Merle, qui soutenait les protestants, s'empara d'Issoire par surprise en 1574. Maître de la ville par cet heureux coup de main, il se fit payer vingt-deux mille livres. Puis il étendit ses ravages et ses exigences sur les environs et se rendit très-redoutable. Jugez-en.

« Les cruautés dont la troupe de 'ce chef se

souilla envers les prêtres, disent les Manuscrits d'Issoire, et après eux M. Imberdis, font dresser les cheveux. Aux uns on serrait le front avec une corde mouillée jusqu'à ce que les yeux sortissent de leur orbite. Aux autres, on enfonçait dans le fondement une cheville aiguë, on les asseyait sur une table entourée de soldats ivres et forcenés, et chacun saisissait les patients par un pied en les faisant tournoyer jusqu'à ce que, couverts de sang, la figure sillonnée d'affreuses convulsions, ils expirassent dans des tortures inouïes. Les bourreaux riaient et battaient des mains ! Ceux-ci, pendus par le talon, balancés, reçus, renvoyés par des mains cruelles, trouvaient la mort dans une lente agonie. Ceux-là, avant d'être suppliciés, étaient traînés de rue en rue, en chasuble sur l'aube et l'étole, les reins ceints de gros cordons retenant des comestibles fangeux et pourris, et on les forçait à coups de fouet de crier à chaque pas : « Hohé ! ici ! voici le pourvoyeur ! » Ces excès atroces allèrent si loin qu'ils ne portaient plus qu'un cachet de stupide ou de sacrilége frénésie. Un vieil ecclésiastique fut hissé grotesquement sur un méchant bidet, la tête tournée vers la queue de l'animal qu'il tenait d'une main, et à coups de bâton il fut contraint de faire des signes de croix avec un jambon en forme d'ostensoir !

« Enfin on vit, à la honte de l'humanité, des

soldats infâmes se glisser dans le champ des morts, ouvrir les sépulcres pour y chercher de l'or, et ne trouvant que des cadavres en décomposition, retirer les restes des vers de la tombe pour les cacher furtivement dans le lit de leurs hôtes qui, reculant d'horreur devant tant de scélératesse et de profanation, devaient, le poignard sur la poitrine, passer la nuit côte à côte du corps livide qui souvent leur rappelait un père, un époux, un fils, un ami dont la perte les avait plongés dans le deuil et le désespoir. »

A quoi bon insister sur ces barbaries ! Lorsque les hommes obéissent à leurs passions, il faut s'attendre à toutes sortes d'infamies. N'a-t-on pas vu à Aurillac ces mêmes soldats, pour maintenir leur adresse et se donner de douces émotions, enterrer vivants leurs prisonniers jusqu'au menton, et faire de leurs têtes un point de mire pour leurs mousquets !

Suivant une loi malheureusement trop vraie pour l'humanité, ces actes sauvages devaient amener des représailles. Elles ne tardèrent pas. L'armée catholique, commandée par les ducs de Guise, de Mercœur et de Nevers, vint mettre le siège devant Issoire. La lutte fut acharnée. Des deux côtés on combattit avec ardeur; les assiégeants furent même repoussés avec perte au début; mais un jour que, au milieu d'un assaut, le tonnerre joignait sa voix à celle du canon, la foudre éclata avec fracas, tomba sur la pyramide de la grande église de Saint-Pierre, et tua le gentilhomme la Foulhouse qui de là observait les mouvements des catholiques. Les protestants épouvantés se rendirent à discrétion. La ville fut pillée et incendiée; on viola publiquement les femmes et les filles ; on massacra les vieillards et les enfants ; on incendia les édifices ; les principaux chefs furent pendus aux brèches des remparts avec d'horribles infamies qui rappelaient ou dépassaient celles des soldats de Merle. Enfin la ville s'abîma dans le sang, les flammes et les décombres. Sur un poteau dressé au milieu des ruines, on grava ces mots : *Ici fut Issoire.*

A peine rebâtie, la ville d'Issoire prit parti pour les Ligueurs contre le jeune roi de Navarre qui venait de prendre le nom d'Henri IV. Tour à tour assiégée par les royalistes et par les Ligueurs, elle eut à subir toutes sortes d'avanies jusqu'au moment où le royaume fut pacifié. C'est au milieu de ces troubles que la marquise d'Estrées y fut égorgée avec le gouverneur de la ville, le marquis d'Allègre, dont elle était la maîtresse. Comment s'étonner, après cela, que la belle Gabrielle d'Estrées soit devenue celle d'Henri IV? Sa mère ne lui avait-elle pas donné l'exemple ? D'ailleurs c'était le même sang qui coulait dans leurs veines.

USSON.

I.

En quittant Issoire, la route traverse une plaine semée de montagnes autour desquelles elle circule sinueuse et quelquefois montante. Devant nous est une voiture d'autrefois pleine de gens qui causent et rient bruyamment. Au-dessus de leur tête, sur une espèce de plate-forme, trois hommes mangent du fromage et du pain noir. Les rires de l'intérieur montent jusqu'à eux; ils rient aussi; ils chantent; ils épanchent leur joie. Près d'eux tout est si beau! Le ciel a mis sa robe blanche de lumiere glacée de bleu, et la campagne étend en souriant son manteau de prairies vertes diapré d'immenses taches blondes. Dans ce pays, dans cette chaleur, comment ne seraient-ils pas joyeux! Il leur faut si peu pour vivre!

II.

Sur les bords de l'Allier, à l'endroit où un pont de fer jette ses crampons d'une rive à l'autre, surgit une montagne bizarre, déchiquetée, fouillée par les eaux du ciel; elle est toute taillée en colonnettes aiguës soutenues par des couches horizontales. Une teinte d'un rouge vif s'y mêle à une couleur générale d'un bleu gris. On dirait que la main d'un artiste capricieux est venue s'y jouer. Ce sont des argiles colorées par des dépôts ferrugineux.

Quand le regard remonte le cours de l'Allier, il s'arrête, malgré lui, sur un cône pointu, légèrement bosselé à son flanc oriental; c'est Nonnette, qui n'offre plus que les ruines d'un antique château, et, à sa base, la fumée d'un foyer souterrain. Plus loin, à quelque distance de la route qui conduit à Ambert, au détour d'un massif, une autre montagne conique est plantée dans la plaine comme un gigantesque chapeau persan, c'est Usson, la célèbre résidence de la belle Marguerite de France. C'est là que cette princesse habita pendant vingt ans; c'est de là que, pendant vingt ans, cette fille, cette sœur, cette femme de roi, mais cette

Epouse sans époux et reine sans royaume.

répandit à profusion l'argent, les bienfaits et les scandales.

Scaliger vint la voir et il décrit ainsi l'aspect de sa résidence : « C'est un roc autour duquel sont trois villes l'une sur l'autre en forme de bonnet de pape, et en haut il y a le château avec une petite villette à l'entour. »

Marguerite, qui s'était enfuie de la cour, fut conduite et gardée comme une prisonnière dans le château d'Usson par le marquis de Canillac. Quelle était donc la cause de sa fuite? Mon Dieu! une cause bien simple. Elle n'aimait pas son mari, qui d'ailleurs le lui rendait bien. Voilà tout. La belle Margot avait été contrainte d'épouser le prince de Béarn pour satisfaire certaines exigences de la politique du roi, son père. On lui avait tant dit de mal du jeune roi de Navarre, qu'elle le haïssait cordialement. Dans ce tempérament de feu, dans ce cœur brûlé par un sang italien, la haine devint d'autant plus violente que son mariage rompait brusquement ses violentes amours avec le duc de Guise; aussi trouvait-elle que la paix publique à laquelle on l'avait sacrifiée « était sale. »

Prisonnière du marquis de Canillac, elle supportait avec peine la situation qui lui était faite. C'est pourquoi une pensée d'indépendance germa dans la tête de cette fière captive. Un surveillant ne lui convenait pas plus qu'un mari; elle voulut vivre libre dans sa prison. A trente-cinq ans, elle conservait encore tout l'éclat de cette beauté qui l'avait rendue célèbre. Ecoutez ce qu'en dit Brantôme :

« Ses traits sont si beaux, ses linéaments si bien tirés, et ses yeux si transparents et si agréables, qu'il ne s'y peut rien trouver à redire ; et, qui plus est, ce visage est fondé sur un beau corps, de la plus belle, superbe et riche taille qui se puisse voir, accompagnée d'un port et d'une si grave majesté, qu'on la prendra plutôt pour une déesse du ciel que pour une princesse de la terre; encore croit-on que, par l'avis de plusieurs, jamais déesse ne fut vue plus belle. »

Ajoutez qu'elle savait parfaitement se parer. « La parure la mieux séante que je lui aie jamais vue, ce fut un jour qu'elle s'était vêtue d'une robe de velours incarnadin d'Espagne fort chargée de clinquants, et d'un bonnet de même velours, tant bien dressé de plumes et pierreries, que rien plus. Elle parut si belle ainsi que depuis elle le répéta souvent et s'y fit peindre. Ses beaux accoutrements et belles parures n'osèrent jamais entreprendre de couvrir sa belle gorge, ni son beau sein, craignant de faire tort à la vue du monde qui se paissait sur un si bel objet ; car jamais n'en fut vue une si belle, ni si blanche, si pleine, ni si charnue qu'elle montrait. »

Elle résolut donc d'essayer son pouvoir sur Canillac, son gardien. Canillac se laissa séduire, « et ce seigneur d'une illustre maison, dit le Père Hilarion de Coste, se vit le captif de sa prisonnière. Il pensait avoir triomphé d'elle et la vue de l'ivoire de son bras triompha de lui; et dès-lors il ne vécut que de la faveur des yeux victorieux de sa belle captive. » Aimable, caressante, persuasive, Marguerite endormait Canillac, cajolait sa femme, qu'elle parait de ses bagues et de ses joyaux en lui disant : « Ah! que cela vous sied bien! Ah! que vous êtes belle, madame la marquise! » « Elle faisait jouer toutes ses ressources avec l'habileté d'une courtisane, la générosité d'une reine et le succès d'une femme jolie. » Le marquis ne s'occupa plus qu'à mériter une parole gracieuse ; « il ne songea plus qu'à faire les doux yeux, à soigner sa petite taille, à devenir propre et joli comme un amoureux de village. » Cependant Marguerite lui faisait croire qu'elle l'aimait, et, pour l'éloigner du château, elle feignit de lui donner l'hôtel de Navarre qu'elle avait à Paris et une terre de deux mille livres de rente. Un matin elle le fait appeler, s'avance de quelques pas vers lui, et lui donne sa main à baiser. Elle était vêtue avec magnificence. « Sa tête était ornée d'un béret de velours incarnadin d'Espagne étincelant d'or et de pierreries, ombragé de plumes. Une étoile en diamants rehaussait cette coiffure. Ne connaissant pas la poudre dans sa jeunesse, elle avait eu recours à toutes sortes d'artifices pour dissimuler la noirceur de ses cheveux. » Son regard reposait longuement sur Canillac; elle lui disait les choses les plus flatteuses. « Un collet tombant, à points coupés, laissait à moitié nue sa gorge où allait se perdre un collier de diamants. » Le marquis se laissa prendre à tant de séductions; il compta sur les libéralités de Marguerite et partit pour Paris. A peine eut-il quitté le château que la reine congédia la marquise de Canillac, parla en souveraine et fit venir d'Orléans une troupe d'arquebusiers pour protéger sa personne. Elle était libre (1).

« Quoiqu'elle ne fut plus captive à Usson, elle était néanmoins condamnée à y vivre; elle s'y montrait dévote jusqu'à la superstition, bonne jusqu'à la prodigalité, luxurieuse jusqu'à l'impudeur. Cœur mauvais et mère dénaturée, elle eut de ses dégradantes amours deux enfants qu'elle abandonna. »

---

(1) Après Canillac, on trouve comme capitaines-gouverneurs du château d'Usson, pour la reine Marguerite de Valois :

1° Antoine de Matharel, dont la famille subsiste encore avec distinction en Auvergne;

2° François Villot, gentilhomme bourguignon, fils de Jean Villot, gouverneur de Montereau. François Villot épousa, au château d'Usson, mademoiselle de Veyny d'Arbouze, dame d'honneur de la reine Marguerite. Ses descendants possédèrent, sous Louis XIV, la seigneurie de Boisluisant dont ils prirent le nom, et se fixèrent en Auvergne où ils sont encore aujourd'hui très-honorablement représentés.

(Note due à l'obligeance de M. Ambroise Tardieu).

L'un se fit capucin sous le nom de frère Ange et l'autre mourut jeune. Elle aimait l'étude et les beaux-arts. « Elle lisait beaucoup, écrivait ses impressions, composait des vers, mettait des stances en musique et les faisait chanter par de jeunes enfants qu'elle élevait pour cet emploi. Souvent elle les chantait elle-même, en accompagnant du luth sa voix mélodieuse. » En lui prodiguant ses faveurs la nature avait oublié de lui donner ce que la volonté seule procure, la vertu et l'honneur. « Par un mélange monstrueux, cette femme célèbre, dont l'incontinence était effrénée, qui satisfaisait à tout prix ses passions, visitait tous les jours sa chapelle, entendait la messe, souvent communiait, et lisait fort en l'Ecriture sainte, y trouvant son repos et sa consolation. »

Telle était la première femme d'Henri IV. Ne nous hâtons pourtant pas trop de plaindre le bon roi. Ne lui avait-il pas lui-même donné l'exemple, en prenant avec les demoiselles de la cour des libertés dont tout le monde s'apercevait bientôt. Témoin ce qui arriva à mademoiselle de Fosseuse. C'est Marguerite elle-même qui raconte l'histoire :

« Le mal lui prenant un matin, au point du jour, estant couchée en la chambre des filles, elle envoya quérir mon médecin et le pria d'aller avertir le roi mon mari ; ce qu'il fit. Nous étions couchés en une même chambre en divers lits, comme nous avions

accoutumé. Comme le médecin lui dit cette nouvelle, il se trouva fort en peine, ne sachant que faire, craignant d'un côté qu'elle ne fût découverte, et de l'autre qu'elle ne fût mal secourue, car il l'aimait fort. Il se résolut enfin de m'avouer tout et me prier de l'aller faire secourir, sachant bien que quoi qui se fût passé, il me trouverait toujours prête à le servir en ce qui lui plairait. Il ouvre mon rideau et me dit : « Ma mie, je vous ai caché une chose qu'il
» faut que je vous avoue ; je vous prie de m'en
» excuser et de ne vous point souvenir de tout ce
» que je vous ai dit pour ce sujet. Mais obligez-moi
» tant que de vous lever tout à cette heure, et allez
» secourir Fosseuse qui est fort mal ; je m'assure
» que vous ne voudriez, la voyant dans cet état,
» vous ressentir de ce qui s'est passé. Vous savez
» combien je l'aime ; je vous prie, obligez-moi en
» cela. » Je lui dis que je l'honorais trop pour m'offenser de chose qui vînt de lui, que je m'y en allais et ferais comme si c'était ma fille ; que cependant il allât à la chasse et emmenât tout le monde, afin qu'il n'en fût point ouï parler.

« Je la fis promptement ôter de la chambre des filles et la mis en une chambre écartée avec mon médecin et des femmes pour la servir, et la fis très-bien secourir. Dieu voulut qu'elle ne fît qu'une fille, qui encore était morte. Etant délivrée, on la porta à la chambre des filles, où, bien qu'on apportât toute la discrétion que l'on pouvait, on ne put empêcher que le bruit ne fut semé par tout le château. Le roi mon mari, étant revenu de la chasse, la va voir, comme il avait accoutumé. Elle le prie que je l'allasse voir, comme j'avais accoutumé d'aller voir toutes mes filles quand elles étaient malades, pensant par ce moyen ôter le bruit qui courait. Le roi mon mari, venant en la chambre, me trouva que je m'étais remise dans le lit, étant lasse de m'être levée si matin et de la peine que j'avais eue à la faire secourir. Il me prie que je me lève et que je l'aille voir ; je lui dis que je l'avais fait lorsqu'elle avait besoin de mon secours, mais qu'à cette heure elle n'en avait plus affaire ; que, si j'y allais, je découvrirais plutôt que de couvrir ce qui était, et que tout le monde me montrerait au doigt. Il se fâcha fort contre moi, et, ce qui me déplut beaucoup, il me semble que je ne méritais pas cette récompense de ce que j'avais fait le matin. Elle le mit souvent en des humeurs pareilles contre moi. »

Marguerite sut s'en venger plus tard à Usson. Le chemin lui avait été tracé, elle y entra.

III.

Nous avons fait comme Scaliger, nous avons escaladé la montagne d'Usson. Nous n'y avons aperçu ni ville, ni villette, mais à mi-côte un maigre village qui ceint le pic comme une couronne. Un hangard fermé et recouvert de tuiles rouges y montre aux passants des armes sculptées sur pierre de Volvic. On a écrit au-dessus : *Ville d'Usson*, pour que personne n'en doute, comme ces descendants d'illustres maisons qui, possédant pour tout héritage le nom glorieux de leurs pères, le font sonner bien haut, en toute occasion. Le souvenir de Marguerite plane encore sur ce lieu : à l'entrée du village, une auberge, placée près d'un mince filet d'eau, s'appelle : *Aux sources de Marguerite*. On voit même dans l'église sa chapelle, mais elle est bien délabrée ; c'est comme l'église elle-même, véritable église de village dont le clocher menace ruine. Toutefois, deux tableaux méritent l'attention des amateurs. Ils sont peints sur bois. L'un remonte à 1318 et représente le Christ entre les deux larrons. C'a dû être une bonne peinture ; mais une note écrite à la main sur le cadre porte qu'il a été nettoyé par M. Raymond de Mendiri. Je n'en fais compliment ni au tableau, ni à M. Raymond de Mendiri. Jamais on n'a rien vu de plus incroyable. L'autre est plus moderne. Heureusement pour lui, il n'a pas été nettoyé. Il est curieux à plus d'un titre. C'est la *résurrection de Lazare*. Autour du mort qui ressuscite, des seigneurs de la cour d'Henri III ou d'Henri IV se bouchent les narrines. Une princesse, pas jolie, l'artiste était incapable de la faire jolie, mais vêtue comme Marguerite, est à genoux près du Christ ; et, dans le coin opposé, on voit en prière le favori de la reine, l'ermite pénitent, Denis Thelin, près de son ermitage. Dans le fond, sur une hauteur, apparaît un château. Pour être juste, il faut dire que le dessin n'est pas bon et que la peinture ne vaut pas grand'chose ; mais c'est un curieux échantillon du genre de l'époque.

Au-dessus de l'église la montagne est complètement nue. C'est une énorme masse basaltique, dont les basaltes, disposés les uns à côté des autres en couches verticales, affectent la forme de tuyaux d'orgues gigantesques étagés sur les versants du puy. Des pans entiers de murailles les recouvrent çà et là. D'élégantes graminées s'y balancent au souffle du vent et de coquets œillets rouges y vivent en bon voisins avec le gracieux sédum jaune.

Au sommet la vue est admirable. On ne peut se lasser de regarder autour de soi : on est sur un pic. Du fond de la Limagne, à plus de trente lieues, on voit accourir la chaîne des puys qui se groupent et se mettent en ligne de chaque côté du Puy-de-Dôme ; les Monts-Dores continuent la ligne et donnent la main au Plomb du Cantal qui se hausse sur ses pieds pour montrer sa tête grise au-dessus des épaules vertes des montagnes sur lesquelles reposent les Monts-Dores. A l'horizon, les Cévennes se cachent à demi dans le brouillard, et, plus près de nous, les monts du Forez se présentent sous un aspect nouveau, derrière un troupeau de montagnes isolées.

Dans ce moment, des cloches sonnent l'Angelus de midi. Le son part de la vallée ou des gorges encaissées dans les montagnes que nous remarquons au-dessous de nous. Il est frappé avec assurance ; mais les vibrations qui suivent ne parviennent à nos oreilles qu'avec timidité et par saccades, comme les ronds que la pierre a formés dans l'eau ne battent le rivage que successivement et en tremblant. Ce bruit timide et incertain de la cloche que le vent ou les obstacles empêchent de s'élever avec hardiesse jusqu'au sommet d'une montagne a un charme indéfinissable. L'Angelus a trop tôt cessé.

Quand nous ramenons nos regards à la butte que nous foulons aux pieds, ils tombent sur une citerne de six mètres de profondeur placée au point culminant de la montagne. C'est la seule partie presque entière de cette splendide et voluptueuse habitation, de cette citadelle redoutable que les pionniers de Richelieu détruisirent. Une citerne, des ruines et un souvenir, voilà tout ce qui reste du château de Marguerite! L'ermitage de son favori est intact au bas du village.

AMBERT.

I.

Deux maigres bidets me traînent à Ambert. Mais que m'importe qu'ils soient maigres ou gras ? Que m'importe tout ce qui m'empêche de jouir du voyage, c'est-à-dire, de la campagne, de la verdure et de la lumière ? Est-ce que je sais si ces champs que je vois rapportent plus cette année qu'ils n'ont rapporté l'année dernière, comme le soutient mon voisin ? Ce que je sais c'est que ces montagnes sont belles, que je les vois avec plaisir s'avancer vers moi et que tout-à-coup, lorsqu'elles se séparent et s'enfuient, l'horizon s'étend à l'infini dans une ligne vague, pour se rapprocher subitement, quand une autre montagne vient se faire admirer. L'admiration est si douce, lorsque aucune inquiétude, aucun souci, aucune préoccupation ne captive la pensée ! Tout est beau !

Malgré les rayons brûlants d'un soleil de plomb,

la vie perce partout. Le saule aux feuilles pâles baigne ses pieds dans l'eau pure d'un ruisseau; le peuplier élancé balance sur la tête de son voisin ses feuilles rondes qu'agite une brise légère, sous la poussière épaisse de la route qui les couvre; puis les frênes amoncellent en familles leurs troncs noueux sur la croupe d'une colline. Tous se chargent de branches épaisses qu'un monde d'oiseaux gracieux habite en gazouillant. Je trouve leur solitude délicieusement peuplée. Sur le bord du chemin, des liserons blancs et roses et des chrysanthèmes géants penchent leurs têtes à l'ombre du parasol que leur tend une ombellifère. Un monde d'insectes et de papillons viennent déposer un baiser sur leurs corolles et puiser une goutte de suc au fond de leurs calices toujours ouverts, jusqu'à ce qu'un coup de vent leur ferme les yeux. Telle est l'existence de toutes les fleurs. Leur bonheur me fait envie. Elles vivent du présent, courtisées, admirées, heureuses, sans songer au lendemain.

II.

Ambert n'est pas une jolie ville; mais sa position est très-pittoresque, à l'extrémité d'une plaine resserrée entre de hauts coteaux. Le seul édifice remarquable est la cathédrale qui appartient au beau temps du gothique flamboyant. Au-dessus de la belle tour du clocher s'élève une tourelle en forme d'observatoire. C'est la sortie de l'escalier.

Je n'ai pas oublié qu'Ambert fut surprise par le fameux capitaine Merle qui attela les habitants à leurs chars et les força de traîner à Issoire leurs propres dépouilles. Assiégé dans la place, Merle en resta maître. La ville et ses papéteries furent ruinées par les protestants; les campagnes le furent par les catholiques. Ce fut le lot du pays. Ce sont toujours là les avantages des guerres civiles, quelque nom qu'elles prennent.

A une lieue nord-ouest d'Ambert, sur une élévation isolée qui domine le village de Boissière, Georges nous montra un véritable dolmen, trace visible de la religion des Druides dans ces contrées. C'est une grosse pierre brute et plate supportée par plusieurs pierres verticales.

III.

Nous étions trop près de la montagne de **Pierre-sur-Haute** pour nous priver du plaisir d'apercevoir les Alpes, comme dit le programme des guides-manuels. Nous voilà lancés dans une nouvelle ascension, découvrant à chaque pas de nouveaux horizons et jouissant du splendide panorama qui s'étendait autour de nous. C'étaient toujours les mêmes sommets élevés, mais sous des aspects différents et différemment entourés et éclairés. Arrivés au point culminant, nous dominions une plus vaste étendue ; mais la vue était moins nette qu'à mi-côte, les vapeurs s'entassaient en plus grande quantité ; et, dans le plus grand développement de l'horizon, la ligne qui séparait la terre du ciel était indistincte. En vain nous cherchions à l'Orient la vue tant promise des Alpes, nos regards se perdaient dans le brouillard bleu.

Près de nous une famille de touristes naïfs, composée du père, de la grand'mère et de deux enfants, venait d'arriver. Ils écoutaient de toutes leurs oreilles ce que leur affirmait le guide.

— Voyez-vous ce que vous voyez là-bas? leur disait-il ; eh! bien, c'est les Alpes !

— Ah ! oui, criait chacun des enfants, ah ! oui ; je vois les Alpes. Papa, grand'maman, voilà les Alpes !

Le père avait beau déclarer qu'il ne voyait pas les Alpes et que sa vue n'allait pas au-delà des dernières montagnes de l'Auvergne, le guide jurait qu'il les voyait. Quant à la grand'mère, l'âge en était la cause ; cependant elle ne disait pas non. Elle n'avait peut-être jamais su le dire. Toute la famille ainsi convaincue descendit transportée de bonheur.

Le lendemain Henri trouva un brouillon de lettre qu'une tache sans doute avait fait jeter au panier. Il était ainsi conçu :

« Chère bien-aimée,

« Je viens de voir les Alpes. Ce sont de belles montagnes. Elles sont si hautes qu'elles sont tout entières dans les nuages. Je regrette que tu n'aies pas été avec nous et que ton vilain traitement t'ait retenue aux eaux. Tu aurais été aussi transportée de joie que tes enfants et ta mère. C'est un souvenir que nous garderons longtemps. Cette petite excursion m'a coûté soixante-quinze francs ; mais je n'en suis pas fâché. Songe que je me croyais déjà en Suisse. Ce qui me tourmente c'est que je ne sais pas au juste quel est le sommet des Alpes que j'ai vu ; mais ton frère, le professeur, me le dira. Il doit savoir cela, lui..... »

La lettre n'était pas achevée. Que de gens ressemblent à ce touriste naïf, et finissent par admettre comme évident ce qu'ils ne voient pas du tout !

THIERS.

I.

Une route qui cotoie un torrent ressemble à la sagesse de l'âge mûr donnant la main aux passions fougueuses et débordées de la jeunesse. Telle est la réflexion que me suggère le chemin qui conduit d'Ambert à Thiers. Dans une grande partie de son développement, il suit la Dore et se penche, pour ainsi dire, sur son lit. Il est calme et uni, monte quelquefois et descend rapide. Elle, toujours bruyante, saute, se roule et mugit, mord les blocs de granit qui encombrent son passage et s'élance échevelée par bonds impétueux sur les arbres de ses bords qu'elle enlace dans les plis de ses eaux.

Devant nous se présentent les dernières pentes de la haute chaîne de montagnes qui séparent l'Auvergne du Forez; elles étalent aux rayons éblouissants du soleil leurs robes vert et or, tandis que leurs têtes sont ombragées par d'immenses forêts.

On dirait un vaste amphithéâtre cultivé comme un jardin anglais. Tel est le fond sur lequel se détache la ville de Thiers, l'une des plus pittoresques de l'Europe. Elle s'enfonce entre deux montagnes et, au midi, elle est en terrasse sur le profond ravin qui les sépare. Rien de plus curieux que ses maisons en terre et en bois penchées au-dessus de l'abîme que forme le vallon de la Durolle. Elles s'étagent les unes sur les autres, dans des rues étroites et tortueuses, en pente raide. Les jardins soutenus par des terrasses semblent bâtis en l'air. Les merveilleux parterres de Sémiramis n'étaient rien à côté de ceux-là !

Au milieu de cet assemblage superposé de toits rouges et de maisons grises, disposées en auvents, un amas de pans de murs réunis sans ordre, sans architecture, sans plan régulier, forme l'église.

Ce qui séduisait Henri, c'était le mouvement et la vie qui perçait de tous côtés, c'était le bruit du marteau sur les enclumes, du soufflet dans les ateliers, et des roues dans les usines alimentées par la Durolle. Chaque maison, chaque étage est transformé en fabrique de coutellerie. C'est véritablement une ville d'ouvriers.

Le ruisseau qu'on appelle la Durolle fait la fortune du pays, en donnant un moteur aux machines. Elle roule aux pieds de Thiers avec fracas. La gorge étroite dans laquelle elle est resserrée ressemble à un abîme; au fond, on distingue des roches noires aux reflets violacés. La rivière précipite contre leur masse ses flots sombres et torrentueux, puis s'élance dans le Trou-d'Enfer, ou tombe en cascades bruyantes. D'énormes rocs, suspendus à plus de quatre-vingts mètres, menacent sans cesse de combler le lit du torrent ; le résultat en serait fatal pour la ville. Cet aspect sauvage fait briller davantage la riche végétation des environs.

II.

De Thiers à Clermont, la route est divisée en deux parties par l'Allier: la première se courbe et se dresse comme un long serpent pour suivre le mouvement des énormes taupinières qui bossèlent le dos de la Limagne en cet endroit; la seconde s'étend droite et unie comme l'allée principale d'un gigantesque jardin, qui aurait pour limite la chaîne bleue des Dômes.

Près de Lezoux, Georges nous quitta. Les étangs l'avaient attiré comme ils attirent les canards. Henri en fit la réflexion, en ajoutant que les savants ont plus d'une ressemblance avec les canards et les fouines. Il ne voulait pas par là déprécier l'esprit et l'intelligence de son frère dont il est meilleur juge que personne, mais seulement rendre sensible l'habitude qu'ont tous les savants de fureter partout. Quand Georges nous rejoignit, il apportait comme un trophée quelques plantes rares, le *trapa natans*, des *phanorbes*, prises sur les bords d'un marais, et le *hottonia palustris* qu'il avait cueilli dans un fossé voisin.

Une montagne qui s'isole sur les bords de l'Allier et dont le dos arrondi supporte un petit castel et son parc, comme les éléphants de l'Inde portent le siége princier de leur maître, se nomme Beauregard, nom bien choisi. De là le regard embrasse dans un panorama splendide la Limagne et sa bordure de montagnes. Souvenir touchant : c'est dans cette ancienne résidence des évêques de Clermont que l'illustre Massillon a passé les dernières années de sa vie et qu'il est mort, regretté de tous les habitants. Assurément ces braves gens ignoraient que l'évêque dont ils déploraient la perte était un des plus grands orateurs des temps modernes ; mais ils savaient qu'il était pour eux un ami, un bienfaiteur, un père. Les grandes qualités du cœur ne sont pas toujours séparées des grandes qualités de l'esprit !

Le pont qui soutient la route au-dessus des eaux de l'Allier est situé en face d'un ancien château autour duquel sont venues se grouper quelques centaines de maisons. Le tout a pris le nom de

Pont-du-Château. Un des seigneurs de ce village s'était acquis une élégante célébrité dans le genre de celles de Cartouche et de Mandrin. Il se nommait le marquis de Montboissier-Canillac. Il avait à son service douze bandits qu'il appelait ses douze apôtres, et il les envoyait dans toutes les directions piller pour sa caisse, jusqu'à ce qu'enfin la justice des Grands-Jours, justice peu accommodante, eût la faiblesse de le condamner à mort par contumace. Il paraît qu'on avait pas mal de peccadilles à lui reprocher. « En Auvergne, dit Fléchier, c'est être bien innocent que de n'avoir commis qu'un crime. » Fléchier ne parlait que de son temps.

A partir de Pont-du-Château la route s'ombrage de noyers épais, comme une promenade ; elle fend comme une ligne droite la surface de cette fertile Limagne qui fait contraster la féconde uniformité de la plaine avec la poésie qui descend des montagnes. Elle laisse à sa droite un village créé d'hier autour des longues cheminées de l'usine de Bourdon, la plus considérable peut-être de France, dont un homme éminent, M. de Morny, a doté le pays; puis elle passe au pied d'un cône parfait jeté là par un caprice du hasard. C'est le puy de Crouël, monticule de tuf ou wakite bitumineuse où l'on trouve de la calcédoine.

Comme au puy de Crouël et à Pont-du-Château, on voit sourdre du bitume à la base d'un petit mamelon basaltique et calcaire situé à la droite de la route et que l'on appelle le puy de la Poix. Dans les grandes chaleurs, il en suinte, dit-on, jusqu'à quatorze kilogrammes par jour. L'eau qui en sort est saturée d'hydrogène sulfuré et contient aussi du sel marin et de la silice. Les géologues disent que le sol qui l'environne est un terrain d'alluvion. Quelle belle science que la géologie; on sait sur quoi l'on marche !

LES HABITANTS.

Les habitants des villages semés dans la Limagne sont actifs, laborieux, énergiques. Toujours chargés d'une hotte, dont les deux bâtons placés sur chaque épaule menacent sans cesse les passants, ils portent très-loin de lourds fardeaux. A l'aide de cet instrument, ils déplacent le sol, en prenant la terre végétale dans les lieux où elle est abondante pour la déposer sur des pentes arides et même sur des rochers. Quelques années après, on est surpris de voir une vigne ou un champ là où il n'y avait auparavant que la roche nue. Mais aussi ils sont batailleurs. Quand ils sortent des bouges de Clermont où ils se sont enivrés d'une mauvaise bière et d'eau-de-vie frelatée, ils se cherchent facilement querelle et leur main est bientôt armée de leur terrible couteau de poche qui ne les abandonne jamais. Ils ont une grande tendance à vivre indépendants. Il faut même le dire, il n'aiment pas l'autorité ni les représentants de l'autorité ; et il n'est pas rare de les voir lutter contre les gendarmes pour leur arracher ceux d'entre eux qu'ils ne croient pas coupables, à moins qu'il n'y ait eu déshonneur. Ils répugnent à toute espèce d'impôt, excepté à la conscription qui flatte leurs instincts belliqueux. Ne leur parlez pas des habitants des villes, ils ont pour eux une haine naturelle.

L'amour du gros sou est inné chez eux, surtout chez les femmes. Elles ne craignent pas de faire plusieurs lieues pour en gagner quelques-uns. Chaque matin, elles vont à la ville vendre certaines denrées, et, lorsqu'elles n'ont plus autre chose, elles chargent leur tête d'un faix de bois sec et l'offrent, sur la place, aux passants. Elles donnent un sou pour leur droit de vente, vendent leur bois deux sous ; total : un sou de bénéfice, et elles s'en retournent contentes.

Dans les villes, l'apathie est toute orientale. Les montagnes sont si belles, l'air est si pur, le ciel si méridional qu'on se croirait en Italie, si la couleur et l'architecture des maisons ne rappelaient pas qu'on est à Clermont. Vous aurez bientôt connu les qualités et les défauts des habitants ; leur caractère n'est pas caché : ce qui se montre le premier ce sont leurs défauts. L'égoïsme y est froid et railleur. Chez les marchands, l'envie va jusqu'à la haine : le fond de leur caractère est la jalousie, seule passion qui leur donne de l'énergie et de l'activité; car leur tempérament lymphatique les porte à l'inaction; mais la cupidité les rend âpres au gain. La jeunesse y est inoccupée et passe son temps dans les cafés. Les marchands eux-mêmes, fatigués d'être restés assis dans leur boutique à attendre les clients ou de s'être promenés en bâillant le long de leurs banques, vont achever la journée au café. Ces établissements sont d'un excellent rapport à Clermont.

Le dimanche, des flots de robes débouchent des églises; mais avec une telle lenteur qu'on se demande s'ils remuent. Quelques-unes plus pressées sont obligées de pousser les autres pour s'ouvrir un passage. Les marches de l'église deviennent un salon de conversation; une demi-heure après l'office, on y voit encore des femmes qui causent. Ce jour-là, la ville entière se promène dans les rues.

Henri est très-dévot. Il a assisté à la procession de la Fête-Dieu à Clermont. Voici la description qu'il m'en a faite :

« C'est d'abord, sur deux rangs, une file de gamins armés de lances au sommet desquelles flottent des oriflammes blanches, rouges ou bleues ; puis des jeunes filles accoutrées en blanc ; au centre, un groupe de chanteuses qui clapissent ou bêlent plus fort les unes que les autres, et roulent, sous d'épais voiles blancs, de gros yeux inquiets de l'effet qu'elles produisent ; plus loin, entre deux rangées de femmes pieuses, trois pauvres petits enfants à moitié nus, représentent des Jean-Baptiste, des Jésus au désert, revêtus seulement d'une peau de mouton. L'un d'eux même, pour plus de ressemblance, conduit un agneau attaché à une corde. Le vénérable évêque, précédé de son clergé, avait beau passer, en portant sous son dais, le Saint-Sacrement, la foule s'en occupait peu ; elle n'avait d'yeux et de cris d'admiration que pour ces trois pauvres petits malheureux qui grelottaient sous leur fourrure. J'en ai été indigné. C'est une comédie déplacée qu'un goût dépravé peut seul tolérer.

— Mais vous savez bien que la comédie est sortie de l'église !

— Je le sais. Et c'est parce qu'elle en est sortie que je ne voudrais pas l'y voir rentrer.

II.

LA CHAÎNE DES DÔMES.

ROYAT.

I.

En quittant Clermont pour s'enfoncer dans les montagnes, on se demande si ces sommets qui se courbent sous mille formes, qui ondulent comme une vague, dont la poitrine est rudement bosselée par d'énormes rochers, sont séparés les uns des autres par un intervalle quelconque. Il semble en effet qu'on n'ait devant soi qu'un vaste pan de mur surmonté d'un plateau et sur ce plateau le Puy-de-Dôme, comme un pain de sucre sur une table. C'est une erreur de nos sens ! De fertiles vallées, des gorges profondes conduisent insensiblement au pied des volcans. Mais ces gorges, ces vallées sont enveloppées d'une vapeur diaphane, ainsi que les masses qui les bordent, et les deux bords semblent se confondre.

Il faut se défier de ses yeux, dans les pays de montagnes. Des arêtes jetées à plusieurs lieues de distance les unes des autres ne forment, en apparence, qu'une seule ligne qui trompe les regards. Ce sont ou des têtes arrondies, comme celles d'une troupe de géants qui s'enfuient, ou des dents aiguës comme celles d'une scie gigantesque. Quelles qu'elles soient, une robe d'azur les enveloppe et cache les aspérités de leur structure. Le ciel s'abaisse pour servir de voile à ces rudes enfants de la terre.

Une vieille ruine, curieuse à cause de la disposition en mosaïque des briques rouges qui entrent dans sa construction, frappe nos regards à notre sortie de la ville. Ce sont les restes de l'édifice le plus ancien peut-être de Clermont. Le peuple l'appelle le château des Sarrasins. Le peuple a sa manière de faire l'histoire qui n'est pas celle des savants, mais qui n'en est pas moins piquante. Il vit par les sens, il vit par l'imagination, il vit par le souvenir bien plus que par le jugement et la critique. S'il a été vivement impressionné par un fait, c'est à ce fait qu'il rapporte l'origine de tout ce qui lui paraît inexplicable. Et qu'y eut-il de plus capable de frapper les imaginations naïves du huitième siècle que cette invasion subite de peuples venus d'Espagne sous le nom de Sarrasins. Tout en jetant l'épouvante dans le pays, ces nouveaux conquérants laissaient les nations dans l'admiration. Leur teint brûlé par un soleil ardent, leurs vêtements bariolés de couleurs étincelantes, tout jusqu'à leurs turbans et à leurs cimeterres était un objet de surprise. Et quand on les voyait porter sur les temples et sur les objets sacrés une main sacrilége, la stupeur n'avait plus de bornes; le peuple s'enfuyait dans les montagnes, en les abandonnant au milieu des ruines qu'ils avaient entassées et où ils régnaient en maîtres. Viennent les Normands, ils n'effaceront pas le souvenir des Sarrasins. C'est le nom seul des Sarrasins qui s'est conservé. C'est aux Sarrasins seuls que le peuple auvergnat attribue toutes les constructions d'une origine incertaine.

On traverse un village qui semble être un faubourg de Clermont. Il est humide, malsain, peuplé d'êtres dégoûtants qui grouillent sur le seuil des maisons. C'est Chamalières. Jadis un temple de Mercure s'élevait, dit-on, en ce lieu. Il était desservi par de jeunes garçons qu'on appelait *cameli juvenes* et par de jeunes filles qui portaient le nom de *camelæ virgines*; d'où le nom de *camelaria* qui a formé celui de Chamalières. Avouons que la science des étymologies est une belle science!

L'église dresse dans les airs sa tour octogonale, nouvellement construite, sur une nef de forme romane qui date du septième ou du huitième siècle. Aux colonnes et aux chapiteaux de l'abside elle mêle un ornement vivant et moderne, une vigne dont les pampres tombent le long des corniches extérieures. La campagne reprend sa place.

Dans une charmante habitation que la route sépare de Chamalières, à Montjoli, sont des caves formées de grottes creusées sous la lave qu'un volcan voisin vomit un jour de son sein enflammé. Elles produisent un effet étrange : par moments elles se remplissent de gaz acide carbonique, au point de causer l'asphyxie des personnes qui y pénètrent lorsque le ciel est chargé d'électricité. Aussi les bonnes vieilles du pays prétendent qu'il y a là quelque soupirail des Enfers.

II.

L'établissement thermal de Royat ou plutôt de Saint-Mart, pour l'appeler par son véritable nom, se penche sur le bord d'un ruisseau, à l'abri d'une haute montagne, à l'entrée d'une vallée. Sa forme un peu prétentieuse, avec ses colonnes d'une seule pierre et ses statues qui surmontent les colonnes, indique le voisinage des villes. Il est trop près de Clermont. La ville y fait trop sentir sa civilisation raffinée. Ce n'est pas la ville que je cherche à la campagne.

Tout d'abord, l'établissement semble isolé, au milieu d'un site pittoresque ; mais bientôt, en levant les yeux, on aperçoit de grands hôtels carrés qui tachent ce magnifique paysage. Quelques maisonnettes s'entassent au pied de la montagne et portent perpétuellement au front, comme un stigmate indélébile, ces mots écrits en lettres gigantesques : Appartements meublés. C'est encore la ville qui apparaît sous sa forme d'hôtels garnis. Des jardins s'élèvent presque perpendiculairement sur des jardins, et puis ce sont des vignes sur des vignes jusqu'au sommet du puy Chasteix, à deux cents pieds de haut, où jadis était bâti un château qui disparut dans les guerres de Pépin et du duc Waïfre ; car ce ne fut pas sans peine que Pépin fit reconnaître son autorité au midi et même au centre de la France.

De ce coteau, la vue plonge dans la vallée qui se resserre, l'œil pénètre, à travers une forêt d'arbres fruitiers, dans le brouillard léger qui court en frissonnant sur les eaux du ruisseau et qui va se reposer sur le Puy-de-Dôme comme les ailes bleues d'une demoiselle sur les roseaux d'un marais.

De hauts rochers noirs, contournés, bosselés, aigus, couronnés de ronces dominent l'établissement thermal : c'est un amas de lave. Ils sont là entassés, solides, soutenus les uns contre les autres, se riant des efforts de l'homme. Ils n'auraient qu'à vouloir, et l'un deux, se détachant de ses frères, viendrait en roulant, en sautant, bondir sur cet édifice élevé avec peine et le broierait avec facilité sous ses rudes étreintes. Mais ce sont de paisibles voisins. Leurs pieds solidement encaissés dans le sol ne songent pas à s'en échapper. Leurs têtes grêlées se contentent de grimacer aux passants.

Deux pas dans leur direction, et nous avons devant nous une partie de la Limagne noyée dans des flots de soleil. Nous sommes déjà au-dessus d'elle ; nous la voyons sous un nouvel aspect : la montagne commence. Du côté opposé à la Limagne, la vallée s'ouvre entre deux arêtes qui s'abaissent pour laisser surgir, à l'extrémité, comme un colosse, la masse énorme du Puy-de-Dôme. Au centre, un village grimpe avec ses toits rouges autour d'une église qui a l'air d'un fort : c'est Royat.

III.

La fortune des eaux thermales a, comme toutes les choses de ce monde, des moments de vogue et des époques de délaissement. Les sources de Saint-Mart, connues des Romains, furent longtemps abandonnées ; fréquentées de nouveau au seizième siècle, elles se virent encore délaissées jusqu'à nos jours où l'affluence des malades rendit nécessaire la création d'un vaste établissement. A partir de ce moment la foule s'empressa d'accourir pour profiter de la vertu des eaux, comme si elle se rappelait le mot de ce célèbre professeur de médecine qui disait à ses élèves en leur indiquant un remède alors à la mode : « Messieurs, hâtez-vous d'employer ce remède pendant qu'il guérit encore. »

Dès le matin, des omnibus arrivent de Clermont et repartent à heures fixes ; des fiacres se collent le long des murs ; des voitures de maîtres passent avec rapidité ou attendent immobiles. Une file de robes ballonnées s'engouffrent dans l'établissement, et de ces flots de mousseline et de dentelles qui marchent dans le corridor des dames, sort comme le gazouillement d'une nichée de fauvettes qu'un frais éclat de rire domine quelquefois. Dans le corridor des hommes, il y a plus de silence. Nous nous promenons, notre numéro d'ordre à la main, attendant notre tour qui ne se fait pas trop attendre : on est au large pour se baigner comme pour se promener. Nous causons. Il est reçu qu'aux eaux on a infiniment d'esprit. On n'a qu'à ouvrir la bouche pour le répandre à profusion. Ecoutez :

— Il n'y a pas autant de monde aujourd'hui qu'hier.

— Non ; je pense qu'on viendra plus tard. Le ciel menaçait, ce matin.

Plus loin, un monsieur bien gras à un monsieur bien sec :

— Votre bain d'hier vous a-t-il fait du bien ?

— Non ; je crois que je me suis enrhumé.

— Tiens, c'est comme moi.

Ailleurs, deux messieurs essoufflés :

— Il fait une chaleur étouffante !

—Oui, et tout-à-l'heure il fera peut-être froid, si le vent vient du Puy-de-Dôme.

— Diable de pays, va !

Dans un groupe de jeunes gens :

— Connaissez-vous ce monsieur ?

— Non ; et vous ?

— Moi non plus.

— Et cette dame ?

— Je ne la connais pas davantage. Ce sont des étrangers. Et on les regarde avec la curiosité que l'on met à contempler une bête rare dans une ménagerie.

Dans un autre groupe d'hommes graves, on garde le silence. Chacun a l'air de dire à son voisin : « Vous êtes un homme supérieur, mais je vaux mieux que vous ; ou bien ceci : Vous êtes riche, mais je le suis plus que vous. »

A quels spirituels entretiens ne doit-on pas s'attendre entre des gens qui ne se voient ou ne se parlent qu'en passant, qui n'ont aucune idée commune ou du moins qui ne savent pas s'il y a entre eux un terrain commun sur lequel ils puissent poser la conversation ? L'un est occupé de ses sucres et de ses épices ; l'autre de ses reports et de ses primes ; celui-ci d'une bonne affaire qu'il entrevoit aux dépens de son voisin ; celui-là du dîner qu'il a fait hier et de celui qu'il fera aujourd'hui ou demain.

Cependant de nouveaux venus descendent de voiture; on se cherche, on se salue. Les hommes se serrent la main, les dames s'embrassent; on est heureux de se rencontrer. Les eaux de Royat sont le rendez-vous de la ville.

On se promène quelque temps dans la poussière de la route : l'établissement se dispense de faire balayer, parce que les robes des dames se chargent de cette opération. Puis les groupes se dispersent; les uns vont dans la salle des bains, les autres dans la salle de la piscine, d'autres à la buvette, et c'est le plus grand nombre.

Une sorte de fantôme, enveloppé de plusieurs couvertures, sort de la salle d'aspiration et s'en va à la recherche d'un lit bien chaud. Ceux qui se portent bien le regardent et rient. Un autre se frotte le bras qui vient de subir les rudes attaques d'une douche; il croit la sentir encore. Son rhumatisme est momentanément remplacé par une autre préoccupation; il se croit guéri; c'est la même chose. Encore quelques douches et le rhumatisme aura disparu de son idée et de son bras.

Il est dix heures : la foule que la ville avait envoyée est repartie; elle s'est écoulée peu à peu. Il ne reste plus que les vrais malades et les étrangers qui, suivant la mode, viennent faire leur saison aux eaux. Ils rentrent eux aussi dans leur hôtel; car les eaux ne suffisent pas pour soutenir l'estomac;

au contraire, elles le rendent exigeant, surtout quand elles sont aidées par l'air vif des montagnes. Mais lorsqu'on a été réjoui par un bon déjeûner, un sang jeune et chaud monte à la tête, des idées de joie surgissent; on propose des promenades, des parties de plaisir; souvent la troupe entière prend son vol. Il y a tant à voir que nous ferons comme elle bientôt.

Je suis bien sûr de rencontrer, au tournant de la route qui monte, Henri, assis à l'ombre d'un noyer, en face d'une crevasse de rocher qui lui permet d'admirer un petit coin de la Limagne. Il prétend qu'on a tort d'aller bien loin et bien haut chercher des points de vue, quand on les a si beaux près de soi. Selon lui, tous les objets ont une beauté qui leur est propre, et c'est cette beauté individuelle bien ordonnée qui constitue la beauté générale d'un site ou d'un tableau. Si les objets ont des formes délicates et séduisantes, si la lumière les frappe de manière à produire des effets de couleurs attrayants, l'âme s'élève jusqu'à la région de l'idéal; si, au contraire, ils ont dans leurs formes et dans leurs teintes quelque chose de vulgaire et de commun, l'esprit est satisfait de cette expression qui lui est familière, et elle lui plaît reproduite dans un tableau. Voilà pourquoi nous admirons deux peintres de genres complètement opposés, par exemple, Téniers et Raphaël.

IV.

Près du ruisseau de la Tiretaine qui passe au pied de l'établissement thermal, des gens désœuvrés étaient plantés, comme des hérons, à regarder depuis plus d'une heure un moulin qui tournait, le ruisseau qui tombait en cascades sous un pont, et l'onde bouillonnante qui s'en allait en murmurant. Les bords de l'eau ont toujours eu pour moi un grand attrait; je comprends que d'autres les aiment. Il y a dans les mille jeux de la lumière sur une nappe limpide quelque chose qui charme les yeux; l'oreille est séduite par le bruit que fait l'eau en tombant ou en courant. Il en résulte que l'âme, tout occupée de ce spectacle, se sent à l'aise. Ce qu'elle redoute le plus, c'est de se replier sur elle-même pour se surprendre à penser. Elle aime mieux ce qui lui vient du dehors. Et puis, comme ils sont beaux ces reflets de l'eau qui court! ce sont des reflets d'argent, des reflets d'opale ou d'émeraude. Ils laissent voir, par instants, entre eux, comme l'œil bleu d'une nymphe dont la voix douce se fait entendre dans un léger murmure ou dans le clapotement d'un flot près du bord. Elle est là qui soupire et qui appelle. Et voilà pourquoi plusieurs s'y laissent prendre et se jettent, les insensés, dans ses bras humides. Mais aussi on les trouve endormis sur son sein, pleins du breuvage qu'elle les a forcés de prendre, afin de les posséder toujours.

Je comprends que les anciens aient vu des nymphes dans les ruisseaux, des déesses dans les mers. Ne sont-elles pas déesses en effet? qu'une subite colère les bouleverse, aussitôt leurs flots mugissent, se gonflent et se confondent avec les cieux. Malheur aux téméraires qui oseraient braver leur courroux! aucune puissance ne saurait leur résister. Au contraire, veulent-elles se montrer douces et bienveillantes, rien n'est plus séduisant que le calme de leur face et l'attrait de leur sourire. C'est pour cela qu'on avait établi la demeure de Circé au milieu des eaux ; c'était pour apprendre aux hommes à se défier de ces trompeuses filles des mers.

V.

Le séjour des eaux semble enlever à l'esprit toute pensée. C'est un temps de repos. Le corps s'y refait ; le sang s'y rajeunit ; l'estomac s'y ranime. On vit ; mais on ne pense pas. Il est si doux de voir les objets, d'entendre les sons, de mettre pour quelque temps l'activité de l'âme dans les sens, que je fais comme tout le monde. S'il y a autour de moi des figures préoccupées, il y en a bien peu ;

presque toutes portent les signes de la satisfaction et de la gaieté, ou de l'indifférence et de l'indolence. C'est la machine qui fonctionne. Manger, boire, se promener, voilà la vie qu'on s'est résigné à mener pendant un mois ou deux, et on la mène consciencieusement, comme l'indique le programme que l'on s'est tracé.

L'heure de boire est arrivée. Chacun prend son verre et descend vers un des robinets; je bois aussi, pour faire comme tout le monde. Il est bientôt cinq heures; le soleil touche presque aux montagnes. On a la nuit ici une heure plus tôt qu'ailleurs; mais en revanche on a le jour une demi-heure plus tard. Les voitures arrivent. La foule est plus nombreuse que le matin. Ce sont des curieux. Ils viennent voir la mine qu'ont les buveurs d'eau qui ne sont pas du pays.

Le Puy-de-Dôme a disparu; un gros nuage noir s'appuie sur le sommet du puy Chasteix; une averse tombe. On a beau courir vers un abri, plus d'une élégante toilette est atteinte. La curiosité est punie. C'est un exemple de plus à ajouter à tant d'autres depuis Ève; mais il ne corrigera personne.

VI.

Le soleil s'est levé radieux et splendide. Je l'ai vu lancer comme une fusée ses premiers rayons par-dessus les montagnes du Forez et frapper à la tête le Puy-de-Dôme. A ce signal, la vallée de Royat a secoué ses vapeurs; ses rochers perdus dans les airs ont repris leur vêtement gris; les sommets de ses arbres se sont peu à peu dégagés des étreintes du brouillard, et son ruisseau bruyant a laissé étinceler aux regards sa robe d'argent.

Le temps semble fait exprès pour une excursion. Plusieurs gamins nous entourent et, comme à St-Alyre, nous entendons répéter leur phrase consacrée:

— La grotte, mon bon Monsieur, voulez-vous voir la grotte de Royat?

— Laissez-moi, Monsieur, vous conduire au grenier de César.

Va pour la grotte et le grenier. Nous les suivons. Nous pourrions prendre notre route par le grand chemin en côtoyant les rochers suspendus en face de l'établissement thermal; mais nos guides préfèrent une autre voie. Nous franchissons un pont jeté sur la Tiretaine et nous commençons à gravir le flanc de Chasteix. Arrivé devant une des maisons qui sont soudées, à cet endroit, aux roches de la montagne, un des gamins ouvre la porte et nous voyons étalés, dans une boutique de bric-à-brac, des objets de toutes les civilisations enterrées : un vase qui servit à Vercingétorix et le casque de César; un baldaquin d'autel en bois sculpté et l'éventail de la reine Margot; des médailles romaines ou gauloises et des fragments de la baignoire de Bituitus.

Près de là le sol gratté laisse à découvert des grains de blé calciné : « Ce sont les greniers de César ! » disent les gamins. « C'est, reprend Georges, du blé qui a été brûlé dans l'incendie du château de Waïfre. En Auvergne, toute l'histoire se résume dans trois noms : Vercingétorix, César et les Sarrasins. »

De là le sentier se rétrécit. A droite, se dressent les montagnes ; à gauche, la pente jusqu'au ruisseau est couverte par une agréable verdure dont la fraîcheur et la grâce nous séduisent. L'ombre d'une forêt d'arbres touffus nous enveloppe et de superbes marroniers offrent aux rêveurs un bienveillant accueil sous leurs branches qui s'élèvent à plus de soixante pieds de haut.

Par un chemin penché, glissant, raboteux, nous arrivons à la grotte de Royat. C'est une profonde caverne creusée naturellement dans la lave. Deux colonnes prismatiques, jetées par le hasard, en soutiennent la voûte, et, au-dessus du cintre, des basaltes, irrégulièrement entassés, forment un **frontispice** singulier que surmontent des arbres et des maisons. Au fond de la grotte, jaillit par sept jets séparés une eau abondante, toujours pure et qui ne tarit jamais. Sa fraîcheur entretient sur les murs une verdure délicieuse de mousses et de lichens. A cette vue, et malgré soi, on pense aux naïades antiques. Elles sont trois, agenouillées, qui nous regardent. Le linge qu'elles lavaient demeure immobile entre leurs mains. Une d'elles se lève et nous offre un verre de cette eau presque glacée ; c'est une manière polie de nous dire : Un petit sou, mes bons messieurs, s'il vous plaît.

VII

L'église de Royat est plus remarquable à l'extérieur qu'à l'intérieur, quoiqu'il y ait une crypte où l'on descend par un escalier glissant. C'est une croix latine, du style roman que surmonte une tour octogonale terminée par des machicoulis. Aussi, de loin, la prend-on pour un château plutôt que pour une église. C'est une preuve qu'à une époque regrettable le temple saint lui-même devait pourvoir à sa défense contre de puissants ennemis. Cette église domine admirablement le paysage.

Je ne connais rien de plus pittoresque que le village de Royat couché au milieu de sa vallée comme dans un nid de verdure penché sur le bord d'un frais ruisseau ; mais aussi je ne connais rien de plus sale que ses rues et ses maisons, et rien de plus dégoûtant que ses habitants. Il faut, en le traversant, examiner longtemps le terrain avant de s'y risquer, si l'on veut revenir propre chez soi. J'ai vu des dames qui avaient un pied par terre, mais qui, ne trouvant plus de place sèche pour l'autre, faisaient des miracles d'équilibre pour se maintenir jusqu'à ce qu'elles eussent aperçu un second point d'appui convenable. Les maisons sont humides et décrépites, les escaliers délabrés et branlants. C'est un village fait exprès pour les artistes qui peignent des intérieurs et des villages en désarroi. Quant aux habitants, c'est bien autre chose; que peut-on attendre d'eux dans un pareil bouge? Ils sont généralement goîtreux et étiolés; les crétins y abondent.

Henri, à qui j'ai communiqué mes impressions, s'est fâché et m'a appelé : Genre Pompadour. «Voilà comment nous sommes tous, s'est-il écrié, toujours inconséquents. Vous ne voulez pas qu'un village soit une ville, n'est-ce pas? Vous ne voulez pas que les maisons y soient tirées au cordeau? Vous n'avez pas la prétention de n'y plus voir de fumier? Vous ne pensez pas que les villageois, la joue peinte en rose, doivent passer leur vie dans de beaux habits enrubanés et porter à la main une houlette garnie de fleurs, en face d'un manifique et blanc troupeau tout fraîchement savonné, comme nous les peint Watteau? Eh bien! supportez donc ce que vous ne pouvez pas changer. Vous ne ferez jamais d'un village auvergnat un village flamand. Les climats font les goûts et les habitudes. »

— Du moins, on peut essayer de modifier les habitudes et les goûts, lorsqu'ils sont mauvais.

— Oui ; mais la nature l'emporte toujours. Les petits canards, élevés par une poule, ne peuvent pas s'empêcher, à la vue d'une mare, de se précipiter dans le bourbier, malgré les cris de désespoir de la poule.

— Que gagnent donc les paysans aux progrès de notre civilisation ?

— Ils y gagnent la sécurité de l'existence et l'assurance de la propriété. Ils y gagnent la certitude qu'on ne leur enlèvera pas le fruit de leur travail par le droit du plus fort ou sous le nom de tailles, corvées et autres charges, une fois les impôts payés. Ils y gagnent de savoir lire et écrire comme M. le notaire et de traiter eux-mêmes leurs affaires. Ne nous calomnions donc pas: Liberté et sécurité ; voilà deux conquêtes sérieuses. Le reste viendra peut-être. »

VIII.

Au-dessus de Royat, la vallée s'ouvre encore pour se resserrer bientôt, regorgeant de châtaigners, de saules et de frênes. Un ruisseau qui roule, saute et tombe comme un torrent en occupe le fond. Il y a si longtemps qu'il se livre à cet exercice que ses eaux ont creusé la lave sur laquelle elles passent. Quelle puissance ne faut-il pas qu'elles aient ? Assurément, c'est une puissance surnaturelle. Ne sont-ce pas les filles de ce mont gigantesque et terrible qui, placé là-haut, au bout de la vallée, sourit ou menace, mais dont la menace est épouvantable, lorsqu'il voile sa face derrière un amas de nuées obscures et que les tempêtes s'amoncellent sur son front! Ne sont-elles pas elles-mêmes terribles et douces?

Je me représente les premiers habitants de ces lieux, naïfs et crédules, comme on l'est au berceau d'une civilisation. A la vue de cette force immense qui se creusait un lit entre deux montagnes, quels sentiments d'admiration n'ont-ils pas dû éprouver! Mais aussi quelles terreurs ont dû les assiéger, lorsque ces eaux, unies à leurs sœurs qui tombaient de quelques sommets nuageux ou descendaient de leur lit de neige en longs fils d'argent, se gonflaient d'une sorte de colère, et, courant comme des folles, entraînaient avec elles hommes, bêtes et rocs, tandis que des têtes noires, bosselées, déchiquetées, granitiques, se penchaient au-dessus de la vallée, à cent pieds de haut, pour regarder en bas le tumulte et le désordre. De ces têtes de rochers glissaient, comme des larmes, quelques minces filets limpides qui allaient prendre part aux ravages. Jalouses de leur solitude, ces eaux ne voulaient rien tolérer sur leurs bords : arbres, maisons, rochers, tout disparaissait sous leurs efforts combinés et répétés. A la moindre résistance, elles s'élançaient, sautaient, écumaient et couvraient de leur bave l'obstacle qui tentait de les arrêter. C'était bien là le mauvais principe, la source du mal : les filles de la terre et des ténèbres. Il fallait les fléchir.

Devenues plus calmes, elles chuchotaient entre elles dans leur lit; elles léchaient le pied des herbes qui se confiaient à leurs rives; elles avaient des baisers amoureux pour les blocs de granit ou de lave qui se miraient dans leurs flots; elles s'épanchaient sur la prairie voisine en minces gouttelettes transparentes, lorsque, dans leurs élans de plaisir, elles se courbaient en cascades. Quelquefois, les hommes s'enhardissaient jusqu'à les prendre à leurs sources, à l'endroit où elles sortaient de la terre, pour les distribuer dans des canaux étagés sur le versant de la montagne, d'où elles descendaient en semant la fécondité sur leur passage. C'était le principe du bien.

Evidemment, cet être qui portait dans son sein la mort et la vie, le néant et la fécondité, avait quelque chose de la nature divine, c'était une divinité. Et les hommes naïfs l'adoraient; ils lui adressaient leurs remerciements et leurs prières. Ils avaient trouvé, dans leur imagination poétique, la théogonie qui convenait à leur jeune civilisation.

IX.

Aujourd'hui les eaux de la vallée sont ce qu'elles étaient autrefois. Les ouragans les précipitent avec la fureur des torrents; mais en temps calme, dirigées habilement sur le versant des montagnes, elles entretiennent des prairies naturelles extraordinairement productives, malgré la grande quantité d'arbres fruitiers qui les couvrent; puis elles se réunissent dans la gorge pour servir de moteur à l'industrie.

Mais c'est à l'endroit même où elles jaillissent qu'il faut les voir, ces eaux. Un village s'est bâti autour d'elles sur la lave; mais qui s'occupe du village de Fontanat? on ne voit que les eaux. Elles sortent à gros bouillons par plusieurs issues, tombent aussitôt sur les roues d'un moulin qu'elles agitent, et vont porter la richesse et le bonheur jusque dans la Limagne.

Un reste d'aqueduc visible au-dessous de la plus grande source a fait croire que les Romains avaient entrepris de conduire à Clermont les eaux du lac de Servières et que l'aqueduc s'était rompu en cet endroit. Je ne vois rien d'absolument impossible à un travail aussi merveilleux qui aurait consisté à construire sous terre un canal de maçonnerie long de plus de cinq lieues, à travers des montagnes et des vallées. Mais je ne vois pas non plus pourquoi on n'admettrait pas une explication plus simple. La voici :

Cet aqueduc, loin de venir du lac de Servières, commençait probablement à Fontanat. Le Puy-de-Dôme est une grosse éponge assez souvent imbibée par tous les nuages qui passent pour fournir à ces sources toute l'eau qui s'en écoule. D'ailleurs si l'aqueduc romain est visible entre Fontanat et Clermont, nul que je sache, n'en a trouvé traces entre Fontanat et le lac de Servières.

Quelques maisons font cercle autour d'une autre source pure et limpide ; c'est la Font-de-l'Arbre. Ici nous sommes presque au sommet de la gorge qui commence la vallée. Deux pas encore et nous arrivons au plateau qui sert de base aux volcans. Cependant des masses énormes de granit nous entourent encore ; mais, à notre gauche, un petit monticule sur lequel s'entassent les ruines d'un château qui a appartenu, dit-on, à Waïfre, comme celui de Chasteix, nous offre un curieux échantillon des puys basaltiques. Ce sont d'énormes monceaux de lave taillée à prismes réguliers qui se courbent et s'inclinent pour suivre les convulsions du sol.

LE PUY-DE-DÔME.

I.

Çà et là le plateau est couvert de sable calciné noir ou rouge. Des villages, des hameaux le parsèment. Des champs de seigle ou de froment lui font une robe verte, et de vastes tapis de bruyères s'étendent sous les pieds des visiteurs. Les puys s'y dressent de toute la lourdeur de leur majestueuse masse et ferment au couchant l'horizon. Ils lèvent vers le ciel leurs têtes arrondies comme un dôme ou pointues comme un cône. Quelques-uns portent un épais manteau de verdure ; d'autres laissent voir à nu des blessures aussi vieilles qu'eux et que rien ne guérit. Parfois l'un d'eux s'appuie sur son voisin, comme le voyageur fatigué contre un arbre ; mais ordinairement ils vivent isolés, rangés en ligne de bataille. C'est une armée de géants au repos. Plusieurs ont l'air calme et bénin ; mais la plupart ouvrent une gueule menaçante qui, il y a longtemps déjà, a vomi des torrents de feu et de matières incandescentes dont on peut suivre la trace sur le plateau et jusque dans la plaine. Ils n'auraient qu'à s'agiter sur leurs bases pour laisser encore couler, par quelque fissure, des flots de lave capables d'engloutir les pigmées qui les contemplent et qui, en face d'eux, ont l'audace de se croire quelque chose. Ils sont beaux, ainsi accroupis sur le sol! Mais leur vue jette dans l'âme une triste et indicible rêverie. Malgré l'air pur qu'on respire sur ce plateau élevé, malgré le calme dont on y jouit, on ne peut s'empêcher de songer que le terrain sur lequel on marche fut une fournaise et qu'à quelques pieds peut-être sous terre bouillonnent en fusion les éléments prêts à se faire jour pour ajouter de nouveaux bataillons à cette armée monstrueuse. Cette pensée est bien faite pour abattre l'orgueil de l'homme et lui montrer sa faiblesse. Il se sent petit devant ces masses gigantesques. Son intelligence s'humilie devant ces colosses que la nature a produits dans un moment de fermentation puissante.

II.

Au milieu de la chaîne que forment ces montagnes volcaniques, le Puy-de-Dôme s'élève comme un roi escorté de sa cour : mais c'est un roi débonnaire qui va même jusqu'à laisser un des siens se reposer sur ses flancs. Nous en sommes trop rapprochés pour nous priver du plaisir d'en faire l'ascension.

Vu du côté de Clermont, le Puy-de-Dôme ressemble à un immense cône tronqué et légèrement arrondi. Vu de sa base, c'est une masse énorme, une taupinière gigantesque qui a surgi du sol, comme une boursoufflure dans une pâte chauffée par un foyer ardent qu'un courant d'air froid solidifie avant l'ouverture d'une crevasse. Il porte orgueilleusement sa tête jusqu'à 1465 mètres au-dessus du niveau de la mer. Ses épaules sont couvertes d'un moëlleux tissu de hautes herbes broché d'œillets rouges, de digitales pourprées, d'arnica des montagnes et de myrtilles mêlés aux bruyères rosées. Sur le bord du sentier qui monte, l'angélique sauvage étend ses larges feuilles découpées et le géranium sanguin marie ses couleurs à celles du myosotis dégénéré. C'est une profusion de plantes capables d'enrichir l'herbier d'un botaniste. Elles sont là, dans la solitude, étalant leurs couleurs aux rayons du soleil et épanchant leurs parfums dans le sein de la brise. Et l'homme a la prétention de croire que tout a été créé pour lui !

Une croupe arrondie, noire, rouge, aride, tachée par intervalles de bouquets de bruyères, forme le petit Puy-de-Dôme. C'est un amas de déjections volcaniques, de pouzzolanes incompatibles avec la végétation, comme l'incendie l'est avec la vie. Il y a plusieurs millions d'années qu'elles sont dans cet état; et depuis ce long espace de temps, la terre nutritive n'a pas pu s'y maintenir en assez grande quantité pour qu'une graine s'y développât et devînt le principe d'une colonie végétale qui se serait agrandie à la longue. Hostiles aux plantes, ces scories le sont aussi à l'homme : elles fuient sous ses pieds, se creusent et s'enfoncent comme pour l'engloutir.

Sur cette croupe, une sorte d'humidité nous pénètre; un air froid nous saisit. Nous levons les yeux : un épais brouillard, un véritable nuage enveloppe le sommet du Puy-de-Dôme. Il tourne à l'entour; il descend, il monte; il lâche au vent quelques lambeaux que le vent emporte, et il finit par céder lui-même aux efforts de la brise; mais ce n'est pas sans regrets : en se retirant, il lèche encore les flancs de la montagne, comme dans un dernier adieu. Puis nous le voyons s'arrondir comme un cou de cygne, se colorer d'une molle blancheur et disparaître dans les airs. Le Puy-de-Dôme est dégagé.

Ici, l'ascension devient difficile : le sentier se dresse comme une échelle sur la pierre blanche ou domite qui compose cette montagne à laquelle elle est spéciale. Nous voici au sommet. C'est un vaste plateau déprimé au centre et relevé à l'orient, où il forme le dôme qui lui a valu son nom. L'anémone et la pensée y foisonnent.

Je comprends sur cette hauteur les cris d'admiration des touristes qui, pour la première fois, contemplent l'immense panorama qui se déroule autour d'eux. Ce panorama n'a qu'un défaut, à mon avis : il est trop étendu; les objets indistincts s'y confondent et s'y dérobent derrière un voile épais de vapeurs. Près de nous, des gueules profondes et béantes, des cratères énormes terminent le sommet de plusieurs montagnes voisines. En face de cette étendue et de ce spectacle on sent quelque chose de ce que doit éprouver l'âme, à la sortie du corps, en présence de l'immensité et de son néant.

Le premier cri d'enthousiasme poussé, on se sent à l'aise. La pureté de l'air que l'on respire et surtout le calme qui règne dans les hautes régions de l'atmosphère en sont la cause. Ce calme est une des choses qui font le plus d'impression sur l'homme, lorsqu'il atteint pour la première fois une certaine élévation. Le Puy-de-Dôme, plus que toute autre montagne, produit cet effet difficile à décrire. Sa supériorité sur les cônes qui l'avoisinent et sa position au milieu de vastes plaines en font une véritable île dans les airs, un point isolé où ne parviennent plus les vains bruits de la terre.

III.

Là, toute personnalité humaine disparait devant les œuvres merveilleuses du Créateur ; toute passion s'éteint sous l'influence d'un air plus pur. Cependant, si l'on en croit Florimond de Rémond, ce lieu était le rendez-vous de tous les sorciers du pays. C'est du moins ce que lui a avoué une vieille sorcière qu'il a contribué à faire brûler en 1594, en sa qualité de conseiller au Parlement de Bordeaux. Voici son récit. Je demande pardon pour quelques expressions peu convenables ; n'oublions pas que c'est une sorcière qui va parler : « Tous les mercredis et vendredis de chaque mois, le chapitre général se tenait au Puy-de-Dôme, où elle s'était trouvée une infinité de fois, avec plus de soixante sorciers qui tous portaient une chandelle noire qu'ils allumaient à celle que le bouc avait entre les cornes, à laquelle il avait donné le feu, le tirant au-dessous de sa queue. Après cela tous se mettaient à danser en rond, le dos tourné l'un à l'autre. En cette assemblée on disait la messe à leur mode, tournant le dos à l'autel. Celui qui faisait l'office était revêtu d'une chappe noire, sans croix, élevant une tranche de rave teinte en noir, au lieu de l'hostie, criant tous, lors de l'élévation : Maître, aide-nous. »

« On mettait de l'eau dans le calice au lieu de vin ; et pour faire de l'eau bénite, le bouc pissait dans un trou à terre ; et celui qui faisait l'office en arrosait les assistants avec un aspergès noir. En cette assemblée on distribuait les métiers de sorcellerie et chacun rendait compte de ce qu'il avait fait. Les états étaient pour empoisonner, ensorceler, guérir les maladies avec charmes, faire périr les fruits de la terre, et telles autres méchancetés. » Quel pêle-mêle de contradictions ! Quel tohu-bohu de niaiseries ! Et il est des gens qui croient à cela !

La chapelle dédiée à saint Barnabé, dont il ne reste plus de traces, était le lieu de réunion des sorciers. Henri prétend que cette histoire de sorcellerie est un conte inventé par quelque prieur paresseux d'Orcival, pour se dispenser de faire chaque année une course fatigante au sommet du Puy-de-Dôme, comme il y était tenu. En effet, les comtes d'Auvergne, en donnant cette chapelle avec des biens considérables sur les montagnes au prieuré d'Orcival, avaient exigé que tous les ans le prieur allât y dire la messe, le jour de la fête de saint Barnabé. Or, il est évident qu'on ne pouvait plus et surtout qu'on ne devait plus dire la messe dans une chapelle profanée et exposée à l'être continuellement. Il y avait cas de force majeure. La condition imposée par les comtes d'Auvergne ne pouvait pas être remplie. On laissa la chapelle s'abattre sous les efforts du vent, de la pluie et de la neige.

Le Puy-de-Dôme a été rendu célèbre dans les annales de la science par la première expérience sur la pesanteur de l'air qu'y fit M. Périer, d'après les conseils de son beau-frère, Blaise Pascal.

Cette énorme masse se dénude ; des rochers couverts de lichens, comme d'une lèpre, apparaissent là où, dit-on, il y a quelques années, circulait un sentier. La chair a disparu ; il ne lui reste plus que les os. Un gros monsieur suivi d'une jeune dame nous fit connaître un moyen de descendre que je signale aux amateurs. Ils se placèrent sur le bord oriental de la montagne, tenant chacun à la main un sac de grosse toile. Ils s'enfoncèrent dans leur sac jusqu'aux aisselles, malgré la résistance de la crinoline, et nous les vîmes descendre avec rapidité en s'accrochant aux longues herbes, pour ne pas aller trop vite. En quelques minutes ils étaient en bas, sans danger ni fatigue.

Derrière les scories qui forment le petit Puy-de-Dôme, un immense cratère ouvre sa gueule profonde de cent mètres. C'est le Nid de la Poule. La route passe auprès de son ouverture, sur un terrain brûlé, composé de gravier rouge et noir, où le soleil concentre ses rayons comme dans une fournaise. On se croirait dans le royaume du feu ; on est près d'un volcan éteint.

PARIOU.

I.

Nous n'avons que quelques pas à faire pour atteindre la base du cratère le plus parfait et le mieux conservé de tous ceux qui ont vomi de la lave et des matières calcinées. La montagne de Pariou dans laquelle il est creusé se dresse sur le plateau couvert de bruyères, et ressemble à un cône gigantesque dont le sommet aurait été tronqué. Sa large base repose solidement sur le sol; ses flancs, recouverts çà et là de quelques bouquets de brandes ou de genêts, sont unis comme une allée fraîchement ratissée. Nulle route, nul sentier ne sillonne ses pouzzolanes arides, et le pied du touriste sent qu'il foule un terrain qui a conservé quelque chose de son agitation primitive : il glisse sous les pas de l'homme.

Au sommet de la montagne, les grands effets des horizons lointains et brumeux, les chatoiements de la lumière se jouant dans les plaines et dans les vallées, sur les coteaux et sur les cimes, avec les nuances les plus douces et les plus vives, sont splendides ; car les montagnes de l'Auvergne ont un caractère particulier : elles ne sont ni aussi vertes que celles de la Suisse, ni aussi sauvages que les Alpes, ni aussi escarpées que les Pyrénées ; elles sont en général rondes et isolées; elles offrent à l'œil une vaste étendue à parcourir et des aspects qui varient avec chaque puy, avec chaque colline, avec chaque heure du jour. Du haut de ces observatoires naturels, comme du haut d'un phare, on peut suivre les ondulations de la houle bouillonnante qui, surprise par le froid, s'est solidifiée en vagues de lave et de basalte étendues sur le granit. On peut assister par la pensée au déchaînement des tempêtes de feu qui ont surgi en mugissant des entrailles de la terre.

Je me reporte en esprit à l'époque où ce pays n'était qu'un océan de feu, où chacune de ces montagnes vomissait des nuages de flammes et de fumée. Que ce spectacle devait être beau à voir ! Mais aussi, que d'effroi durent éprouver les habitants en sentant le sol trembler et gronder sous leurs pas, en voyant la croûte de la terre s'enfler comme le dos d'un animal monstrueux et lancer dans les airs des matières incandescentes qui inondaient la campagne ! Il y eut des hommes témoins de ces prodiges ! On n'en peut douter : une planche de sapin, grossièrement façonnée avec un instrument tranchant et trouvée profondément ensevelie sous une coulée basaltique, en est la preuve.

Pour moi, parvenu à l'endroit où le sommet de la montagne de Pariou semble coupé par un plan légèrement incliné, je ne peux me soustraire à un sentiment indicible de surprise mêlée d'une sorte de terreur. Je m'attendais à trouver un plateau, et j'ai devant moi un immense cratère de trois cents pieds de profondeur, parfaitement régulier, une véritable coupe antique. Les scories rejetées par cette bouche énorme sont amoncelées en cercle tout autour, comme celles que soulève le formicaléo, et ont formé la montagne. En se refroidissant au centre, elles ont interrompu la communication de la fournaise avec l'extérieur. Des moutons et des vaches paissent dans ce cratère. Une herbe épaisse en couvre le fond. Dans les profondeurs de certains précipices, comme sur les tombeaux, une végétation vigoureuse cache la mort.

II.

Il faut revenir à Clermont. La route est une longue pente de trois lieues. Nous laissons le grand chemin à notre gauche. Nous traversons Orcines ; c'est un village assez propre, dont l'église n'offre rien de remarquable, si ce n'est sa voûte si basse qu'on la prendrait pour celle d'une cave. Nous nous dirigeons vers la vallée de Villars. Il est tard; le soleil penché touche presque le sommet du Puy-de-Dôme; sa lumière a des reflets jaunes. La Limagne doit en être dorée. Nous ne la voyons plus ; mais la chaîne du Forez nous montre encore sur ses épaules une traînée de lueurs fauves qui l'enveloppe comme un épais burnous. Elle couvre son dos et sa tête de ce vêtement sombre, au moment de se plonger dans la nuit.

La vallée de Villars est un escarpement entre deux montagnes. Le village est à la naissance de la gorge, sale, gris, terne, couvert de chaume. Des enfants, des oies, des porcs y barbotent dans de l'eau bourbeuse. On y sent la misère.

C'est par là que les Romains avaient construit le chemin qui les conduisait, en se bifurquant, soit à Limoges, soit à Bordeaux. Nous suivons la voie romaine. Dans quelques endroits elle est encore parfaitement conservée ; dans d'autres, les paysans en ont pris les pierres pour clore leurs champs, préférant patauger dans la boue. Elle descend en tournant, à droite, autour d'une montagne boisée où apparaît brisé l'aqueduc qui, de Fontanat, conduisait les eaux à Clermont; à gauche, elle rampe au pied d'un bloc énorme de basalte qui, à cent cinquante mètres de haut, avance sa tête dans la vallée pour considérer le granit en décomposition sur lequel il repose.

PONTGIBAUD. — LA CHARTREUSE.

I.

La voiture part de Clermont avant le lever du soleil. On y voit à peine. Les montagnes se découpent sur le ciel comme une dentelure de papier noir sur la tapisserie d'un salon. Elles s'éclairent insensiblement ; de pâles rayons les colorent. Les bruyères, trempées de rosée, semblent se réveiller, au sortir d'un bain ; les brouillards de gaze légère, qui enveloppaient la tête des puys pendant la nuit, se dispersent dans l'air. Le soleil paraît ; sa lumière jeune et timide encore pose sur le sommet nu des montagnes et sur la face décharnée des rochers des teintes roses, d'une douceur infinie. Tout ce que ses rayons touchent semble sourire. Ces vieux êtres ridés et cassés eux-mêmes se rajeunissent à sa douce chaleur ; on dirait même qu'ils s'attendrissent.

La route grimpe et tourne pendant près d'une

heure pour gravir un espace escarpé qui, en ligne droite, n'a pas plus de deux kilomètres. Elle se cramponne à toutes les sinuosités, à toutes les dépressions du terrain. Pendant tous ces circuits, le soleil a monté ; sa lumière blanchit le ciel et répand la vie sur la terre et dans l'air. Nous pouvons contempler la Limagne. Elle se transforme sous nos yeux et devient un immense océan. Au contact des premiers rayons du soleil, des vapeurs d'argent surgissent de l'Allier et des couches de rosée répandues dans la plaine ; elles s'agitent à la surface du sol, s'étendent en nappes lumineuses et s'unissent comme pour lutter contre l'astre qui les a fait naître ; elles brillent comme une plaque de métal poli ; puis elles s'affaissent, se fondent ou se dissipent, comme tous les météores. Elles ont joui d'un instant de vie ; elles ont jeté leur éclat ; demain d'autres leur succèderont.

II.

Nous sommes près des puys que nous avons visités hier. A notre gauche le Puy-de-Dôme et Pariou, à notre droite le puy des Goules, le grand Sarcouy dont les flancs portent les traces des larcins que lui font les carriers ; le puy de Côme, un des plus puissants volcans de la chaîne ; le puy Chopine, tout déchiré, tout dénudé, et les autres nous ferment l'horizon. La route s'engage entre Pariou et le puy des Goules, dans une sorte de défilé semblable à l'entrée d'une citadelle. C'est, dit-on, un passage dangereux en hiver. J'avoue qu'en été même il n'est pas réjouissant. On éprouve une sorte de serrement de cœur en se voyant encaissé entre les parois de ces montagnes énormes. On est dans les Goules, c'est-à-dire dans les gueules des montagnes. De l'autre côté, le terrain s'incline ; la pente est douce ; elle suit le bassin de la Sioule.

Après toutes les splendeurs de la lumière éblouissante qui baigne la Limagne ou qui rayonne sur les sommets des puys, ce pays paraît froid et sombre. Les frênes s'y groupent en plus grandes masses ; leurs feuilles ont un vert plus foncé ; la lave que le puy de Côme a vomie y court plus grise et plus violette jusqu'à Pontgibaud ; on y respire l'esprit de retraite et de mélancolie.

III.

Pontgibaud est un bourg ou une petite ville d'un aspect assez agréable. On n'y trouve ni l'élégance des villes, ni la malpropreté de la plupart des villages. On sent qu'il y a dans elle une source de richesse, mais de cette richesse qu'on n'obtient qu'avec peine. Dans ses environs, en effet, se trouvent des mines de plomb argentifère en pleine exploitation. Quand la nature refuse aux hommes la fécondité du sol, elle leur prodigue parfois les trésors qu'elle cache dans son sein, s'ils sont assez courageux pour y descendre, comme autrefois Gygès.

De profondes crevasses conduisent aux mines qui sont situées à une lieue environ de Pontgibaud. A mesure qu'on approche des usines, on est frappé par le mouvement et la vie qui animent ces lieux retirés. On entend les pilons broyer le minerai ; on voit des femmes occupées à le nettoyer, lorsqu'il a été pilé ; on ressent, pour ainsi dire, la chaleur des hauts fourneaux dans lesquels on le fait fondre. C'est la civilisation arrachant aux entrailles de la terre, dans des lieux arides, des principes de fortune et de mort.

IV.

Les bords de la Sioule ont un charme sauvage d'une saveur toute particulière. Cette rivière coule rapide et resserrée entre deux bordures de rochers. Il en résulte des plis et des replis capricieux et fantasques. Si l'on suit son cours, à deux lieues de Pontgibaud, s'ouvre une vallée profonde, semée de roches granitiques. C'est une solitude pittoresque, mais lugubre. Elle a dans son silence et son calme quelque chose de mystérieux et de touchant qui invite à une douce méditation. C'est la Chartreuse du Port Sainte-Marie.

Je comprends qu'au douzième siècle, des religieux aient fondé un couvent en cet endroit. Il en est peu qui soient plus capables de porter à la prière. L'air y est pur ; la vallée est fertile ; la Sioule l'arrose ; des montagnes et des rochers l'entourent. C'était un lieu de repos pour les âmes fatiguées des agitations du monde ou pour celles qu'une inspiration secrète poussait à renoncer, dès la jeunesse, aux joies et aux chagrins de la vie. Il est si doux de n'avoir à songer qu'à Dieu ! C'était là seulement qu'on pouvait trouver le bonheur.

D'ailleurs il n'y a que deux caractères qui se dessinent vigoureusement sur le fond terne du moyen-âge : celui du moine et celui du soldat. L'un, toujours la dague au poing, ne vit que de meurtres et de pillage. Il n'est pas, comme dans les temps modernes, l'instrument de la civilisation, l'agent du progrès ; c'est un agent de destruction, un instrument d'abrutissement. L'autre, enfermé dans son monastère, attire à lui tous ceux qui ont de l'énergie intellectuelle, tous ceux qui aiment Dieu et leurs semblables, et il devient le conservateur des lumières antiques et le propagateur de la civilisation moderne. La foule intelligente se pressait aux portes des monastères.

La Chartreuse du Port Ste-Marie fut fondée par un seigneur nommé Beaufort de St-Quentin. « Ce seigneur, dit Laporte, en chassant dans une forêt voisine de la Sioule, eut une vision : St-Bruno lui apparut et lui ordonna de fonder un monastère dans le lieu même où il se trouvait. Beaufort ne tint aucun compte de cette recommandation. A quelque temps de là, se trouvant encore à la chasse, il eut une nouvelle vision. Il vit très-distinctement plusieurs religieux couverts de l'habit des Chartreux qui se promenaient lentement et avec beaucoup de dévotion dans la forêt. Après cette seconde apparition, Beaufort de St-Quentin ne crut pas devoir retarder plus longtemps la fondation d'un monastère de Chartreux. En conséquence, il donna à l'ordre de St-Bruno le terrain où les moines et le saint lui étaient apparus. A cette donation il ajouta une condition singulière ; il spécifia expressément que si l'un des aînés de sa famille venait à tomber dans l'indigence, le monastère serait tenu de le loger, de le nourrir, de l'habiller et de lui fournir un cheval avec deux chiens lévriers pour aller à la chasse. »

V.

Nous revenons sur nos pas pour rentrer dans Clermont. A plusieurs lieues de nous, sur notre droite, apparaît un château bâti au sommet d'une montagne appelée le puy de St-Gulmier. C'est le château de Bosredon. Georges me fit remarquer qu'il était situé près d'Herment. Herment, m'a-t-il dit, est une petite ville mal construite, située sur les confins de l'Auvergne et de la Marche, à quelque distance du Limousin. Elle a longtemps été soumise aux seigneurs de Bosredon. La famille de Bosredon est une famille distinguée. Plusieurs de ses membres ont été chevaliers de Malte. Louis de Bosredon, que quelques historiens appellent de Bourdon, était, dit-on, le favori de la fameuse et méchante reine, Isabeau de Bavière. Le roi l'en punit sévèrement. Voici comment Juvénal des Ursins raconte le fait :

« Au château du bois de Vincennes, où la reine tenait son état, se faisaient maintes choses déshonnêtes, et y fréquentaient les seigneurs de la Trimouille, de Giac, de Bosredon et autres. Les dames et demoiselles menaient grands et excessifs états et portaient cornes merveilleuses, hautes et larges, que quand elles voulaient passer la porte d'une chambre, il fallait qu'elles se tournassent de côté et se baissassent. La chose déplaisait fort aux gens de bien. » Les modes ridicules des dames de la cour n'étaient pas les plus grands scandales de la cour d'Isabeau, et Armagnac dut révéler au roi, « alors en santé, » des désordres que les historiens contemporains laissent assez comprendre sans les révéler explicitement. Un jour que le roi retournait à Paris vers le soir, après avoir visité la reine au château du bois de Vincennes, « il rencontra messire Louis de Bosredon, chevalier, allant de Paris au bois, lequel, en passant assez près du roi, s'inclina en chevauchant, et passa outre assez légèrement. Toutefois le roi le reconnut, et ordonna au prévôt de Paris, Tanneguy Duchâtel, qu'il allât après lui, le prît et en fit bonne garde. Après, par le commandement du roi, le dit chevalier fut mené au châtelet de Paris, où il fut fort questionné, c'est-à-dire torturé, et, pour aucunes choses qu'il confessa, il fut mis en un sac de cuir et jeté en Seine, sur lequel sac était écrit : **Laissez passer la justice du roi.** La reine fut envoyée à Blois, puis à Tours. »

Le Laboureur assure que ce haut et puissant seigneur, quoique d'une très-ancienne race, était encore plus fameux par ses brigandages. Mais il est vrai que le Laboureur ne dit pas toujours la vérité.

VI.

Le soleil est brûlant ; la côte est rude ; les chevaux suent ; le conducteur grommelle ; les voyageurs causent ou dorment. Je peux compter les puys. Enfin nous arrivons à leur base. Le terrain est plat. Les chevaux se reposent en trottant. Il semble que l'on souffre moins en voyant moins souffrir ces pauvres bêtes qui nous traînent. Nous voici à l'extrémité du plateau. Un cri s'échappe de toutes les bouches : Dieu ! que c'est beau ! En effet, nos regards bornés jusque là par les montagnes, habitués à la couleur sombre des scories, de la lave ou des bruyères, plongent tout d'un coup dans une immensité de lumière où ils distinguent à l'horizon la chaîne du Forez glacée d'un bleu transparent et presque perdue dans le ciel ; au-dessous, la Limagne imprégnée de vapeurs et tachée de villages blancs ; plus près, Clermont au centre de son demi-cercle de montagnes que le ciel semble avoir fait exprès pour elle !

Un de mes amis, chef de musique dans un régiment de dragons, m'a raconté le fait suivant qui donne une idée de la beauté du tableau. Lorsque son régiment, venant du midi, de Mont-de-Marsan, pour tenir garnison à Clermont, se trouva au milieu de la chaîne des dômes, l'aspect sombre et monotone des montagnes jeta dans la tristesse officiers et soldats ; mais lorsqu'ils arrivèrent au point où nous sommes dans ce moment, des hourras immenses sortirent de toutes les poitrines, comme le cri des Dix-Mille à la vue de la mer, et ses musiciens se tournant vers lui : « Chef, dirent-ils, une fanfare ! » Et aussitôt ils firent entendre une fanfare pour fêter le plaisir que leur causait le magnifique spectacle qu'ils avaient sous les yeux. Ils étaient artistes ; ils saluaient la nature en artistes.

VOLVIC. — TOURNOËL.

I.

Hier, c'était jour de pluie. Triste jour à Clermont ! Pas une galerie, pas un lieu couvert pour s'y promener. On s'entasse dans les cafés. On s'ennuie. Aujourd'hui, c'est jour de soleil. Les montagnes ont repris leur air de fête; elles ne sont plus léchées par ces nuages importuns qui, dans leurs embrassements, s'accrochaient à elles et pendillaient jusque dans les vallées; nous partons.

A une lieue à peu près de Clermont, au nord, entre deux monts, ainsi qu'entre deux falaises, s'ouvre une gorge d'où sortent en bouillonnant des eaux magnifiques. Autour d'elles un village gris, malpropre, un vrai village auvergnat, s'est assis; c'est Nohannent. Ces eaux sont reçues dans de vastes bassins dont chaque pierre est occupée par une femme qui tourne, retourne, bat et secoue du linge. Les langues vont aussi vite que les mains et ne cessent qu'avec le dernier coup de battoir ; mais le paquet est gros : tout Clermont se fait laver là.

Les sources sont curieuses à cause de leur abondance. Ici encore des gamins nous suivent. Il paraît que c'est un genre d'industrie :

— Un petit sou, Messieurs, pour les sources!

Nous leur mettons un sou dans la main.

— Pour vous avoir accompagné aux sources, Messieurs, un petit sou.

Il était trop bien gagné; nous le leur donnons.

— Un petit sou, Messieurs, pour le verre d'eau que vous avez bu aux sources.

Je crois qu'ils nous prenaient pour une source de sous.

II.

La route monte et tourne, en passant devant une sorte de vieux castel, d'autres diraient de colombier. C'était sans doute la retraite de quelque gentillâtre de campagne, de quelque petit hobereau. Placé sur une faible éminence, il n'offre ni la situation ni l'aspect de ces repaires de vautours suspendus aux flancs des hauts rochers. On voit qu'il s'est fait bien petit pour ne pas attirer la jalousie de ses puissants voisins. Sa mine est modeste et sa vue bornée : d'un côté des montagnes élevées, de l'autre un plateau.

Vers le nord, il domine une petite vallée qui s'étend comme un cirque entouré de sommets granitiques auxquels se mêlent quelques coulées de lave.

Ce cirque est d'un effet délicieux. On y sent le bien-être. Les montagnes brusquement et verticalement taillées sont un rempart qui met à l'abri des vents violents de l'ouest et la chaleur du soleil adoucit la rigueur de ceux qui viennent du nord-est. Les arbres qui y abondent prodiguent leur ombrage et indiquent à l'homme que sa place devrait être parmi eux s'il aime la verdure, le soleil et l'eau; mais l'homme, qui calcule, laisse aux prés, aux arbres, aux moissons, le soleil, la verdure et l'eau, et il asseoit sa maison sur le roc aride où nous l'avons vue exposée aux vents froids, aux orages et aux neiges.

III

Sur le sommet d'une montagne, dominant la plaine, se dresse une statue colossale de la Vierge. Elle nous annonce Volvic. C'est l'œuvre des jeunes artistes qui y travaillent la lave d'un gris violacé exploitée dans les environs. Le village est sur la pente de la montagne, presque au pied. Il paraît propre. Il est peuplé par les ouvriers des carrières et par les élèves de l'école d'architecture. Une école d'architecture dans un village ! Rien de plus vrai pourtant ; et elle produit d'assez bons résultats, surtout si l'on tient compte de la difficulté que présente au ciseau cette lave presque aussi dure que le marbre. Néanmoins, j'y ai vu, à la mairie, dans une sorte de musée, des œuvres fort remarquables.

A quelque distance de Volvic, dans le puy de la Nugère, s'enfoncent les carrières dont les pierres ont bâti Clermont, Riom et presque toutes les villes du département, et que nous avons même foulées aux pieds sur certains trottoirs de Paris, sans nous douter de leur origine. Des hommes plongés dans des trous les coupent lentement ; puis ils les sortent avec une peine infinie et les posent sur un char solide que deux misérables vaches doivent traîner à leur destination.

Entre le puy de la Nugère et celui de la Bagnère sur lequel s'élève la statue de la Vierge, une vaste étendue de terrain est couverte de pierres bouleversées, entassées, formant des élévations ou des creux. On dirait que la main de l'homme a passé par là. C'est une cheire, comme il y en a beaucoup sur le plateau primitif. C'est un lieu où la lave a bouillonné à la surface du sol, sans faire irruption, sans lancer de coulée, et s'est subitement refroidie en s'affaissant.

Malgré un soleil de plomb, nous franchissons le puy de la Bagnère composé de scories volcaniques, et, du versant septentrional, nous voyons à nos pieds, sur un mamelon, les ruines imposantes du château de Tournoël.

IV.

Le château de Tournoël est bâti sur une petite montagne isolée de tous côtés, dans un pays désolé, qui ne présente aux regards que des sommets dépouillés, des gorges nues et des rochers, excepté du côté de la Limagne où la richesse de la végétation se pare des plus brillantes couleurs. Tournoël n'est plus qu'une ruine, mais une ruine qui donne une idée parfaite de ce qu'était autrefois cette forteresse. A droite, à l'extérieur, on voit une **tour moderne**; c'est une tour à bossages du temps de François Ier. Elle est séparée du château dont la porte s'ouvre sous la main d'un paysan. Nous passons à l'endroit où était la herse et nous arrivons au vestibule qui donne sur le préau. Nous sommes entourés de ruines; les oubliettes seules sont parfaitement conservées. Nous traversons de vastes salles, puis un oratoire silencieux où se montrent encore quelques traces de fresques, et nous arrivons au sommet du donjon d'où la vue s'étend au loin. Debout sur ces restes d'une époque bouillonnante, nous ressemblons à l'aigle commun que nous voyons, en face de nous, perché sur un rocher de lave vomie par le feu de la terre. Lui aussi, il repose sur des ruines. Comme cet aigle, les anciens habitants de ce château formidable fondaient du haut de leur aire sauvage sur les villages, les bourgs et les villes mêmes des environs. C'était la manière de se procurer des vivres usitée dans ces longs siècles de transition que l'on appelle le moyen-âge, où la force remplaçait le droit. L'homme dont la civilisation n'a pas adouci les mœurs conserve quelque chose de la bête féroce. Il est naturellement méchant. Il ne connaît qu'une propriété, celle du plus fort. Sa nature a besoin d'être corrigée par l'éducation.

Réparé, après tous les ravages dont il a été victime, le château de Tournoël a définitivement succombé, comme tant d'autres, sous les efforts de la bande noire organisée par la révolution de 93. On n'en a laissé subsister que juste assez pour nous rappeler la barbarie de nos ancêtres.

V.

Au pied de Tournoël, dans la plaine, au milieu d'un massif de verdure, luisent au soleil les toits d'ardoises d'un énorme cube de maçonnerie. Cela s'appelle un château moderne. Je ne louerai pas le goût moderne. Heureusement pour lui qu'il n'est pas tout entier dans ce lourd échantillon !

Un tube de zinc porte, à travers les airs, l'eau fraîche de la montagne au château. L'idée est très-heureuse, surtout pour avoir de l'eau chaude en été.

A quelques pas du château moderne, la montagne forme un angle droit rentrant. Nous sommes en face d'une haute muraille de rochers qui nous ferme la route et nous arrête. Nous sommes au bout du monde, à Enval. La route des voitures et des chars tourne à droite, du côté de Riom. C'est à pied qu'il faut escalader les obstacles. La masse qui se dresse devant nous est une immense coulée de lave compacte, mêlée de granit et de porphyre. Les rochers s'entassent à une hauteur considérable, sous toutes les formes imaginables. Rien ne les recouvre ; ils présentent nues leurs molécules grises et s'harmonisent avec les hautes herbes qui croissent auprès d'eux. L'eau la plus limpide tombe des cimes élevées ou roule comme un torrent et va arroser la forêt d'arbres fruitiers plantés autour du village qui se cramponne aux flancs de la montagne et des rochers. Nulle part on ne peut voir une opposition plus saisissante. D'un côté, des roches arides, sauvages, désertes, qui attestent l'existence d'une révolution épouvantable dans le globe ; de l'autre, la fécondité la plus luxuriante, une petite image du Paradis-terrestre.

VI.

Au sommet des rochers d'Enval, le plateau s'étend presque uniformément jusqu'à Châtelguyon. Voilà un nom qui indique un village bâti autour d'un château. Je regarde, je cherche le château. Le village seul a survécu. Une croix plantée au sommet de la butte où s'élevait le château marque, comme les croix des cimetières, le lieu où ses restes, à peine visibles, reposent.

Des étrangers, des buveurs d'eau peuplent le village. Ils sont pressés ; ils ne marchent pas, ils courent; on les dirait très-affairés ; c'est que les eaux de Châtelguyon ont remplacé pour eux la limonade Roger. On les voit réunis autour du puits d'où s'échappent des eaux rougeâtres, ou bien ils se perdent sous les arbres qui bordent le ruisseau. Chacun court après la santé.

LAC DE TAZENAT.

I.

De Châtelguyon le regard est séduit par le château de Chazeron qui, placé sur un des points culminants du plateau et isolé de toutes parts, ressemble à une sentinelle perdue loin du camp. C'est vers lui que nous dirigeons nos pas. Comme ces immenses reptiles de l'Amérique, il nous fascine et nous attire vers lui en ligne directe. Un instant cependant il disparaît derrière un délicieux bois de pins et de chênes où la végétation de la plaine s'est fourvoyée dans la montagne. Mais il se montre bientôt subitement avec son véritable caractère. La grille en fer de la porte principale nous permet d'en apprécier l'ensemble. Vu de loin, il présentait l'aspect d'un vieux reste de la féodalité; voisin de Tournoël, on aurait pu croire qu'il datait de la même époque; mais de près, l'erreur disparaît. De chaque côté d'un vaste préau s'allongent deux bâtiments qui rappellent le siècle de Louis XV, et, au fond, devant un perron qui forme un cintre rentrant et où s'ouvre une porte surmontée des armes du seigneur actuel, une double rampe conduit à une sorte de galerie semblable au jubé d'une église, d'où l'on pénètre dans les appartements du premier étage; d'ailleurs point de style, à proprement parler; point d'architecture; pas la moindre sculpture. A l'intérieur on montre encore les oubliettes qui le reportent à une époque reculée. Nous en faisons le tour et nous nous trouvons en face de trois tourelles fort anciennes qui cachent leur antiquité et peut-être leurs méfaits derrière les constructions plus récentes.

II.

A partir de Chazeron la route suit le mouvement du plateau. Tantôt elle serre, comme une ceinture de poussière, le flanc des collines nues et déchiquetées, tantôt elle traverse des champs de seigle maigre et frêle qui ondule devant elle comme une mer agitée dont il reproduit les effets; tantôt enfin elle va baigner ses pieds desséchés dans l'eau fraîche d'un ruisseau.

Cependant nous ne sommes pas loin du dernier puy de la chaîne. Il paraît plus modeste que ses frères et ne lève pas si haut qu'eux sa tête qu'il arrondit gracieusement. Le sentier qui nous y mène est bordé de houx. Sombre, comme ces lieux déserts qu'il habite et où de rares hameaux se montrent timidement de distance en distance, le houx n'est pas ici un arbrisseau nain, c'est un arbre véritable qui atteint la hauteur des frênes et des chênes des montagnes. Sa couleur d'un vert foncé, presque noire, est peu réjouissante; les épines qui terminent la dentelure de ses feuilles en défendent l'approche. Le soleil ne pénètre jamais dans les ténèbres de son épais feuillage. Quelques rares baies rouges seulement indiquent que ce n'est pas tout-à-fait un arbre de deuil. La nature l'a formé pour le climat où il croît. L'hiver, quand la route a disparu, et que le sol repose sous plusieurs mètres de neige, ces hautes pyramides de feuilles noires montrent au voyageur la ligne qu'il doit suivre. Néanmoins il doit y avoir alors quelque chose d'attristant dans le contraste de cet arbre et de la neige, comme dans celui des couleurs qui composent le drap mortuaire.

Nous avons quitté la route des voitures; un étroit sentier nous offre un passage; nous y entrons en emboîtant le pas, l'un à la suite de l'autre. La vue est resserrée : à droite cinq ou six épis de seigle; à gauche des rochers granitiques en décomposition, dont le gravier se détache et tombe sur nos têtes; en face la nuque, les épaules et l'habit de celui qui nous précède : voilà tout.

Un peu plus loin, le sol tout couvert de cristaux de mica, d'améthistes et de quartz étincelle sous nos pieds, comme un champ de diamants. C'est sans doute l'écrin de quelque capricieuse fée que notre approche a fait fuir, sans lui laisser le temps de nous dérober ses richesses.

Nous les dédaignons et nous gravissons lentement, péniblement, sous le feu d'un soleil de midi, une côte sèche, aride, brûlante. Deux pas encore et nous sommes en face du tableau le plus gracieux, le plus **calme** et aussi le plus imposant qu'il soit possible d'imaginer ; nous avons devant nous le lac, le gouffre de Tazenat, ou comme on dit dans le pays, **nous sommes au goure.**

Une vaste nappe d'eau circulaire étale son tapis d'outremer pur au fond d'un bassin déprimé d'un côté. L'onde sourit à la brise qui la caresse et témoigne sa joie en faisant entendre sur ses bords un petit clapotement d'aise. Elle semble en proie à une **agitation** fébrile, elle va, vient, se trémousse, lèche les herbes qui baignent leurs pieds dans ses flots et reçoit avec un empressement maternel l'eau d'un petit ruisseau qui court en gazouillant se perdre dans son sein. Mais ses faveurs les plus délicates sont pour de superbes myosotis qui passent tout leur temps à se contempler, à s'abîmer en eux-mêmes. Elle leur offre la glace pour qu'ils s'y regardent, elle les entoure, les nourrit, les rafraîchit et ne les abandonne que pour revenir leur témoigner encore plus de sollicitude. Ils sont si beaux avec leur corolle plus large que celle des myosotis ordinaires, avec leurs pétales bleus, moins bleus cependant que l'onde du lac, avec leur œil blanc et jaune qui garde si bien le souvenir de ce qu'il a vu, avec leurs longues tiges et leurs épaisses feuilles! Ils vivent là si bien en famille! Fleur du souvenir, je ne t'oublierai jamais!

Ce lac est un immense cratère de volcan rempli d'eau, à une profondeur considérable; sa forme, celle d'une colossale circonférence. D'un côté ses bords s'affaissent et sont aussi bas que la campagne; mais ils se relèvent bientôt peu à peu et se recouvrent de la plus séduisante verdure. Des essences de toutes sortes y entremêlent leurs feuilles; le mélèze étend sur le chêne les aiguilles vertes et rares de ses branches, le pin maritime dresse sa flèche à côté des bras tordus du frêne; le faux ébénier couvre de ses feuilles larges et dentelées les arbrisseaux du voisinage. De l'autre côté, les flancs du gouffre rond brusquement soulevés saignent encore; des écorchures, plus profondes que les autres, semblent une plaie nouvelle dans cette plaie immense qui prend la moitié de la circonférence, et s'élève à plus de cent mètres au-dessus de l'eau.

Quelques masses de rochers granitiques, altérés par le feu, qui avancent leur pied dans le lac en se précipitant les uns sur les autres et en menaçant d'entraîner avec eux l'audacieux qui toucherait leur tête, paraissent servir de contreforts à ces pouzzolanes nues et arides comme ces lieux où, selon la légende, le diable a posé sa corne fourchue.

Le gouffre de Tazenat a aussi sa légende dans le pays.

A une époque très-reculée, un village florissant s'élevait en ce lieu, au pied de la montagne de scories qui ferme aujourd'hui un des côtés du lac. Les habitants riches et fiers s'abandonnaient à une vie de plaisirs et de débauches et oubliaient ce qu'ils devaient au Créateur. Un matin le village avait disparu, la terre s'était enfoncée, et les voisins tout surpris voyaient un lac à la place des maisons. La preuve, c'est que l'on a trouvé au fond du gouffre un chaudron et des sabots.

Quoi qu'il en soit de ce récit, le fait n'aurait rien de surprenant. Dans un pays de volcans, le sol est miné dans bien des endroits; la croûte terrestre en se refroidissant a dû former bien des cavités. Il n'y aurait donc rien d'étonnant que la terre, à un moment donné, s'affaissât pour combler le vide, comme une cave dont la voûte s'effondre.

La surface du lac était calme et unie, « ainsi qu'aux plus beaux jours; » néanmoins un jeune homme, qui nous servait de guide, nous affirmait que, malgré les apparences, il y avait, au centre, un tourbillon capable d'abîmer une barque qui se laisserait aller dans sa sphère d'action. « Si le moindre vent s'élevait, disait-il, vous verriez comme les eaux tourbillonneraient et formeraient l'entonnoir. Pas un villageois ne se risquerait alors sur le gouffre. Il paraît parfaitement tranquille dans le moment; mais lancez une planche vers le milieu, si la brise la plus légère la conduit au centre, vous la verrez subitement disparaître pour ne se montrer que fort loin de là. J'en ai fait vingt fois l'expérience. » Devant une affirmation si positive, nous regrettâmes de n'avoir pas un petit morceau de bois sec à notre service ; mais il n'y avait sur les bords du lac qu'un bateau encore plongé sous les eaux, par les pluies de l'hiver sans doute. Il était trop neuf pour que nous pussions lui dérober un de ses bordages. Cette superstition de notre guide, affirmée avec tant d'assurance, malgré l'évidence du contraire, n'est malheureusement que trop commune dans certains esprits incapables de discerner le vrai du faux. Le besoin de croire leur fait accepter tout ce qui leur est offert, comme l'homme affamé, pourvu que l'objet qu'on leur présente ressemble à une nourriture quelconque.

« Ne soyez pas surpris de cela, me dit Henri, les paysans, les esprits peu cultivés ou faibles croient tout ce qui leur est raconté avec aplomb. C'est imprimé, disent-ils quelquefois, lorsqu'on leur conteste la vérité de leurs assertions, comme si le caractère de l'impression était un cachet de vérité. Soutenez-leur que vous avez vu la lune se précipiter dans leur lac, s'y rouler, s'y baigner et remonter aux cieux, ils ajouteront foi à vos paroles. La croyance est l'état naturel de l'âme. »

III.

Au sommet des scories qui couronnent le lac passe une route qui va nous ramener à Riom en côtoyant le puy de Saint-Bonnet dont la tête est couverte par la chevelure épaisse d'un bois touffu. Quelques masures, accolées les unes aux autres, sans ordre, par le caprice du hasard, nous apparaissent dans un trou enveloppées d'une ceinture d'arbres verts : c'est un village. Les toits de chaume s'élèvent en pointes vers le ciel et descendent jusqu'au sol, à droite et à gauche de chaque habitation. Dans l'intérieur, la terre nue supporte une table, un banc boiteux et quelques ustensiles de ménage ; le lit de la famille est placé dans l'étable, au milieu de trois ou quatre vaches qui nourrissent leurs maîtres de leur lait et les réchauffent de leur chaleur.

Des hommes sont debout au soleil, le long de leurs maisons. Ils sont inoccupés, ennuyés ; la journée du dimanche leur paraît longue. On les dirait en uniforme ; ils sont tous vêtus de gros drap bleu ; leurs vestes ont toutes été coupées sur le même patron ; leurs larges chapeaux noirs retombent tous également sur leurs yeux. Types vivants de la persistance des races et des coutumes ! Depuis plus de mille ans, rien n'a été changé ni dans leurs costumes, ni dans leurs demeures.

Les femmes sont groupées sur le bord du chemin. Elles causent ; leurs voix s'élèvent ; elles ont beaucoup de choses à se dire. Leur coiffure est d'une excessive simplicité : c'est un morceau de toile blanche jeté sur le devant de la tête et relevé au sommet en laissant à découvert le chignon. Les couleurs rouge et bleue dominent dans les robes et les tabliers.

Elles sont assises auprès d'un arbre énorme dont le tronc mesure plus de six mètres de circonférence. Magnifique tilleul, que de générations il a abritées sous ses branches ! A quelle date remonte-t-il, ce vétéran des montagnes ? Nul ne le sait. Chacun passe, admire et s'en va, préoccupé de questions bien autrement intéressantes, sans doute.

IV.

Sur une vaste pelouse qui se penche au bord d'un côteau, cinq petits garçons déguenillés, crottés et malpropres jouent, assis en rond, et se renvoient un bâton. Ils paraissent heureux. Il y a autant de bêtes que de petits garçons ; seulement les bêtes sont plus propres ; leur poil est lisse, leur museau rose ; leurs pattes ne foulent que le sable fin ou l'herbe sèche ; leur groin en s'allongeant ne rencontre pas un hideux bourbier ; une eau fraîche et limpide les désaltère et les lave. Elles rôdent autour des enfants en poussant un petit grognement de plaisir ; leur œil moqueur se ferme à demi et leur queue frétille d'aise. Lesquels sont donc les plus heureux ? ces enfants barbouillés et dégoûtants, ou ces gentils petits cochons moitié noirs moitié blancs ? Je suis tenté de croire que ce sont les derniers, tant ils mettent de volupté à humer l'air pur et à digérer.

Un peu plus loin, trois petites filles, une baguette à la main, sont debout et causent ou du moins en ont l'air. Leur coiffure est propre et leur robe, attachée par derrière à la ceinture, est cachée par devant sous un étroit tablier rouge. Elles tiennent compagnie à une troupe d'oies plutôt qu'elles ne les gardent ; car tout est pêle-mêle, oiseaux et petites filles.

Je n'ai jamais pu voir des oies réunies sans penser que nous les calomnions, les pauvres bêtes, en prenant leur nom comme terme d'une métaphore injurieuse. Je suis sûr qu'en elles-mêmes elles nous le rendent bien, si elles daignent s'occuper de nous.

Voyez avec quelle gravité majestueuse elles s'avancent. Elles se garderaient bien de courir ou même de hâter leur marche. La nécessité d'échapper à un ennemi assez audacieux pour ne pas reculer devant leur regard de mépris courroucé peut seul les contraindre à précipiter leurs pas. Elles font cercle autour de la plus habile parleuse, comme, dans les temps de révolution, la foule entoure les tribuns, ou comme, chez nos bons voisins d'Outre-Manche, le peuple calme et froid se presse autour d'un orateur de meeting. En attendant que le discours soit commencé, les têtes se cherchent, les yeux se parlent, quelques voix même se font entendre. En vain quelque jeune écervelé trouble étourdiment la grave assemblée, l'orateur prend la parole ; parfois il parle si bas qu'on pourrait bien croire, sans se tromper, qu'il ne dit rien. Néanmoins tout le monde écoute. Bientôt les queues s'agitent, les ailes battent des mains, et l'assemblée entière, se dressant sur ses palmes, pousse des hourras frénétiques aussi peu harmonieux que les vivats de la foule ou que le cri de la lime sur la scie. Combien y a-t-il d'orateurs, je dis des plus éloquents, qui puissent se flatter d'un pareil triomphe !

Nous passons ; nos pas ont dérangé cette réunion de matrones. Aussitôt tous les cous s'allongent vers nous, tous les becs s'ouvrent pour nous menacer. La situation est critique ; nous tremblons pour nos yeux ; que va-t-il sortir de là ? quelque sifflement étouffé, comme celui qu'un public indulgent lance à l'acteur qui n'est pas dans son rôle. O bienheureuse assemblée, paissez et pérorez longtemps sans être gênées ; c'est pour avoir soin de vous que Dieu a créé l'homme !

V.

Il faut descendre du plateau dans la plaine. Un sentier ou plutôt un escalier, taillé dans la montagne par les pieds des villageois et les eaux du ciel, est le seul chemin qui nous soit offert. Il est rapide comme une échelle dressée le long d'une muraille et aboutit à un ruisseau qui roule et gronde au-dessous de nous. A sa droite, une épaisse forêt de pins, dans laquelle l'œil ne peut pénétrer, dresse ses flèches d'un vert sombre aussi pressées que les baïonnettes d'une armée qui forme le bataillon carré ; elle s'échelonne du haut de la montagne jusqu'au ruisseau pour en défendre en quelque sorte l'approche ; à sa gauche, près de nous, la gorge abaisse brusquement son tapis de genêts en fleurs que tachent des roches granitiques, recouvertes de lichens et de mousses noirâtres, comme d'un vêtement de deuil. Les colosses avancent leurs têtes gigantesques et regardent avec calme les autres roches, leurs sœurs, écrasées au fond du torrent. Le ruisseau les tient subjuguées dans ses replis; il se tord autour d'elles; il les couvre de son écume; il bondit sur elles et, ne pouvant les anéantir d'un seul coup, il les use peu à peu : il a le temps pour auxiliaire.

L'eau sort bientôt de la gorge ; et, n'ayant plus à lutter, elle devient plus calme, à mesure qu'elle s'engage sous les épais noyers de la plaine. Elle est si fraîche, si limpide, que, la prenant pour guide, nous suivons les gracieux caprices de son cours qui, à travers la verdure et l'ombrage, nous conduit en peu de temps à Riom.

CHATEAU-GAY.

I.

Lorsqu'on va de Riom à Clermont, on voit, à quelque distance du chemin de fer, sur le sommet des premières montagnes, un château noir dont les tours dominent la vallée. Un village l'entoure et se repose sous sa garde. Tout cet ensemble s'appelle Château-Gay.

La tour principale, énorme masse carrée, en pierres de taille, qui s'élève à plus de cent pieds de haut, est intacte. N'était sa couleur noire, on dirait qu'elle vient d'être bâtie. Le regard se fatigue à contempler les machicoulis qui couronnent son faîte. L'enceinte est flanquée de petites tours rondes un peu délabrées. Des maisons de paysans se sont élevées dans la cour : le village a envahi le château. L'église s'est adossée aux tourelles : la paix s'est assise à côté de la guerre.

En voyant ces hautes tours menaçantes, on reconnaît que l'on a sous les yeux un allié de Tournoël. N'a-t-il pas en effet appartenu au fameux sire de Giac qui joua un assez vilain rôle dans l'affaire du pont de Montereau, et dont le fils avait épousé Alix de la Tournoël?

La route qui conduit de Château-Gay à Clermont est bordée d'églantiers et de chèvre-feuilles ; l'air doit en être embaumé au printemps.

Au sommet d'une côte, trois ombres montent du sol et se dressent sur un ciel blanc. Nous voyons d'abord de longs tubes semblables aux tours qui chargent la tête de Cybèle, dans les allégories antiques ; puis la tête apparaît ; enfin le corps tout entier se montre. L'illusion est complète. Ce sont trois Cybèles. Et l'antiquité n'en admettait qu'une ! Nous voilà plus riches qu'elle. L'une des trois tient à la main le fer d'une arme terrible, une faux. Elles approchent : ce sont trois jeunes montagnardes qui viennent de vendre du lait à la ville. Leur pot-au-lait cylindrique, en fer-blanc,

> Bien posé sur un coussinet,

donnait un air fantastique à toute leur personne que le soleil éclairait par derrière, tandis que des ombres chaudement étendues rendaient indistinct le devant.

Pour quelques sous elles avaient fait plusieurs lieues ! Elles les avaient faites hier ; elles les feront demain, et après-demain, et toujours, tant qu'elles ne seront pas retenues chez elles par les besoins impérieux de la maternité, et alors d'autres les remplaceront.

Il faut voir comme cet exercice leur donne de la vie ! Elles sont solides comme les rocs sur lesquels elles posent le pied. La marche, l'air fortifiant des montagnes, le lait de leurs vaches, voilà les douceurs qu'elles se passent. Elles ne connaissent ni friandises, ni sucreries. Couchées un peu après le soleil, elles sont aussi matinales que lui. Aussi un sang noir et vigoureux rougit leur peau et en fait jaillir la santé. Les maladies leur sont presque inconnues ; surtout elles ignorent complètement les défaillances d'estomac, les migraines, les vapeurs, les maux de nerfs, cette lassitude constante, ce dégoût de tout, qui font des femmes d'un certain monde, dans les villes, des coffre-forts sans cesse ouverts aux mains du médecin.

GERGOVIA.

I.

La chaîne de montagnes qui s'étend à la droite de Clermont, lorsque, de la ville, on regarde la Limagne, forme le pendant de Champturgue, et se termine par le plateau de Gergovia. De loin, on dirait que toutes ces montagnes n'en font qu'une ; mais de près on s'aperçoit que leur chaîne est coupée en plusieurs endroits et que quelques-unes sont complètement séparées des autres.

Parmi elles, au sommet d'un cône pointu, isolé et nu, je crois voir deux statues gigantesques qui se dessinent parfaitement sur le bleu clair du ciel. Il me semble que l'une est à genoux et que l'autre, drapée à l'antique, étend le bras droit comme pour commander ou punir. Illusion! A mesure que j'approche, les statues disparaissent et je distingue les restes de deux tours à demi-détruites ; j'ai sous les yeux les ruines du château de Montrognon, élevé à la fin du XIIe siècle par Robert, premier dauphin d'Auvergne, et renversé par les ordres de Richelieu.

La route qui conduit à la montagne de Gergovia passe à côté du village de Beaumont, bâti sur une coulée de lave sortie du volcan de Gravenoire dont la masse brune et verte domine la vallée, à ma droite ; puis elle descend sur le bord d'un ruisseau, côtoie de fraîches prairies, de riches vergers, et remonte au village de Romagnat. Vue de ce lieu, la montagne de Gergovia, séparée des collines qui s'y joignent, affecte la forme d'un de ces tas de pierres réguliers qu'on rencontre sur les grands chemins. Seulement elle a plus de deux cents mètres de haut, quinze à seize cents de long et six cents de larges. Sa surface est un immense quadrilatère à angles arrondis. Les voitures contournent, pour y arriver, des collines en pentes douces, sur le dos desquelles la prévision d'une visite impériale a fait tracer une route, et déposent au sommet de la montagne le voyageur surpris d'y être arrivé sans difficultés. Le terrain qui s'étale à ses pieds, dans sa robe de verdure, ondule et se plie, et ses plis font ressortir les plans variés de l'horizon.

La montagne de Gergovia est un amas énorme de scories, de lave et de basalte mêlés à du calcaire qui forme en quelque sorte le support des déjections volcaniques. Quelques longues taches blanches ressemblent à des déchirures. Les eaux, en s'infiltrant dans la montagne, laissent percer par cet ulcère leurs sels de chaux. J'étais assis un jour à mi-côte près d'une de ces crevasses. L'herbe était rare autour de moi ; néanmoins, sur ce sol crayeux, la gracieuse campanule à feuilles rondes et l'élégant œillet sauvage frissonnaient au contact du vent et s'inclinaient sur leur tige grêle. Fleurs délicates, elles souriaient à la brise et au soleil et vivaient sans s'occuper du lendemain ; une molécule de terre leur suffisait. J'examinais un bloc de cristaux que le hasard avait jeté sous ma main. Tout-à-coup j'entends descendre à grands pas au-dessus de ma tête, et je vois un petit monsieur à favoris blanchissants, le dos couvert d'une gibecière. Il regarde ce que je tenais : « Magnifique échantillon, s'écrie-t-il, superbe aragonite, rare en ces lieux ; les cristaux convergent et forment des pyramides, dans l'espace d'air concentré que les matières calcaires ont laissé libre. C'est très-bien, monsieur, on voit que vous vous y connaissez.

— Mais, non, Monsieur.

— De la modestie ! encore mieux. Cherchez bien et vous trouverez ici des boules de basalte à couches concentriques, des filons de calcédoine, du quartz, des travertins de grès, des pépérites et des fossiles d'animaux et de végétaux ; car, voyez-vous, on trouve tout réuni sur ce plateau, Rome et la Gaule,

César et Vercingétorix, le calcaire et la lave ! Vous faites sans doute une collection ? Je reconnais cela au sujet que vous avez choisi.

— Pas du tout.
— Qu'en voulez-vous donc faire ?
— Rien.
— Pourquoi l'avez-vous ramassé ?
— Parce que je l'ai trouvé curieux. »

Là-dessus, mon petit homme pirouetta, enfonça son bâton ferré dans le flanc de la montagne et disparut.

« Quelle belle chose que l'érudition ! disais-je à Henri, en lui racontant l'aventure. »

« Oui, reprit-il, l'érudition est une belle chose quand elle n'est pas pédante, comme dit Sand. Seule, dans un esprit étroit, elle est ridicule ; unie, dans une haute intelligence, an sentiment de l'art, elle élève l'homme au-dessus de ses semblables, et en fait presque un demi-Dieu. »

II.

J'ai parcouru plusieurs fois Gergovia et ses environs en compagnie de Georges. Nous avons discuté ensemble toutes les opinions émises sur la situation des camps de César. Nous avons expliqué et commenté sur les lieux les Commentaires du général romain, et il nous est resté la conviction que **le résultat de nos recherches nous avait conduits à la vérité.** En voici le résumé :

Les pauvres hommes sont surpris de ne pouvoir pas s'entendre sur leurs idées, et ils ne peuvent pas même se mettre d'accord sur des faits matériels, sensibles, dont ils ont été les témoins. On a prétendu que le plateau de Gergovia n'avait jamais porté une ville, dans l'acception exacte du mot, mais simplement un camp retranché, une forteresse de salut, dans laquelle les habitants de la plaine se retiraient lorsqu'ils étaient menacés de quelque danger pressant. Je ne sache pas qu'il ait jamais existé de forteresse de cette espèce, abandonnée en temps de paix et habitée seulement en temps de guerre. Ceux qui soutiennent cette opinion oublient que la tendance des premiers hommes a toujours été d'habiter les hauts lieux. Chez les Grecs, chez les Romains, en Orient, partout où l'on a quelque ennemi à craindre, les villes sont placées sur les montagnes ou sur les rochers ; les mots d'acropoles et d'*arces* ne signifient pas autre chose. Ce sont les capitales voluptueuses, les villes modernes qui se sont bâties dans les plaines et sur le bord des fleuves.

D'ailleurs on n'élève pas des maisons, on ne creuse pas des caves dans un camp retranché. Or, les fouilles exécutées en 1765 ont fait découvrir « de larges pavés de lave, un escalier à vis, un puits de quatre mètres creusé dans le basalte, une vaste cave, des débris de statues, des chevilles de fer, des fers de lances, des fragments de bronze, des ustensiles domestiques, des poteries en terre rouge, des médailles gauloises en or, en argent et en bronze; enfin des flèches et des framées en silex. » Depuis lors, ce vaste emplacement a été livré à la culture; mais la nouvelle que Sa Majesté l'Empereur Napoléon III daignerait visiter le lieu où la fortune de César subit un échec, a fait reprendre, cette année, les fouilles avec une nouvelle ardeur. J'ai vu, mises à nu, les fondations du mur d'enceinte qui enveloppait la ville et celles de plusieurs maisons. La pioche des travailleurs a même fait paraître à mes yeux le pavé en mosaïque blanche et grise d'un appartement de luxe, tandis que, tout à côté, des ouvriers déblayaient la voûte d'une cave. Sous les clôtures des champs, on retrouve des restes d'édifices, et le plateau tout entier est entouré d'un amas énorme de pierres plates qui ont dû servir à des constructions.

Une autre raison qui, à mon avis, est bien forte, se tire du texte même de César, que l'on n'accusera pas d'ignorer sa langue. Cet écrivain donne à Gergovia le nom de ville : « *perspecto urbis situ ;* » telles sont ses expressions. S'il eût voulu parler d'un camp retranché, il est évident qu'il n'aurait pas employé le mot *urbis;* mais c'était une ville forte ; c'est pour cela qu'il se sert ailleurs du mot *oppidum*. Gergovia était donc une ville ; on n'en peut pas douter.

La montagne de Gergovia est escarpée de toutes parts. Les abords en sont très-difficiles, excepté peut-être du côté du Sud, où la pente est moins raide ; au Sud-Ouest, elle est unie à des collines dont j'aurai à parler tout à l'heure. Au milieu, du côté qui regarde le Sud, elle s'affaisse légèrement et s'incline comme pour permettre aux habitants de descendre dans la vallée. En cet endroit s'ouvrait la porte principale. Du côté opposé, un autre affaissement du terrain indique aussi une porte qui devait conduire, par des degrés taillés dans le flanc de la montagne, à une source placée presque à mi-côte. Une rue conduisait d'une porte à l'autre : elle subsiste encore. Chacun sait que ce qui change le moins dans un pays, ce sont les chemins.

III.

César est parvenu à tromper la vigilance de Vercingétorix ; il a passé l'Allier et marche sur Gergovia. A cette nouvelle, Vercingétorix se replie sur la ville forte et inexpugnable des Arvernes pour en défendre l'approche. Il établit son camp près des murailles de la place, sur le flanc méridional de la montagne, à l'endroit où la pente est plus douce et où le terrain forme des plans étagés horizontalement. C'est d'ailleurs le seul côté où une attaque soit possible. Son camp protége ce côté et rend inabordable la porte principale. Pour plus de sûreté, il fait élever, à peu près au milieu du penchant de la montagne, un mur de six pieds de haut qui forme une nouvelle fortification et enclave dans le camp une prise d'eau considérable.

Puisque César voulait essayer d'attaquer Gergovia, « quoiqu'il désespérât, dit-il, de s'en emparer, » il n'avait pas à choisir son point d'attaque; il était forcé de donner l'assaut à la partie méridionale de la ville, attendu que toutes les autres étaient défendues par leur escarpement. C'est donc de ce côté qu'il a dû asseoir son camp.

Lorsqu'on examine les lieux, on trouve, sur le bord d'un ruisseau, au pied des rochers du Crest, à l'entrée de la vallée de Chanonat, en face de l'angle Sud-Est de Gergovia, un petit monticule ovale dont la base se perd dans une dépression de terrain planté d'arbres qui fut sans doute autrefois un fossé. Les eaux et les terres entraînées par les eaux ont pu combler en partie ce fossé, mais pas assez pour qu'on n'en reconnaisse plus la trace. Les paysans m'ont nommé cet endroit Chignat. (Il ne faut pas le confondre avec le Chignat qui se trouve sur la route de Lyon et où se tient une foire célèbre.) C'est sur ce monticule qu'était établi le camp des Romains.

Cette situation était avantageuse pour eux, puisqu'elle les plaçait vis-à-vis de Gergovia et qu'elle leur permettait de conserver leurs communications avec l'Allier.

« Il y avait, dit César, en face de la ville, à la base même de la montagne, une colline parfaitement fortifiée et taillée à pic de tous côtés, » excepté du côté qui regarde Gergovia ; c'était par là qu'on pénétrait sur le plateau qui forme son sommet. Vercingétorix n'y avait laissé qu'une faible garde. César voit l'avantage qu'il peut en tirer. « Il profite des ombres de la nuit, sort en silence de son camp et s'empare du poste, avant que, de la ville, on soit venu le lui disputer. Il y laisse deux légions, en fait son petit camp et l'unit au grand par un double fossé de douze pieds, afin de mettre ses soldats à l'abri des sorties de l'ennemi, lorsqu'ils auraient besoin d'aller isolément de l'un à l'autre camp. »

Quelle est donc la colline dont s'empara César et sur laquelle il établit son petit camp ? Je réponds par les termes mêmes de l'auteur des Commentaires : « Il y a, en face de la ville, à la base même de la montagne, une colline parfaitement fortifiée et taillée à pic de tous côtés, » excepté du côté qui regarde Gergovia. Une tour ronde la domine, comme un signe de vassage féodal. C'est une masse de calcaire facile à tailler. Des habitations se sont logées dans ses flancs ; un village s'est bâti à ses pieds. On l'appelle la Roche-Blanche. Presque tous les auteurs reconnaissent la Roche-Blanche comme la colline dont parle César. Ceux qui placent le petit camp sur la colline du Prad oublient que ce monticule est arrondi en pente douce, qu'il n'offre aucun des caractères indiqués par le général romain, et que, de plus, il ne pouvait pas communiquer avec la ville, qui est inabordable de ce côté. Il est inutile de signaler les auteurs qui ont cru voir dans Montrognon la colline « taillée à pic de tous côtés. » La seule chose à leur répondre, c'est qu'ils se sont contentés de ce caractère et qu'ils ne se sont pas donné la peine de visiter les lieux; ils auraient reconnu que de Montrognon à Gergovia il y a plus de douze cents pas. Or, après avoir fait passer ses soldats du grand camp dans le petit, c'est-à-dire au moment où il mesure l'espace qu'ils ont à parcourir pour arriver à la ville, César déclare que, du pied de la colline sur laquelle il se trouve, ou en d'autres termes, de la plaine jusqu'au mur de Gergovia, il y a douze cents pas, si on ne tient pas compte des sinuosités du terrain. Le petit camp était donc réellement sur la Roche-Blanche.

On voit maintenant combien j'ai eu raison d'indiquer Chignat comme le grand camp de César. Le grand et le petit camp se trouvaient facilement unis; ils n'étaient pas à une trop longue distance. Aussi ne comprend-on pas que certains auteurs aient placé le grand camp au Crest, comme si les Romains et les Gaulois avaient eu à redouter une artillerie perfectionnée et à longue portée. Ces auteurs ne remarquent pas que, dans cette position, les communications auraient été presque impossibles entre les deux camps, à cause de leur éloignement, et que le général romain n'a pas dû trop abandonner les rives de l'Allier, afin de se ménager un passage, en cas de revers. D'ailleurs le regard des assiégés aurait enfilé le double fossé ; ce que César devait éviter. Les deux fossés suivaient donc une ligne oblique à l'axe de la vallée.

Voilà deux points acquis : le grand camp était à Chignat, et le petit camp à la Roche-Blanche. Il en reste un troisième, c'est de déterminer le lieu sur lequel César a dirigé sa fausse attaque. Ce troisième point découlera forcément des deux premiers, à la simple inspection du texte et du terrain, de même que, dans un syllogisme, la conclusion découle des prémisses par l'emploi des procédés logiques. Avant d'en arriver là, reprenons succinctement le récit des faits.

Pendant que César, désespérant de s'emparer de Gergovia par la force, cherche l'occasion de s'en rendre maître par surprise, dix mille Eduens, entraînés par les intrigues de Litavicus, se soulèvent contre les Romains. César en est averti. Il apprend qu'il ne sont qu'à sept ou huit lieues de la ville. Sans perdre de temps, il conduit contre eux quatre légions et toute sa cavalerie et les fait rentrer promptement dans le devoir, en dévoilant les mensonges par lesquels Litavicus les a trompés.

Mais, en emmenant ses troupes, César a négligé de resserrer son camp. Les Gaulois en sont informés. Ils se précipitent en masses énormes sur les retranchements des Romains. Les Romains ont toutes les peines du monde à résister à ce choc impétueux. Ils sont forcés d'être toujours sous les armes, à cause de l'étendue de leur camp, et de lutter avec des troupes fraîches qui se renouvellent sans cesse. Fabius, leur chef, envoie des couriers à César pour l'informer du danger qu'il court. César arrive ; les Romains reprennent courage et les Gaulois cessent leur audacieuse attaque.

Devant une pareille résistance, et en face de difficultés sans nombre, César songeait à se retirer honorablement sans avoir l'air de fuir, lorsqu'en visitant son petit camp, « il s'aperçut qu'une colline, à peine visible, les jours précédents, à cause de la multitude des ennemis qui la couvraient, avait été abandonnée. » Surpris de ce fait, il en demande la cause aux transfuges. Les transfuges lui font le même rapport que ses éclaireurs : « Le sommet de la colline formait presque une plaine, et, à l'endroit par où elle communiquait avec la partie opposée de la ville, elle était couverte de bois et très-étroite.

Les Gaulois, auxquels les Romains avaient déjà enlevé une colline, craignaient, en perdant cette dernière, d'être à peu près enveloppés et de ne pouvoir plus ni sortir, ni aller aux fourrages. C'est pourquoi Vercingétorix avait convoqué tous ses hommes pour la fortifier » du côté opposé au camp de César.

« Au milieu de la nuit, César envoie de ce côté-là plusieurs escadrons de cavalerie et leur ordonne de parcourir tous les environs en faisant beaucoup de bruit. Au point du jour, il fait mettre des casques sur la tête des muletiers pour leur donner l'air de cavaliers et leur recommande de faire le tour des collines. Il leur adjoint de vrais cavaliers, en petit nombre, qui doivent chevaucher au loin de manière à attirer les regards. » Ils ont reçu l'ordre de se diriger vers le point où les Gaulois bâtissent leurs fortifications. De Gergovia, on apercevait tout ce mouvement, mais les Gaulois ne pouvaient pas savoir ce que c'était ; néanmoins ils commençaient à avoir peur. Ce fut bien pis quand ils virent conduire vers la colline menacée une légion tout entière. Leurs craintes augmentèrent et ils portèrent sur ce point toutes leurs forces. Quant à César, il fait avancer sa légion jusqu'au pied de la colline et la cache dans les bois. Ce n'était qu'une fausse attaque.

Quel est donc le point sur lequel il dirige cette fausse attaque ? La réponse devient facile, une fois qu'on a admis le grand camp à Chignat et le petit camp à la Roche-Blanche. Le point menacé est le massif des collines de Jussat. Ayant laissé prendre la colline de la Roche-Blanche qui leur permettait de descendre dans la vallée pour y puiser de l'eau et y faire du fourrage, les Gaulois craignaient qu'on ne leur enlevât aussi le dernier coteau par lequel ils pouvaient pénétrer dans la vallée de Chanonat ou dans celle de Romagnat. D'ailleurs les termes des Commentaires sont formels et ne laissent aucun doute : « Le dos de la colline était presque plat et le point par lequel on communiquait avec l'autre partie de la ville était boisé et étroit. » Cette colline tenait donc à la montagne de Gergovia. Or, il n'y en a qu'une qui soit dans cette condition : c'est la colline de Jussat, dont le sommet ondule et donne naissance à plusieurs mamelons. Nous n'avons pas l'embarras du choix. C'est donc du massif de Jussat qu'il s'agit. Il est situé, comme l'indique César, à la partie opposée de la ville par rapport à son camp, « *ad alteram partem oppidi,* » puisqu'il se trouve au Sud-Ouest de Gergovia, et que le grand camp de César était au sud-est. C'est cette sorte de contre-fort qui empêche la montagne de Gergovia d'être, au sommet, un quadrilatère complètement isolé.

Il ne peut plus y avoir de discussion à ce sujet. Toutes les autres raisons qu'on apporterait à l'appui deviendraient inutiles. Mais examinons la montagne de Jussat au point de vue du fait stratégique qui nous occupe. Un ravin, qui part de la crête par laquelle cette montagne est unie à Gergovia, va toujours en s'élargissant jusqu'à la vallée où il forme une violente et large séparation entre Jussat et la Roche-Blanche. Du côté de la Roche-Blanche où était le petit camp, la pente est douce et les Romains auraient pu monter par là; mais ils se seraient trouvés en présence du camp de Vercingétorix et ils auraient été facilement repoussés dans cet espace resserré. De l'autre côté le ravin se relève à pic et forme les flancs escarpés de la colline de Jussat. C'est l'aspect qu'offrait cette colline, vue du grand camp de César; mais au nord-ouest l'aspect change; les escarpements n'existent pas; il n'y a qu'un versant d'un abord facile sur lequel court la route nouvelle.

Tant que les Romains demeurèrent dans leurs camps, les Gaulois couvraient de leur multitude les sommets de Jussat qui regardaient les Romains, et continuaient, pour ainsi dire, jusque là le camp de Vercingétorix; mais lorsque les soldats de César, contournant, du côté de Chanonat, les approches de la colline, vinrent se montrer au Sud-Ouest, les Gaulois comprirent que leur endroit faible était sur ce point, et, abandonnant les bords escarpés de la montagne qui n'avaient pas besoin d'être défendus, ils se portèrent en masse de l'autre côté, vis-à-vis du puy Giroux, pour y élever des fortifications à la hâte ; car hommes et chevaux pouvaient monter par cet endroit, sur une assez grande étendue. Aussi quand, pénétré des termes de César, on examine cette partie de la montagne de Jussat, on rencontre, au sommet, sur tout le versant accessible, au milieu de tas énormes de pierres, des restes de murs qui sont très-probablement les restes de ceux que construisirent en ce lieu les soldats de Vercingétorix pour barrer le passage aux Romains. Nulle autre cause ne peut expliquer le bourrelet que forme le terrain ni l'existence de murs sur cette pente. Cette observation, due à un professeur émérite du Lycée de Clermont, à M. Nicard, aussi modeste que savant, qui, dans nos promenades à Gergovia, me montra ces traces sensibles des travaux des Gaulois, n'a pas, je crois, encore attiré l'attention des savants en renom, et j'en suis surpris. Il est vrai que les savants trouvent plus commode de faire des dissertations du fond de leur cabinet que de se fatiguer à gravir les montagnes pour y saisir des preuves matérielles capables de convaincre leurs lecteurs ; si même on les leur indique, il est toujours trop tard : leur siége est fait.

Ainsi tombent ces opinions étranges qui font construire aux habitants de Gergovia des murailles cyclopéennes depuis le mont Giroux jusqu'à leur ville, pour fermer la vallée, ou bien celles qui conduisent les soldats de César du côté d'Aubières pour faire peur aux Gaulois. Il suffit de parcourir le pays, et de lire le texte des Commentaires, sans en forcer le sens, pour trouver la vérité.

César a donc fait cacher une légion au pied de la colline de Jussat, dans les bois qui y croissaient à cette époque. « Alors, remarquant que le camp des ennemis est dégarni de troupes, il fait couvrir les insignes, cacher les drapeaux et défiler ses soldats du grand camp dans le petit. Il ordonne à ses lieutenants de modérer l'ardeur des troupes, et leur déclare qu'il s'agit d'un coup de main et non d'un combat. En même temps il envoie les Eduens tenter l'escalade à droite, » c'est-à-dire au Levant, du côté où ses soldats ne les voyaient pas monter.

« Au signal donné, les Romains s'élancent avec impétuosité vers les retranchements des ennemis et se rendent maîtres de trois quartiers de leur camp. » Ce succès satisfait César qui fait sonner la retraite (ce que je ne m'explique pas); mais les soldats, entraînés par l'espoir de la victoire et du pillage, « s'avancent jusqu'aux murs et aux portes de la ville. Un cri d'alarme s'élève alors de tous les points de Gergovia et jette l'épouvante parmi les Gaulois éloignés qui, persuadés que les ennemis ont franchi la porte de leur citadelle, se précipitent hors de la place. Les mères de famille, la poitrine nue, les mains étendues, supplient les Romains de les épargner. Quelques-unes, aidées par leurs compagnes, descendent le long du mur et se livrent aux ennemis. »

Cependant les Gaulois qui étaient occupés à fortifier Jussat, et qui, dans leur position, sur un plan incliné au Sud-Ouest, n'avaient pas vu ce qui se passait derrière eux, sur la pente méridionale de Gergovia, se réunissent, aux premiers cris qu'ils entendent, et, stimulés par de nombreux messagers, ils se précipitent, à la suite de leur cavalerie, pour repousser les Romains qu'ils croyaient déjà maîtres de la forteresse, et se mettent en ordre sous les murs de la ville. « Les mères de famille qui, un instant auparavant, tendaient les mains aux ennemis, voyant les forces des leurs augmenter, se mettent à encourager leurs maris, et, courant au milieu d'eux, les cheveux épars, leur montrent leurs enfants qu'il faut défendre. »

La lutte n'était pas favorable aux Romains. « Aussi César ordonne à Sextius de faire avancer toutes les cohortes de réserve et de se placer au bas de la colline, » au-dessous du camp de Vercingétorix, « pour contenir les ennemis, dans le cas où les Romains seraient repoussés. Il monte lui-même un peu plus haut et attend l'issue de l'affaire. »

« Au moment où le combat était le plus acharné, les Eduens apparaissent tout-à-coup sur le flanc droit des Romains. » Les Romains, ignorant que César avait envoyé ces peuples alliés de ce côté pour distraire les ennemis, et trompés d'ailleurs par leurs armes gauloises, croient que ce sont des soldats envoyés par Vercingétorix pour les cerner; ils ont peur et commencent à lâcher pied. Pressées de toutes parts, les légions romaines sont forcées de fuir jusqu'à la plaine, où César les rallie contre les Gaulois, qui remontent dans leur camp sous la conduite de leur héroïque chef. Ce qui avait eu lieu suffisait : la Gaule avait triomphé de Rome dont les morts couvraient le champ de bataille, depuis les murs de la ville jusqu'au bas de la colline.

Les deux jours suivants, César essaya contre les Gaulois quelques légères escarmouches pour rendre le courage à ses soldats, et le troisième jour il leva son camp et repassa l'Allier. La fortune devait lui être plus favorable sous les murs d'Alésia.

Tel est le récit sommaire du siége de Gergovia ; telles sont les indications qui ressortent de l'examen des lieux et de l'explication des commentaires. La narration de César n'a été contrôlée par aucun des écrivains de son temps. Il a fort bien pu choisir le beau rôle sans que nous ayons rien à dire. Comme ses paroles ne précisent aucun lieu, si ce n'est Gergovia, les auteurs se sont donné carrière pour assigner une place à son grand et à son petit camp. Aucune question d'intérêt local n'a jamais passionné davantage les membres d'une académie de province. C'a été la pomme de discorde jetée au milieu des académiciens de Clermont, dans le sanctuaire de la paix aux cheveux blancs. Pour moi qui ne vois dans cette question que l'intérêt de la vérité historique, je laisse les opinions s'entre-choquer ; trop heureux si, dans une question d'une importance si secondaire, j'ai pu contribuer, pour ma faible part, à préciser ce qui était resté indécis jusqu'à ce jour.

Si j'avais un vœu à formuler en terminant cet article, ce serait de voir élever, sur le plateau de Gergovia, du côté qui regarde Clermont et la Limagne, une statue colossale de Vercingétorix, du héros de l'indépendance nationale. La nature a formé le piédestal ; elle offre des blocs de lave tout prêts ; des mains sont disposées à les tailler ; il ne manque qu'une parole puissante pour ordonner. Que cette parole se fasse entendre, afin que si nos générations tendaient à s'affaiblir, elles puissent retremper leur courage au contact du défenseur de Gergovia !

HABITANTS.

I.

Le village de Laschand se cache au pied d'une haute montagne qui fut un volcan. Il s'abrite, non loin de la route, sous le feuillage épais d'un bois de hêtres; Georges nous le signala; nous eûmes la curiosité de le voir de près. En y entrant, nous entendîmes des cris aigus, puis un murmure comme celui d'une prière. Deux hommes étaient debout à la porte d'une maison. Nous nous plaçâmes comme eux, la tête découverte. Dans l'intérieur, gisait le cadavre du chef de la famille. Sa femme, ses enfants, ses parents se tenaient autour du lit, à genoux ou assis. De temps en temps des soupirs, des cris éclataient. D'autres parents arrivaient et les cris recommençaient. Quand la famille fut au complet, on donna à la mère un rameau trempé dans l'eau bénite; elle en aspergea le corps de son mari défunt, et, se précipitant sur lui, l'appela par son nom aussi fort qu'elle le put, à trois reprises ; puis, sur un ton moins élevé, quoique très-haut, elle fit l'éloge de celui qu'elle avait perdu. Toutes les qualités qu'il avait possédées, tous les défauts qu'il n'avait pas eus furent passés en revue. Le ton était déchirant ; mais jamais oraison funèbre ne fut plus bizarre. Au pathétique se joignait le ridicule : « Ah ! pauvre Jean ! criait-elle, toi qui étais si bon, toi qui ne me battais jamais... Je ne te verrai plus ! Toi qui aimais tant l'omelette au lard,... tu ne mangeras plus ma bonne soupe aux choux !... Ah ! tu n'allais pas au cabaret !... Tu ne donneras plus de bons conseils à tes fils !... Et moi qui t'avais fait faire six chemises neuves !... » Cet amalgame oratoire dura plus d'un quart d'heure. Ensuite chacun des fils et tous les parents procédèrent à la même cérémonie, aspergeant le mort, l'appelant trois fois, à tue-tête, par son nom, et énumérant tout ce qui pouvait concourir, selon eux, à son éloge. On nous donna aussi le rameau bénit ; mais comme nous ne connaissions pas les qualités du défunt, nous nous contentâmes de répandre sur son corps l'eau bénite.

« Une partie de ce que vous venez de voir, me dit Georges, est un viel usage emprunté aux Romains. Chez les Romains, quand une personne mourait, tous les parents se réunissaient autour d'elle, l'appelaient tous ensemble, à grands cris, à plusieurs reprises. Si, malgré ces cris capables de briser le tympan d'un vivant, aucun signe de vie n'apparaissait, on plongeait le cadavre dans un bain d'eau presque bouillante. Après toutes ces précautions, lorsque la mort était bien constatée, on portait le cadavre au bûcher. Eh bien! Pline rapporte que, malgré tout cela, de son temps, trois personnes revinrent à la vie au milieu des flammes ; mais qu'il fut impossible de les sauver. Ainsi, vous le voyez, une partie de ces usages romains subsiste encore dans nos campagnes.

— Ce qui veut dire, reprit Henri, qu'il n'y a rien de nouveau sous le soleil, aujourd'hui comme du temps de Salomon. Si fiers que nous soyons de nos progrès, nous ne sommes que des gueux revêtus de la défroque en lambeaux des anciens! »

Nous voulûmes voir jusqu'au bout la cérémonie funèbre. Les mêmes formules ridicules, les mêmes cris désolés furent répétés par tous les parents et exagérés encore sur le bord de la fosse. On jeta dans le trou un pain et une bouteille ; la terre tomba lourdement dessus ; puis tout rentra dans le silence. La famille se réunit dans la maison mortuaire où l'attendait un repas copieux.—Encore un usage romain. — Le vin n'y fut pas épargné ; car en nous en allant, nous rencontrâmes quelques-uns des convives dont les jambes flageolaient.

A Fontanat, on célébrait un mariage. Les invités étaient assis autour d'une table chargée de viandes.

Tout d'un coup, une foule de jeunes garçons et de jeunes filles débouchent pêle-mêle par la porte, et des coups de pistolet retentissent. Chaque garçon est armé d'une vieille ferraille rouillée qu'il a achetée sur la place de Clermont ; il trouve gentil de la faire partir aux oreilles des jeunes filles ; les jeunes filles poussent des cris : la noce est charmante !

II.

Dimanche dernier, c'était jour de fête à Orcine. On y monte de la ville par des sentiers qui de temps en temps coupent la grande route. Il en est qui s'y rendent de Royat par la vallée, en traversant les prairies verdoyantes, puis en foulant aux pieds la pouzzolane rouge et les bruyères violettes. Tous les villages voisins s'y donnent rendez-vous.

Un drapeau tricolore suivi d'une grosse caisse, d'un violon, d'une clarinette, d'un ophicléide et d'un trombonne indique le commencement de la fête, en faisant le tour du village. Ce charivari est toujours de bon augure ; il fait battre le cœur des jeunes filles. Les musiciens entraînent la foule à l'église. Là, ils jouent tous à la fois, mais chacun un air différent. Personne ne trouve cela mauvais. C'est de la cacophonie, dira-t-on ! Dans les villes, oui ; mais pas ici. La musique est affaire d'organisation et plus encore d'éducation. Le climat, le milieu que l'on habite, les habitudes de l'oreille forment l'organisation musicale. Le paysan des montagnes, pas plus que l'Arabe du désert et le sauvage de l'Océanie, ne comprend la musique comme on la comprend à Paris. Le montagnard, habitué aux bruits des cascades, aux fracas des torrents, aux sifflements des ouragans, à cette tumultueuse harmonie des hautes cimes où tous les sons des gammes chromatiques se mélangent et se heurtent en frémissant, n'aime que la musique qui crie ou qui hurle. Toute autre lui paraît molle et sans accent. Il en est de l'oreille comme du palais. Le palais brûlé par le trois-six de betterave trouve sans goût le cognac de vingt ans.

III.

La messe est finie. Sur deux tonneaux qui supportent des planches, la musique prend ses ébats. Hommes et femmes s'avancent gravement. Ils se tiennent deux par deux, frappent lourdement le sol, se cherchent, se fuient et tournent lentement les uns autour des autres : la danse ne change pas leur caractère. Un air discordant et monotone les soutient. Ils passeraient la journée et la nuit dans cet exercice. Il y a déjà longtemps qu'ils dansent; ils ne paraissent pas fatigués; mais sous l'épaisse étoffe qui les couvre et le soleil ardent qui les brûle, l'eau ruisselle de leur visage. Après huit jours de fatigue, cette fatigue nouvelle les délasse, parce que, dit Georges, elle met en jeu de nouveaux muscles, tandis que ceux du travail se reposent. A deux pas, dans une prairie, des hommes mûrs et des vieillards jouent aux boules et aux quilles. Une sorte de majesté calme préside à leurs mouvements. J'en vois qui déploient beaucoup d'adresse et chacun applaudit. On fait cercle autour de leur réunion.

Je suis à côté d'un spectateur qui n'est plus dans la jeunesse, mais qui n'est pas encore dans la vieillesse. Il a l'air intelligent. Il porte les cheveux ras devant et longs derrière. Son eustache est attaché à sa ceinture par une double chaîne en cuivre. Je lui adresse la parole. Il me regarde d'un air défiant; son front se rembrunit; ses lèvres se pincent; il hésite. Mais en voyant toute la douceur et la prévenance que je mets dans mes questions, il s'apprivoise peu à peu et devient même très-causeur. Un groupe composé du père, de la mère, d'une jeune fille de vingt ans et de trois enfants plus jeunes, se tenait à distance, séparé de tous les autres paysans et regardait de loin, sans oser se mêler au jeu. Je demande à mon voisin si ces personnes avaient quelque motif pour rester ainsi à l'écart :

— Oui, Monsieur, me répond-il. Ce sont des misérables qui ont compromis l'honneur du village.

— Comment cela?

— Cette grande fille que vous voyez parmi eux a fait une faute, et cette faute n'a pas été réparée. Elle sera probablement forcée de quitter le pays. Son amoureux, qui n'ose déjà plus se montrer, en fera autant. C'est lui qui ne veut plus du mariage. Nous ne tolérons jamais qu'on outrage la morale chez nous.

— Mais les parents ne sont pas coupables?

— Oh! si, Monsieur. S'ils avaient bien veillé sur leur fille, cela ne serait pas arrivé. Ils s'en iront aussi. Il faut bien qu'ils portent la peine de leur négligence. »

Il n'y avait rien à répondre à cette logique sévère de la morale montagnarde.

« Voyez-vous, ajouta-t-il, cet autre groupe assis loin de la danse? Il se compose d'un homme, d'une femme et de deux petits enfants. Eh bien! ils ne se mêlent jamais à nos amusements; nous ne le souffririons pas.

— Quel crime ont-ils donc commis?

— Aucun. Ce sont des sorciers.

— Ah!

— Oui, Monsieur.

— Quelles preuves en avez-vous?

— Quelles preuves ?

— Oui.

— D'abord leur grand-père ne possédait absolument rien, et ils sont aujourd'hui les plus riches du village. Ce n'est que par un pacte avec le Diable qu'ils ont pu s'enrichir ainsi.

— Il n'y a rien à dire à cela.

— Ensuite, cet homme que vous voyez là assis à côté de sa femme a été pris plusieurs fois sous différentes formes de bêtes.

— Bien sûr?

— Oui, Monsieur. Le Grand-Pierre, tenez, qui est là, rentrait un soir dans le village. Il entend des pas derrière lui ; il se détourne et se voit suivi par un loup énorme qui se met à faire des bonds prodigieux et qui menace de le dévorer. Comme le Grand-Pierre est robuste et qu'il n'est pas peureux, il s'arrête, lève son bâton et en assène un coup sur les reins du loup en lui saisissant la tête de la main gauche, au moment où il s'élançait. Jugez de sa surprise ; il reconnaît cet homme-là qui le supplie de ne pas lui faire de mal. Le Grand-Pierre n'est pas méchant : il lâcha notre homme ; mais il raconta à tout le village ce qui était arrivé.

— Est-ce que le Grand-Pierre n'avait jamais eu de querelle avec le sorcier ?

— Oh! si ; quelque temps auparavant ils avaient été devant le juge de paix, à propos d'un champ.

— Je comprends.

— Depuis ce moment, beaucoup d'autres l'ont vu ; les uns sous la forme d'un chien, les autres sous celle d'un bouc. Il paraît qu'il court toutes les nuits. Pour moi, je ne l'ai jamais rencontré ; mais je me rappelle très-bien que son frère, le couvreur, qui n'est plus au pays, était aussi sorcier. C'était le Diable, disait-on, qui le soutenait sur les toits les plus aigus, lorsqu'il y montait par des temps affreux. Il était un jour occupé à réparer cette toiture d'ardoise que l'on aperçoit d'ici. Tout d'un coup, Jean-Guillaume, qui causait avec nous, s'écrie : « Regardez donc Pierre Migat qui danse sur son toit. » Nous regardons. Je ne vois rien ; mais les autres m'ont assuré qu'ils l'avaient vu s'élancer horizontalement dans l'air et revenir sur sa toiture comme la boule que lance un enfant à l'extrémité d'une corde et qu'il retire vivement à lui. Il paraît que cet amusement a duré fort longtemps. Aussi, comme personne ne voulait plus lui parler, il est parti et il a été faire fortune ailleurs.

— Il y a du bon dans votre récit, mon ami; continuez à n'affirmer que ce que vous avez vu et engagez vos voisins à en faire autant. »

Il était tard. Les danses avaient changé de caractère. A la bourrée grave et mesurée avaient succédé les sauts inconvenants et les gestes débraillés des barrières. Ces imitations burlesques des danses risquées de nos villes, transportées aux villages, font mal à voir, quand elles ne causent pas le fou-rire par leurs attitudes lourdes et grotesques.

III.

LE MONT-DORE.

LE MONT-DORE.

I.

Nous partons de Clermont à dix heures du soir. La voiture côtoie dans les ténèbres de hautes montagnes et roule lentement. Le conducteur dort, les voyageurs dorment, les chevaux ont l'air de dormir aussi. De temps en temps des ombres gigantesques passent à côté de nous, et de larges taches noires voilent le bleu sombre du ciel. A la lumière incertaine qui tombe des étoiles, on reconnaît des puys.

Le matin, une ligne blanche apparaît à l'Orient et indique l'approche du jour. Bientôt une zône pourprée monte au-dessus de l'horizon en diminuant la gamme de ses tons, à mesure qu'elle s'éloigne de la terre. Le sommet d'un pic aigu brille comme dans un incendie; on dirait que sa tête est en feu et qu'il en jaillit des flammes de Bengale. La lumière rosée descend et couvre le dos des montagnes d'un manteau d'or et de roses semblable à celui qu'une mère prudente jette sur les épaules de sa jeune fille, au sortir d'un bal. Aucun nuage ne charge l'atmosphère. Nous gravissons péniblement, en les contournant, les flancs arides et élevés de la Croix-Morand.

Du lieu où nous sommes élevés, j'assiste à la lutte des ténèbres et de la lumière. Pendant que les rayons du soleil, dont le disque se montre au-dessus des montagnes du Forez, viennent frapper comme un trait les hauteurs qui m'entourent et s'emparent de l'air, les ombres de la nuit chassées du ciel se réfugient dans les vallées. Elles s'y accumulent et, semblables d'abord à un brouillard léger, elles deviennent intenses et gagnent en épaisseur ce qu'elles perdent en étendue. On dirait qu'elles prennent un corps; elles nous donnent une idée probable du chaos. L'œil plonge avec effroi dans cette masse étrange de matière molle et indéfinie, et il saisit avec surprise une ligne de séparation parfaitement indiquée. C'est un océan de ténèbres qui baigne les pieds de montagnes lumineuses et qui résiste à la fournaise ardente prête à le forcer de s'évaporer.

Mais la lutte ne peut pas être longue. Les ombres en quelque sorte solidifiées roulent indécises, ainsi que des nuages poussés par le vent, et, modifiées par l'air chaud qui les pénètre, elles fondent et disparaissent, comme la cire au contact du feu. N'en est-il pas ainsi dans l'ordre moral? Quand la lumière de la vérité a brillé dans les esprits élevés, c'est dans les bas-fonds de l'humanité, dans les intelligences étroites que s'entassent les ténèbres de l'erreur. Il semble que la lutte du jour contre la nuit, de la vérité contre le mensonge, soit nécessaire toutes les fois que la lumière est sur le point de pénétrer dans des replis de difficile accès. Mais, hélas ! les ténèbres de l'erreur ne disparaissent pas toujours aussi vite que celles de la nuit !

Nous avons franchi le col de la Croix-Morand. La route descend tournante et rapide. Le soleil monte dans le ciel et ses rayons inondent d'une lumière dorée la vallée de la Dordogne placée à nos pieds, tandis que très-loin, au bord du ciel, les derniers plans des collines se revêtent d'une robe blanche et bleue. C'est le vêtement de l'innocence, de la paix et du bonheur. Excellent présage ! On doit vivre heureux en ces lieux.

— Assurément, me dit Henri ; mais pour une bonne raison.

— Laquelle ?

— C'est que les habitants n'y ont de relations entre eux et avec les étrangers que pendant trois mois de l'année. Le reste du temps, ils vivent isolés, par familles, dans leurs cabanes de chaume, ensevelis neuf mois sous les neiges.

— Le bonheur, selon vous, a donc pour cause la solitude et le froid ?

— Du moins en partie. Toutes les passions qui naissent et grandissent dans le commerce des hommes, s'éteignent et disparaissent sous une température de glace. Il ne reste au fond du cœur, après neuf mois de solitude et de réflexion, que le calme d'une conscience en paix.

— Vos habitants du Mont-Dore doivent devenir des philosophes?

— Oui; mais leur philosophie n'a pas l'humeur batailleuse. Elle leur apprend à se contenter de ce qu'ils ont, à aimer leurs semblables, et à adorer l'auteur des beautés ou des horreurs qui les environnent, sans chercher à pénétrer les mystères de la nature.

— C'est la philosophie du sens commun.

— Qui tend à disparaître.

II.

Dans une vallée profonde, allongée, ouverte du côté du couchant, et se courbant, à sa naissance, vers le sud, on trouve un village dont les toits de chaume entourent une église couverte en pierres plates. C'est le village des Bains que l'on appelle aussi le village du Mont-Dore. Il semble jeté, comme un tas de pierres tombées des montagnes, dans ce lit desséché d'un vieux lac où roule maintenant le torrent de la Dore et de la Dogne réunies. Rien n'est plus en harmonie avec les blocs de trachyte et de lave qui l'entourent que les murs gris et la toiture sombre de ce village. Une seule rue, ou à peu près, le compose. A mesure qu'on avance, de beaux hôtels se rangent en file pour voir passer le voyageur et essaient de fasciner ses yeux par les noms qu'ils portent en grosses lettres sur leur front. On n'a que l'embarras du choix.

L'Etablissement où les eaux jaillissent du puy de l'Angle, dans une fissure de trachyte, adosse aux rochers sa masse solide, faite pour résister aux ouragans de l'hiver. Il remplace le monument romain dont les ruines sculptées gisent sur la place convertie par le fait en nécropole, ou, si l'on veut, en Musée toujours ouvert à l'admiration des connaisseurs.

L'effet de cette vallée est des plus saisissants. L'homme est perdu au milieu de ces pics qui se dressent terribles et beaux, qui forment au-dessus de sa tête comme une couronne de rocs, taillée pour un géant, et du pied desquels le ciel n'apparaît, pour ainsi dire, qu'à travers une lucarne? Ainsi enveloppé de monts escarpés et rocheux, il ne peut s'empêcher de trembler à la pensée que cette nature monstrueuse et bizarre pourrait, dans un de ses tressaillements, faire pleuvoir sur lui des pierres, comme la grêle en temps d'orage.

III.

Debout au milieu du village, je ne sais ce que je dois le plus admirer parmi les objets les plus saillants. Est-ce le Capucin en prière à l'entrée de sa grotte? ou les sommets de l'Aiguiller et de Sancy, éclairés par des teintes inimaginables? ou bien la grande cascade qui semble tomber des cieux? Tout cela est autour de moi. Les eaux de la cascade roulent à mes pieds. C'est une longue chute qui mugit et tourbillonne. Au moment où le sol lui manque, elle s'élance de plus de cent pieds de haut, comme une vaste nappe d'eau solidifiée, cristallisée, transparente et vêtue des couleurs de l'arc-en-ciel. En approchant de la terre, la nappe se désunit, des gouttelettes se forment, et elle tombe en pluie fine dans un bassin qu'elle a creusé, après s'être laissé balancer par les vents avec nonchalance. Mais sitôt qu'elle touche de nouveau le sol, une sorte de fureur s'empare d'elle, elle sursaute, elle bondit, elle semble vouloir remonter vers sa source; puis s'élançant tout d'un coup, elle se précipite, pendant près de trois cents mètres, de cascades en cascades, sur un plan de rochers inclinés, au milieu de blocs de lave, de granit, de basalte, qu'elle heurte et frappe à coups redoublés, comme un bélier en délire, et enfin se jette et roule à travers les prés. Les ruines, les débris de la montagne sont là dispersés, rongés par les eaux. Chaque année de nouvelles masses tombent et obstruent son cours; mais elle les a bientôt brisées et entraînées dans la vallée. Les arbrisseaux, les fleurs, les herbes arrosées par ses eaux ont une verdure particulièrement fraîche. Ce sont ses nourrissons chéris; ses rives en sont peuplées. Nulle part d'aussi belles graminées ne penchent un plumet plus touffu sur le bord d'un ruisseau; nulle part d'aussi gracieux myosotis ne contemplent dans l'onde une plus belle corolle. Géologues et botanistes ont ici un immense champ d'étude.

J'ai gravi l'escalier gigantesque que le torrent mord et déchire. Une grotte humide, couverte de mousses, taillée par les eaux dans le trachyte, m'a permis de jouir de la vue de la cascade qui se développe et tombe à trente pas de moi. Ce spectacle est étrange! Dans cette solitude, au milieu du bruit et de la fureur des eaux, sous ces masses de rochers suspendus sur ma tête, il me semble que l'univers entier s'écroule. J'éprouve une émotion violente et douce qui me saisit et me cloue au rocher; et pourtant je veux continuer à la sentir encore. Les grands aspects de la nature produisent cet effet. Ils ont un attrait fascinateur.

IV.

Mon intention est de faire le tour de la vallée. Je suis de nouveau au bas de la grande cascade; j'en franchis le torrent et je pars. Ici, le paysage varie. A ma gauche des ruines amoncelées jonchent le sol de leurs débris. C'est une montagne éboulée qui saigne encore; la plaie est béante, comme une écorchure énorme. Je ne connais rien de plus triste que les ruines de la nature. Qu'un monument bâti par les hommes s'effondre, d'autres hommes pourront le relever et en faire un monument plus beau que le premier; mais que la nature fléchisse, qu'une montagne trébuche et tombe, quelle puissance la rétablira sur sa base ?

Il est neuf heures. Le bout du ciel que je vois n'a pas un nuage. En face de moi, le pic de Sancy est éclairé d'une lumière jaune. L'effet en est surprenant, fantastique. Tout ce côté de la vallée est une affreuse déchirure. Les sommets élèvent perpendiculairement leurs flancs qui d'ici paraissent déchiquetés comme les clochetons d'une église gothique. Au-dessous de la tête verte de Sancy, les rochers produisent, par l'opposition des ombres vigoureuses et de la lumière, une illusion singulière : on croit voir une rangée de moines à genoux. Le soleil en montant déplace les ombres et change les effets : on n'a plus sous les yeux qu'une suite de rocs pointus, bizarrement taillés. Il descend dans la vallée ; il l'inonde. Que sa chaleur est douce ! Que la vallée est belle ! Comme on désire la santé pour jouir longtemps de ce spectacle et de cette lumière !

A quelques pas du ravin des Egravats, une cascade blanche, brillante, écumante descend doucement le long de la montagne, en se tordant comme un reptile, en cachant parfois ses courbes sous de hautes herbes. Elle étincelle comme l'argent poli. C'est la cascade du Serpent.

Un peu plus loin, il semble que nous soyons arrivés à l'extrémité de la vallée ; nous sommes au pied de rocs taillés à pic. Au-dessus de nos têtes, les sommets de Sancy et des montagnes voisines se perdent à des hauteurs que notre regard ne peut plus mesurer. Un sentier tourne et grimpe sur le flanc des rochers ; il côtoie un abîme ; c'est le chemin qui conduit au point culminant. Il est fréquenté par les chevaux à l'épreuve du vertige. A une certaine élévation, peut-être à trois cents mètres au-dessus de la vallée, il faut traverser une sorte de marais. Un petit filet d'eau s'en échappe et court en grondant, en sautant, en formant des chutes, rejoindre le ruisseau du Serpent et celui de la grande cascade ; c'est le ruisseau de la Dore. Un Anglais s'efforçait d'en tarir la source, à l'aide d'un grand vase et, lorsqu'il avait un peu interrompu le cours de l'eau, il s'écriait avec un accent de triomphateur : « J'ai bu toute la Dordogne ! » Il voulait dire la Dore seulement. Pour voir la Dogne, nous sommes obligés de descendre et de continuer à faire le tour de la vallée. La Dogne tombe en cascades du massif qui forme Sancy et va se jeter, tout près de là, dans la Dore. Les deux ruisseaux confondent leur cours et roulent, au sein d'une verte prairie, leurs eaux limpides et fraîches, jeunes et fougueuses, qui se verront bientôt resserrées entre des digues et corrompues par les immondices des villes !

V

Dans cette vallée où la Dordogne prend naissance, l'admiration est l'état ordinaire de l'âme. A chaque pas, de nouveaux objets, de nouveaux points de vue, de nouveaux décors causent des sensations nouvelles. Chaque perspective varie selon l'heure du jour, l'état du ciel, ou l'élévation de l'observateur.

Entre deux blocs de rochers plantés comme deux portes pour fermer un passage, s'ouvre une gorge profonde, encaissée, à l'abri de la lumière et de la chaleur, vrai soupirail des Enfers. Des pointes énormes de basalte y sont suspendues dans les airs et prêtes à crouler. Elle est bordée de toutes parts par de hautes murailles qui se perdent d'un côté dans des sommets invisibles et de l'autre dans les arêtes aiguës d'un bloc de lave. Ce ne sont que rocs bouleversés, entassés, jetés pêle-mêle dans cette fournaise refroidie. On dirait les ruines d'un monde perdu. L'imagination s'y égare au milieu d'horreurs effrayantes : c'est la vallée de l'Enfer, la gorge ou la cheminée du Diable. A chaque pas, nous tremblons que ces masses, instables sur leur point d'appui, ne perdent l'équilibre et n'ajoutent d'autres blocs à tous ces blocs tombés. Nous sommes comme des fourmis qui voient s'agiter sur leur tête le pied d'un éléphant.

Rien ici ne fait songer à l'homme. La solitude est complète. Pas un animal, pas un oiseau. Quelques herbes rares, longues et maigres. C'est le désert tel que l'ont créé les convulsions du globe, il y a des milliers d'années. L'esprit éprouve à ces pensées une secrète terreur; il se sent faible et petit, il cherche, pour ainsi dire, à s'effacer, comme l'animal timide que menace le vautour.

Dans un coin que le soleil jamais n'a visité, un pont de neige glacée laisse échapper un ruisseau. L'onde bouillonne, murmure et s'enfuit loin de ce glacier perpétuel. Elle va chercher le jour et la chaleur, en répandant, sur son passage, la verdure et les fleurs, la joie et la santé. Du sein de la mort sort un principe de vie!

VI

La vallée de la Cour nous offre un paysage plus gracieux, quoique sévère encore. Elle est séparée de de la gorge d'Enfer par une coulée de lave tranchante comme le fer d'un gigantesque yatagan. Cette vallée est un amphitéâtre presque circulaire. L'herbe épaisse et verte monte comme un riche tapis sur une pente raide. Tout en haut, presque aux derniers gradins, sont assis en rond, à distance à peu près égale les uns des autres, les juges de basalte qui composent ce curieux tribunal. Leur toque est placée sur leur tête; leur air est grave; leur tenue immobile. Ils sont là pétrifiés, dans un sommeil profond, éternel! Plus bas, des pâtres se reposent sur le gazon et nous regardent, tandis qu'un troupeau de vaches rougeâtres baissent la tête vers le sol, comme des patients, écoutent le souffle du vent et broutent en silence l'herbe qui les engraisse.

On dit que la nuit des voix se font entendre dans ces lieux, et que cette haute cour de justice rend ses arrêts au milieu des tempêtes. Les pâtres assurent qu'on les voit s'agiter sur leurs siéges, lorsque la lumière vacillante de la lune frappe de ses rayons le lieu où se tient leur assemblée.

En continuant à tourner vers la droite autour de

la vallée du Mont-Dore, dans la direction du Capucin, nous arrivons au ravin de Riveau-Grand. Un ruisseau le traverse. Ainsi qu'un bataillon qui marche à l'assaut d'une ville, des sapins noirs escaladent ses flancs relevés comme un talus rapide. Plusieurs ont été brisés en route ; leurs cadavres ont roulé jusque dans la plaine et leurs troncs fracassés témoignent de l'ardeur de la lutte ; ils sont dévorés par les mousses. Les autres sont encore assez vigoureux pour offrir un abri tutélaire, sous leur léger branchage, contre les traits ardents que lance le soleil dans ce cirque.

Ils se dressent noirs et pleins de vie en attendant le moment où la hache de l'homme jettera par terre ceux que les ouragans auront épargnés.

VII.

L'atmosphère est lourde. Le calme le plus grand pèse sur nos têtes. Les insectes tourbillonnent dans l'air. Les animaux hurlent de toutes parts ; les troupeaux de vaches se répondent par des mugissements prolongés. Un nuage léger enveloppe le sommet des pics ; il grandit, s'obscurcit et s'abaisse ; il ferme comme un couvercle l'ouverture supérieure de la vallée. On étouffe. Soudain un coup de vent balaye la poussière ; la température se refroidit. De larges gouttes d'eau volent et tombent. Des éclairs sillonnent les nues. Un premier coup de tonnerre retentit. Il est répété par tous les échos des montagnes. De nouveaux coups de tonnerre se font entendre ; ils se suivent ; ils se pressent ; les échos les répètent ; c'est un bruit effrayant. Point de répit ; point de relâche. Les coups succèdent aux coups, les éclairs aux éclairs. La grêle se précipite avec fracas. Les éléments paraissent confondus. Vous croiriez être à votre dernier jour. Bientôt la pluie remplace la grêle ; les éclairs deviennent plus rares ; le tonnerre roule ses sons avec plus de timidité ; les nuages sont moins noirs ; ils s'élèvent ; quelques pics se montrent ; le bleu du ciel apparaît. Un rayon du soleil luit ; les insectes reviennent ; l'air reprend sa limpidité ; il a été rafraîchi et purifié par l'orage.

Les cavalcades ont pris au galop la route du village des Bains. Presque tous les promeneurs sont rentrés avant la pluie. Quelques retardataires arrivent. Chacun se met à la fenêtre pour les voir passer. On dirait une compagnie de plongeurs sortant d'un fleuve. Tout le monde rit. Il est des situations pénibles que personne ne respecte.

LE CAPUCIN.

I.

Aujourd'hui le ciel n'a pas un nuage. Le soleil réchauffe les flancs des montagnes; ses rayons blancs condensent les vapeurs dans la vallée et forment comme une gaze nuancée de rouge, de jaune et de violet, d'un effet charmant. Les tapis de verdure, les côteaux boisés et les grands pans de rochers apparaissent revêtus d'une couleur brillante et douce. C'est comme un voile jeté sur les tons crus et heurtés d'un tableau vigoureux.

Devant le village des Bains, à plus de trois cents mètres, s'élève, sur une longue montagne, le sommet arrondi du Capucin. Le moine est à genoux, à l'entrée de sa caverne, la tête couverte de son capuchon. Rien ne le distrait de sa prière, ni les merveilles de la nature qu'il a sous les yeux, ni les cris de joie de la jeunesse folâtre qui s'ébat à ses côtés. Bien bas au-dessous de lui, un grand bois cache les escarpements du roc. Dans la vallée, le hêtre se mêle aux frênes ; mais, à mesure que l'on monte, on ne rencontre plus que le sapin noirâtre qui absorbe la lumière et se plaît au milieu des frimas. Son feuillage sombre et funèbre se détache de toute autre verdure. Un sentier se plie et se replie sous un ombrage épais et conduit à travers ses dédales jusqu'au sommet du bois. L'herbe épaisse et touffue, diaprée de fleurs de toutes les saisons, y rit au soleil, et ses longs rubans verts lui renvoient son éclat. C'est un jardin anglais comme les Anglais n'en construiront jamais. Voyez plutôt ces accidents naturels, ces ruisseaux de grosses pierres qui descendent du haut de la montagne en bas. Ne dirait-on pas des autels dressés sur ce versant par les mains des Druides ? Ces blocs de lave semblables aux assises d'un château cyclopéen, en supportent quelques-uns d'entre eux placés comme une table qui attend des convives. Les plantes les plus luxuriantes y croissent sous les arbres. Voici des fougères gigantesques, des framboisiers géants; voilà des sureaux à baies rouges comme celles du buisson-ardent. C'est un luxe effréné de tout ce que la botanique renferme de curieux. Science, repos, parfums, charmes de l'esprit, du corps et des sens, tout est réuni dans ce lieu. Vrai paradis des montagnes, ce bois est plein d'attraits.

Un peu plus haut, les grands sapins se rangent

en allées et étendent sur les herbes leurs longs parasols coniques. Quelques rayons de soleil y pénètrent et dessinent sur le sol des ombres semblables à de la guipure sur un fond de velours vert. Des émanations embaumées sortent des végétaux, parcourent l'air, remplissent les poumons et montent au cerveau. L'esprit n'a plus de pensées, plus d'énergie; il fléchit sous les nombreuses impressions des sens; la sensation devient l'état permanent de l'âme.

« Pourquoi s'en étonner, dit Henri? La sensation occupe une grande place dans notre vie. L'homme est un tout composé de deux parties qui tendent sans cesse vers le but auquel elles sont destinées. Si l'esprit se réjouit des joies pures de la pensée, le corps se trouve bien de la satisfaction des sens. N'est-ce pas pour plaire à nos sens, n'est ce pas pour éprouver des sensations agréables que nous entrons dans un musée, que nous allons à l'opéra? Qu'y trouvons-nous? Des beautés de convention qui cherchent à imiter la nature dont elles sont bien loin. Et cependant nous les applaudissons. Ne craignons donc pas de nous abandonner sans réserve à l'admiration que nous causent les spectacles vrais de la nature, lorsqu'ils frappent nos sens. S'ils absorbent la pensée pour un instant, ils lui donnent plus d'énergie pour plus tard. C'est le repos qui prépare au travail. »

II.

Ces hauts sapins dont quelques-uns gisent sur la pelouse, tombés de vieillesse ou brisés par les grands vents, présentent à mes regards un effet étrange et surprenant. Ils portent tous, à tous leurs rameaux, de longues barbes blanches qui pendent. Ils sont si vieux que ces barbes sont peut-être les leurs ! Mais comme nous sommes dans le bois du Capucin, je me demande si elles ne sont pas un sacrifice fait d'année en année par le bon religieux qui les attache aux arbres sous forme d'*ex-voto*; ou si plusieurs moines, pressés de fuir à travers les sapins, n'ont pas laissé aux branches cet ornement de leur menton?

Georges me répond que ces barbes ne sont pas autre chose que des racines de lichens, qu'on appelle racines adventices, parce qu'elles ne sont pas essentiellement utiles à la plante parasite, qui en a d'autres adhérentes à l'écorce des arbres auxquelles elle est attachée. J'aurais autant aimé ne rien savoir. Mon illusion me semblait préférable. Je trouvais le bois bien nommé.

C'est le jour des déceptions. Nous gravissons la montagne du Capucin, et je m'empresse de chercher le pieux moine. Mais, à sa place, je ne vois qu'une colonne de basalte sans forme distincte, une colonne détachée de la masse sur laquelle nous avons les pieds. Le religieux s'est changé en un bloc de pierre. Décidément, il ne faut jamais chercher à voir de près ce qui a produit de loin quelque effet !

Nous avons gagné à notre ascension une vue splendide. A l'Occident s'étend la vallée de la Dordogne qui se perd dans un lointain brumeux ; au Nord se dressent la Banne d'Ordenche et le puy Gros placés comme la masse avancée du Mont-Dore vers les Dômes ; à l'Orient, les sommets de Mareilhe, de Cuzeau et la Grande-Cascade se découpent dans le ciel. Au-dessous d'eux, mais à trois cents mètres au-dessus du village des Bains, une longue traînée de pierres tombées donne l'idée d'une fortification en ruines. La muraille grise se continue sur une grande étendue et des fragments s'en détachent. C'est du basalte en décomposition. Au Midi, le Mont-Ferrand et les pics de Sancy et de l'Aiguiller lèvent leur tête pointue comme une flèche. Plus près de nous, la montagne de Luclergue arrondit son dôme. Tout cela forme le cadre du village des Bains. Le cadre écrase le tableau.

LE PIC DE SANCY.

I.

Je suis seul : Georges et Henri sont restés sur le Capucin. J'ai le dessein de faire le tour de la vallée par le haut des montagnes et d'arriver au pic de Sancy en suivant les crêtes. J'engage beaucoup les touristes ou les curieux à ne pas suivre mes traces, s'ils ne se sentent pas le pied et la tête solides. Ce n'est pas que la route soit impraticable, puisque j'y ai passé ; mais on y court de grands dangers. Les gens qui ont besoin de fortes émotions peuvent s'y risquer ; ils sont sûrs d'en éprouver.

A partir du Capucin, les arbres disparaissent. Je suis arrivé à une région où les sapins ne croissent plus. C'est à peine si on rencontre par ci par là quelques genévriers rabougris ; mais en revanche la pelouse est superbe. On foule une herbe épaisse et haute. On dirait qu'une nappe d'eau en arrose sans cesse le pied et en entretient la fraîcheur. Les pensées violettes, les œillets rouges, de magnifiques ombellifères y étalent leurs corolles, le myrtille aux baies noires y pousse par touffes serrées, comme les épines d'une haie, et la grande gentiane balance au vent sa tige desséchée. Elle est si abondante qu'au premier coup d'œil je crois voir un champ de maïs après la moisson. Des milliers d'insectes bruissent dans le gazon ou bourdonnent dans l'air en emportant à d'autres fleurs le pollen fécondant des fleurs qu'ils viennent de visiter. C'est tout un monde, un monde ardent au travail ou au plaisir ; un monde que nous méprisons, sans le connaître.

II.

En penchant la tête au-dessus du vallon de la Cour pour contempler les blocs de lave qui représentent les juges de ce tribunal aérien, je vois un groupe de jeunes filles pâles et malades que leurs mères ont conduites en ce lieu pour y respirer les émanations basalmiques et la santé. Cette vue émeut et attriste. Si jamais j'ai compris que la maladie est une dérogation aux lois de la nature, de même que le travail est une obligation créée par la civilisation, c'est bien devant ce groupe et dans ce milieu.

Le ciel est d'un bleu ravissant; il ressemble à une vaste coupole dont le centre plus foncé dégrade ses teintes jusqu'à l'horizon où une ligne blanche se fond avec les rares vapeurs de la terre. Il me rappelle le ciel du Midi. Tout est lumière, éclat et joie. On se sent heureux de vivre. On ne comprend pas la souffrance sous un si beau climat. Pourquoi Dieu aurait-il allumé son soleil, donné à l'air sa transparence et sa chaleur, aux eaux leur tiède limpidité, aux prés leur robe de verdure parfumée, si l'homme était fait pour gémir au fond d'un réduit obscur, sous la dent cruelle de la maladie, comme la fauvette sous la griffe de l'épervier! On aspire la santé par tous les pores; elle entre par chacun de nos organes.

Dans cet air qui vous baigne de ses ondes chaudes et embaumées, dont l'âme jouit comme le corps, on s'abandonne au bonheur du moment; la pensée s'absorbe dans la jouissance et le corps énervé manque de ressort; on sent alors que l'homme n'était pas né pour le travail : le travail, enfant des brouillards, des ténèbres et du froid, règne dans les pays où dominent la nuit et les frimas; mais partout où les rayons d'or d'un soleil pur réchauffent la terre pendant de longs jours, l'esprit n'use plus la machine, les vêtements ne sont plus que des objets de luxe, et l'estomac saturé de ses propres sucs et d'une nourriture légère, cesse d'être exigeant. Le lazzarone étendu sur les places de Naples ou sur les bords du golfe de Baies, ronge quelques bouts de macaroni et s'endort en les digérant au soleil ; l'esclave indien, attaché au champ de son maître, se contente de quelques grains de millet ou de riz ; et le fakir, transporté par l'extase dans le ciel de Brahma, passe souvent plusieurs mois dans le jeûne le plus rigoureux. Que faut-il aux populations de l'Inde et du centre de l'Afrique ? Un pagne pour couvrir leur nudité et quelques fruits acides du palmier pour étancher leur soif et apaiser leur faim. Que faut-il pour toute nourriture à ces tribus nombreuses de géophages que les voyageurs sont surpris de rencontrer ? Une sorte d'argile mêlée d'oxide de fer, très-abondante dans le sol brûlant des pays chauds. Pour moi, je serais très-porté à croire que, dans le Paradis terrestre, Adam s'était abstenu de manger jusqu'au jour où Eve lui a offert la moitié de sa pomme.

III.

Si beau que soit le soleil, on le trouve laid, lorsqu'on est trop longtemps rôti par ses flammes. C'est ce qui m'arrive en tournant au midi de la vallée du Mont-Dore. Ici commencent mes fatigues et mes dangers. Je ne pouvais pas supposer que la route qui conduit au pic de Sancy fût la crête même des montagnes qui me paraissait trop aiguë pour cela. Aussi, voyant quelque chose de semblable à un sentier, je le suis, et il me conduit à mi-côte du pic de l'Aiguiller, à peu près à quatre cents mètres et de son sommet et de sa base, sur un talus en pente raide, vers une masse sur laquelle repose le pic de Sancy. Mais tout-à-coup le terrain manque devant moi. Un précipice à parois verticales s'ouvre et me laisse apercevoir, à mes pieds, bien bas, des blocs de basalte et de lave plantés dans tous les sens et les uns sur les autres, comme dans un jardin étrange ; c'est qu'en effet c'est le jardin du Diable ! De l'autre côté, en face de moi, se dresse une muraille droite et nue qui montre à mes yeux ébahis, dans le roc fendillé, un immense soleil d'artifice, dont tous les rayons un peu courbés partent d'un centre commun et divergent sur une longueur de huit ou dix mètres. Curieux produit du refroidissement subit de la lave ! Cette image du soleil semble joindre son ardeur à celle du véritable soleil pour faire bouillonner et fondre les blocs entassés dans cette succursale des Enfers ; tant est redoutable le foyer de chaleur qui se concentre en ce lieu !

Au-dessous de moi, de petits pâtres gardent quelques vaches. Ces animaux paissent le gazon dru et vert, tout près de plusieurs sources qui coulent dans une direction opposée à celle de la Dore ; on les prendrait pour de petits lapins jaunes. Nulle trace d'habitation humaine n'apparaît. Nul bruit ne se fait entendre, si ce n'est le cri de l'épervier. La vallée se perd calme et profonde dans un horizon indistinct. C'est la solitude avec son aspect sauvage.

Prêt à descendre la pente rapide pour tourner le pied du massif de Sancy, j'appelle les petits pâtres. Ils répondent à ma voix. Ces sons qui se croisent dans ces lieux déserts, et que les échos redisent et prolongent, ont quelque chose de triste et d'alarmant. C'est comme l'appel d'un naufragé sur les rochers abandonnés de l'océan.

Guidé par ces jeunes bergers, je remonte en ligne droite près de quatre cents mètres, sous un soleil de plomb qui frappe perpendiculairement le versant de la montagne sur lequel je me trouve. Parfois le pied glisse ; il faut alors s'accrocher aux hautes herbes pour ne pas rouler à sept ou huit cents mètres le long d'un talus de gazon. Arrivé sur l'arrête, je plonge un regard indiscret dans la vallée du Mont-Dore. Je ne sais quelle sensation pénible me saisit. On dirait qu'une griffe aiguë s'enfonce dans ma poitrine et m'attire dans l'abîme. Tout mon sang reflue au cœur. Je n'ai que le temps de me reporter en arrière. La vue de cette profondeur toute hérissée de pointes de rochers est horrible !

Il ne faut pas chercher de sentier dans ces lieux. Une motte de gazon un peu plus affaissée que les autres indique seulement que quelque être vivant a dû passer par là; il n'y a pas d'autres traces. Aussi devez-vous, pour ne pas perdre l'équilibre, saisir de la main gauche les herbes que la pente du terrain met à votre hauteur. Ce qui vous donne l'air d'un homme qui fait des tours de force sur une des faces d'un prisme triangulaire.

Mais le plus difficile n'est pas fait. La pente cesse; le terrain est uni. Seulement le passage est étroit; il s'en faut de beaucoup qu'il ait un mètre de large. C'est un pont sans garde-fous. D'un côté la chûte est verticale; de l'autre un talus rapide conduit à des rochers qui reposent par assises les uns sur les autres, comme un gigantesque escalier écroulé. Je suis obligé de me baisser pour n'avoir pas le vertige. Je me demande dans lequel des deux gouffres il vaudrait mieux tomber. Ajoutez à cela que le sentier n'est pas d'une solidité garantie. Il pourrait bien se faire que, miné par les eaux, le basalte qui le supporte allât un jour rejoindre ses frères qui gisent là-bas. Ces pensées n'ont rien de rassurant. Il vaut mieux passer.

Au delà, la montagne se relève. C'est une sorte d'échelle qu'il faut escalader des pieds et des mains. Puis un plateau d'herbe touffue vous permet de vous reposer en contemplant les beautés qui vous enveloppent, pour ainsi dire, et les dangers auxquels vous avez échappé. Cette dernière considération n'est pas celle à laquelle on s'arrête le moins. Il y a une jouissance toute particulière à voir loin de soi le péril qui vous tenait déjà presque sous lui.

Pendant qu'à l'abri du piton qui forme la tête de Sancy, je jouis du calme et de la paix de ces hauts lieux, au milieu de l'air le plus pur; une jeune et brillante amazone, descendue du sommet de la montagne, passe en courant à côté de moi.

— Prenez garde, Madame, lui dis-je. Permettez-moi de vous faire remarquer que la pente est rapide et qu'elle conduit à des précipices.

— Merci, Monsieur, me répond-elle, avec un accent étranger; je connais cet endroit. » Et elle continue sa course.

Je la vois tâter en quelque sorte le terrain, avancer le pied, le retirer ; puis tout d'un coup elle disparaît. Un cri de terreur, un cri d'angoisse retentit ; je distingue ces mots : John ! Arthur !... Je m'élance. Deux jeunes gens me suivent ; ils sont bientôt avec moi. L'amazone est à deux mètres de l'abîme ; elle se tient cramponnée à une touffe d'herbes. Avec un peu de précaution elle est facilement remise en sûreté. Alors elle fait sortir de sa gorge cette sorte de gloussement étranglé qui décèle la langue anglaise, et elle jure par tous les saints de l'Angleterre qu'on ne la reprendra plus sur les pentes trop raides.

IV.

Une famille anglaise occupe le point culminant

du pic de Sancy. Trois guides sont humblement accroupis sur le gazon, à leurs pieds. Ce sont de bizarres gens que ces Anglais ! Sous prétexte qu'ils ont payé des guides pour les accompagner, ils se figurent qu'ils ont pris possession de la montagne et qu'elle leur appartient. Leur caractère ne varie pas. Dans tous les pays du monde on les retrouve les mêmes. Ils jettent l'argent à pleines mains, et se croient les maîtres d'agir à leur guise. Je sais que l'argent donne pas mal de libertés ; mais il ne permet pas de passer par-dessus les convenances. Il paraît bien qu'il y a convenances et convenances ; convenances en deçà du détroit et convenances au delà. Je vois le moment où, au lieu de me remercier d'avoir un peu contribué à sauver la jeune miss, ils vont me proposer une boxe, à 1887 mètres au-dessus du niveau de la mer, sur un plan convexe de seize mètres carrés, entouré d'abîmes, pour avoir osé toucher, sans lui avoir été présenté, une anglaise qui dégringolait. Toujours est-il qu'ils me regardent avec une sorte de défiance et que je leur fais l'effet d'un larron qui s'introduit dans un clos.

Avouons aussi qu'ils ne s'attendaient pas à me voir arriver par ce côté. Ils me contemplent comme si je sortais de dessous terre. Les Anglais sont persuadés que, s'il y a une excursion un peu difficile à faire, eux seuls peuvent l'entreprendre. Ils sont ébahis de n'avoir pas songé qu'on pouvait trouver de violentes émotions à risquer sa vie pour le plaisir de passer sur un pont aérien, large comme une petite enjambée, à huit cents mètres au-dessus de la cheminée de l'Enfer d'un côté et du jardin du Diable de l'autre : ils n'auront pas la joie de raconter qu'ils ont franchi un passage où personne n'avait mis le pied avant eux. C'est un amusement que je ne leur disputerai pas dorénavant. Je n'en vois pas la nécessité.

Hommes ou femmes, ils sont huit ; c'est à peine s'ils me laissent un tout petit espace pour jouir du coup-d'œil magique qui se développe comme l'infini autour de moi. Mais à côté d'une croix dont il ne reste plus que le pied épargné par les tempêtes et qui se dresse comme un poteau indicateur, un cube de granit a été transporté à cette hauteur pour servir de point trigonométrique ; je m'en empare sans façon, et je m'y place comme sur un siége, à la grande indignation de la race anglaise qui me tourne le dos.

Je suis sur le pic le plus élevé du centre de la France. A des distances incalculables, l'œil plonge dans un horizon sans bornes. Il n'y a pas la moindre vapeur dans l'air ni sur la terre. Tous les objets sont distincts ; ils paraissent si rapprochés qu'on les dirait sous la main. Au Nord comme à l'Ouest, il est impossible de fixer des limites au regard. Au Sud, les montagnes du Cantal bornent la vue ; il semble qu'on les touche. A l'Est, deux gros points blancs, rosés, semblables à deux pains de sucre énormes, se détachent au-dessus de la ligne vague de l'horizon. Pendant longtemps je les prends pour des nuages, mais enfin, fixant sur eux ma longue vue, je reconnais deux montagnes des Alpes toutes couvertes de neige. C'est vraiment admirable ! Quant aux objets situés à une faible distance, ils ont l'air de faire partie du pic. La chaîne des Puys s'en sépare par une profonde rainure ; on pourrait compter tous les sommets et indiquer les cratères. Le lac Pavin me fait l'effet d'un verre de lunette bleu, tombé à mes pieds. Il en est de même de Guéry et de quelques autres moins importants. Pour Chambon, il verdoie au milieu de sa vallée et allonge irrégulièrement ses bords. Gorges, vallons, montagnes, toutes les directions sont parfaitement sensibles. Une carte de géographie en relief ne peut pas donner une idée plus parfaite des lieux que ne le fait le panorama qui me charme en ce moment. C'est un avantage spécial aux montagnes de l'Auvergne. Comme elles sont isolées, chacune d'elles présente des aspects nouveaux dont l'imagination ne se lasse jamais.

Malgré la société qui m'entoure, je m'isole sur ce sommet. Je domine le monde. Aucun des bruits de la terre ne vient jusqu'à moi. Et cependant je vois là, tout près, le village des Bains, sur le bord de la Dordogne. Des êtres s'y remuent, comme des fourmis au milieu d'une fourmilière. Mais que me font à moi ces êtres si petits! Un air pur remplit mes poumons, agite mes sens et me cause une sorte d'ivresse. C'est comme le hatschich pour les habitants de l'Orient. Je suis tenté de m'endormir dans mon bonheur. Mais soudain ma pensée monte de la terre au ciel, et je bénis Dieu des belles choses que je vois!

LE LAC PAVIN.

I.

Les chevaux sont prêts; ils attendent sur la place du village; ils baissent la tête, résignés au sort qui leur est réservé; mais ils regardent obliquement pour voir si le cavalier que le hasard leur envoie est lourd ou léger, méchant ou doux. Quel qu'il soit, ils doivent le porter. Le marché est conclu avec les guides, nous partons. Il nous faut gravir une partie de la montagne sur laquelle repose le pic de Sancy. Je suis le dernier; je jouis d'un coup-d'œil charmant. Premier aspect : vue d'une file de dos de touristes, d'une ligne de croupes de chevaux et d'une rangée de guides. Deuxième aspect : les chevaux sont en l'air au-dessus de ma tête; les guides sont suspendus à leur queue; s'il leur plaît de n'avoir pas le pied solide et de rouler, je suis là pour les recevoir. Une pierre qui frappe le mien à la poitrine le fait broncher. Troisième aspect : continuation de la suspension aérienne. Rocs déchirés; précipices profonds. Les dames crient; les guides jurent; personne ne rit. C'est fort beau.

Entre deux hautes montagnes, le ciel s'ouvre, l'horizon s'étend. Nous sommes au col de Sancy. Quelques cavaliers descendent de cheval pour escalader le pic. Mais nous, nous suivons la route à peine marquée sur le versant opposé à celui que nous venons de gravir.

Nous traversons une pelouse uniforme, comme celle des jardins de Versailles. Un petit garçon tourne des mottes de gazon et arrache des racines.

— Comment appelles-tu ces racines, petit?

— C'est de l'Arganiche.

— Pourquoi faire?

— Pour faire de la tisane pour l'estomac. Un petit sou, Messieurs, pour ma mère qui a mal à l'estomac.

Le petit sou est le salut par lequel tous les petits bergers et bergères de la montagne et surtout du village des Bains ont l'habitude de saluer les étrangers. Il est évident pour eux qu'un étranger est un vrai sac à sous.

II.

Nous côtoyons des montagnes nues, arrondies, couvertes d'herbes, et nous arrivons enfin près de quelques maisons et d'une petite église qui semblent perdues dans un désert. Nous sommes à Vassivière. Ce lieu est un pèlerinage célèbre. On y vient de toute l'Auvergne vénérer une petite statuette noire de la Vierge. Cette statuette, due, assure-t-on, au ciseau de saint Luc, a fait des prodiges sans nombre. Transportée de Vassivière à Besse, elle revint d'elle-même à sa première résidence. Tous les habitants du pays vous affirmeront qu'aujourd'hui encore elle reviendrait malgré tous les obstacles, à Vassivière, si les gens de Besse ne consentaient pas à l'y apporter volontairement, à une certaine époque de l'année. Il en résulte qu'elle passe l'hiver à Besse et l'été à Vassivière. L'aller et le retour sont l'occasion de fêtes superbes et de miracles éclatants.

III.

Tout près de Vassivière s'élève une montagne volcanique. C'est un ancien cratère tout rempli d'eau qui forme un des plus beaux lacs de l'Auvergne. Assurément c'est un des plus curieux. Quand, arrivés sur le sommet de la montagne, nous voyons à nos pieds cette nappe d'un bleu si beau, et le bord opposé monter jusqu'à près de trois cents pieds dominé par le haut puy de Montchalme, nous ne pouvons nous lasser d'admirer tout cet ensemble.

L'eau a une beauté si attachante ! et puis le cadre de ce tableau est si gracieux ! C'est un bassin circulaire qui a plus de cent mètres de profondeur. Presque dans tout son pourtour, court une espèce de corniche formée de fragments de lave et de rochers éboulés qui finit par se plonger dans l'outremer du lac. La surface de ce cratère rempli est une véritable glace ; le ciel s'y réfléchit ; les durs rochers s'y mirent, et la forêt, qui ombrage en amphithéâtre une partie de ses rives, y regarde son feuillage trembler au souffle de la brise ou dormir immobile loin des caresses du vent. Un silence de mort règne en ces lieux.

Si l'on en croit ce que raconte notre guide, c'est un lac effrayant; c'est bien le *Pavens* des latins. Selon lui, ce lac n'a pas de fond ; personne n'a jamais pu parvenir à le sonder. — M. Delarbre dit qu'il a cent mètres. — Le guide soutient que les poissons y meurent. — Et nous lui avons montré de superbes truites qui venaient le narguer jusque sous son nez. — Si l'on a, dit-il, le malheur d'y jeter une pierre, il en sort aussitôt des vapeurs qui montent et remplissent l'atmosphère; des éclairs brillent; des coups de tonnerre retentissent. — C'est épouvantable! Nous jetons une pierre, deux pierres, trois pierres. Notre guide se signe à chaque fois. Nous n'entendons rien, que le bruit de nos pierres tombant dans l'eau ; nous ne voyons rien, que les ondulations grandissantes des flots. Notre guide affirme que ses signes de croix en sont la cause. Un coup de pistolet part ; cette fois, notre guide tombe de frayeur par terre; il s'agenouille et recommande son âme à Dieu; car le bruit répété par les échos et prolongé pendant deux ou trois secondes, ressemble au mugissement de la foudre dans le lointain.

Il est curieux de remarquer qu'aux deux extrémités du département, deux lacs presque semblables ont donné lieu aux mêmes croyances populaires, Tazenat a en effet beaucoup de ressemblance avec Pavin. C'est qu'en face des splendeurs de la nature, l'esprit borné de l'homme ne voit que ce qui est à sa portée, et que l'inconnu est toujours pour lui un sujet d'effroi. La raison des choses n'est pas à la disposition de tout le monde. C'est un verre de lunette qui ne va qu'à certaines vues.

IV.

Du haut de Montchalme, nous distinguons, comme un point, les restes du château d'Espinchal. Le seigneur qui habitait ce manoir, à l'époque des derniers Grands-Jours d'Auvergne, mérite une mention toute particulière. « Comme ce fut lui, dit Fléchier, qui fut en partie la cause de la tenue des Grands-Jours, il est à propos de décrire son histoire avec un peu de soin et de représenter un homme qui a toutes les qualités naturelles et qui n'en a pas une morale. » Vous allez voir que Fléchier le connaît parfaitement. Ecoutez plutôt :

« M. d'Espinchal était bien fait et disait des choses si agréables et de si bonne grâce que sa présence et sa conversation charmaient tout le monde. Il avait fait plusieurs combats et passait pour brave. Enfin il avait tout ce qu'il faut pour se faire craindre des cavaliers et pour se faire aimer des dames. » Ce beau gentilhomme, marié à une demoiselle de Châteaumorand, menait une vie fort déréglée. « Après que les premières douceurs que le sacrement et la nouveauté inspirent furent passées, il ne se contenta pas d'avoir une femme, il voulut avoir des maîtresses et s'amusa à faire des intrigues. »

Une dame qui voulait se débarrasser de lui ne trouva pas de meilleur moyen que de l'engager à mieux surveiller sa femme, en lui affirmant que, pendant qu'il courait après les femmes des autres, un jeune et gentil page le remplaçait près de la sienne. « M. d'Espinchal en fut touché sensiblement, et s'étant retiré chez lui, fit tout ce qu'il put pour découvrir le mystère. » Il pria sa femme de congédier son page. La répugnance qu'elle lui témoigna à cette proposition le confirma dans ses soupçons. « Il tomba alors dans toutes les fureurs que la jalousie peut inspirer. » Enfin, résolu de punir les infidélités prétendues de sa femme, il entra dans la chambre où elle était au lit. Il tenait « un pistolet d'une main et une coupe pleine de poison de l'autre : Vous connaissez vos crimes, Madame, lui dit-il; choisissez la punition que vous méritez. » On croirait lire le conte de la Barbe-Bleue.

« La pauvre dame frappée de stupeur peut à peine trouver un mot à répondre; mais revenue à elle, elle lui dit : « Puisque vous voulez que je meure, souffrez que je vous dise que je meurs innocente et que je choisisse le supplice le plus lent, afin que je puisse songer à Dieu et vous aimer encore plus longtemps. » A ces mots, elle prit la coupe, et ayant levé les yeux au ciel et fait une courte prière, elle avala le poison. » Elle éprouva un soulèvement de cœur et une émotion si violente qu'elle croyait d'abord en mourir; mais la nature ayant fait un effort, elle rejeta avec beaucoup de peine une partie de ce qu'elle avait bu.

Un petit laquais, voyant sa maitresse dans ces convulsions, crut qu'il fallait la secourir et alla chercher le médecin de la maison. M. d'Espinchal, apprenant que le médecin entrait, se trouva fort embarrassé. Néanmoins il alla au-devant de lui, lui témoigna son affliction et l'engagea à employer tout son art pour sauver sa femme. Le médecin avait apporté du contre-poison; il l'administra à Mme d'Espinchal, qui, « rejetant tout ce qu'il y avait de poison dans son estomac, fut enfin délivrée. »

Quant au jeune page, « pour commencer à le punir par où il croyait qu'il avait péché, M. d'Espinchal fit sur lui une opération des plus hardies et le fit mourir civilement au monde avec beaucoup d'inhumanité. » Mais non content de cela, « il le fit lier, et l'ayant suspendu au plancher par de longues courroies, le laissa mourir dans le désespoir. »

C'était charmant ! Pourquoi Louis XIV a-t-il eu la malencontreuse idée de vouloir mettre un terme à des amusements si innocents !

LA VALLÉE DE CHAUDEFOUR.

I.

Au pied des montagnes de Cacadogne et du puy Ferrand, perpendiculairement à la vallée des Bains ou du Mont-Dore, s'ouvre, vers l'Orient, comme une immense déchirure, la vallée de Chaudefour. C'est un trou allongé dont les parois nues et saignantes se relèvent à pic. Le soleil y plonge à l'aise et s'y étend avec ardeur sur un sol toujours humecté par les eaux qui se précipitent le long des ravins. Les premiers philosophes grecs et beaucoup d'autres plus modernes auraient certainement signalé cette vallée pour prouver que toutes les choses ont été produites par l'union du chaud et de l'humide ; car nulle part la végétation n'est plus luxuriante, grâce aux ruisseaux qui l'arrosent et au soleil qui la chauffe. Elle porte parfaitement son nom : elle est chaude comme un four.

Du haut des sommets du puy Ferrand, on la voit

s'ouvrir brusquement, s'étendre et se perdre au loin dans la Limagne, en variant ses formes comme le Protée antique. Le désir de la parcourir me saisit et je pars seul, sans guide, prêt à me livrer tout entier à mes impressions, sans avoir à partager celles des autres, sans avoir à subir les exclamations les plus bizarres, à propos des objets qui parfois le méritent le moins.

Me voilà donc sur les crêtes qui bordent la vallée, attiré vers elle et comme fasciné par sa séduisante beauté. Je veux descendre dans ce nouvel Eden; mais je n'aperçois pas de sentier. Qu'on me permette de raconter ici une imprudence qui a failli avoir pour moi des suites fâcheuses, afin d'engager le lecteur à ne pas m'imiter. Je mesure de l'œil la profondeur : il y a plus de quatre cents mètres; la pente est rapide; mais, à une faible distance, je vois une pelouse superbe, puis des arbres qui vont jusqu'en bas. Je peux m'y risquer. Je crois même voir un passage; je m'y dirige; c'est un petit ravin. Je le suis et je commence à descendre avec lui. J'arrive bientôt à ce que je prenais pour une pelouse; c'est un tapis de grandes herbes aux larges feuilles qui recouvre un terrain volcanique composé de petites pierres cassées comme celles des routes. Un ruisseau coule par-dessous.

A peine ai-je mis les pieds sur ce terrain trompeur que je ne peux plus garder mon équilibre et que malgré moi, je roule sur ce lit délicat jusqu'aux premières broussailles. Grâce aux branches des arbres, je crois pouvoir parvenir à la vallée. Point du tout. Au moment où je me vois arrivé, un affreux rocher de trente mètres de haut me coupe le passage. Le ruisseau glisse par-dessus et saute; à moins de faire, comme lui, le saut de Leucade, il m'est impossible de le suivre. A droite et à gauche, tout est à pic. Désolation! il me faut remonter! Quand, en levant les yeux, j'entrevois la hauteur âpre et ardue que je dois gravir, moi qui n'ai pas pu m'y tenir en descendant, je frissonne!

Mais derrière un angle rentrant, je vois la pente moins raide. Il me semble que j'y parviendrai assez facilement en montant en biais, pourvu que rien ne m'arrête. Je prends mon courage et les herbes à deux mains, et me voilà parti, comptant plus sur mes poignets que sur mes jarrets. Après bien des fatigues, je touche enfin à cet angle qui cache l'inconnu. Que va-t-il me montrer? Un passage ou un obstacle? Hélas! c'est un obstacle! Un ruisseau tombe verticalement en mettant à nu le roc; et, pour comble de malheur, au-dessus de ma tête, un rocher se dresse comme un mur. Il faut pourtant franchir cette barrière, ou bien descendre encore bien bas, à cause des ravins qui m'entourent, pour aller chercher un autre passage. Mes forces sont à bout. Je m'assieds au pied de mon rocher et j'attends.

Après quelques instants, j'examine de nouveau la situation. Je cherche mes points d'appui et je m'élance, en m'accrochant aux racines des plantes et aux pointes du roc, au risque de dégringoler et de rouler dans des abimes ; mais enfin je suis assez heureux pour surmonter ce dernier obstacle et je peux reprendre mes forces sur un lit de myrtilles. A un demi-kilomètre de cet endroit je rencontre le sentier qui plonge en zig-zag dans la vallée. Le désir de jouir trop vite fait souvent faire des sottises !

II.

Au-dessous de la vallée de Chaudefour, près d'un village que domine un rocher plat terminé par un polyèdre régulier, comme une colonne par une boule, s'ouvre une nouvelle vallée profonde et large, c'est la vallée de Chambon. Elle roule ses eaux vers un lac qui est un des plus gracieux de l'Auvergne. Ses bords ne sont pas réguliers et circonscrits, comme presque toutes les autres, par les contours d'un cratère. C'est la vallée elle-même qui s'est tout d'un coup trouvée fermée par une coulée de lave descendue d'un volcan voisin. Il porte des îles couvertes d'arbres verts. La route passe sur ses bords. Tout en haut, dans le ciel, apparaît un énorme rocher qu'on appelle la Dent-du-Marais. C'est une gigantesque muraille brusquement tranchée. Elle se détache dans l'air comme une menace. De l'autre côté, une montagne complètement nue, décharnée, saignante, éclairée par la couleur rouge du soleil qui se couche, ressemble à un amas de sang caillé ; c'est la montagne du Tartaret. La lave et les scories qu'elle a vomies jonchent le sol ; à ses pieds, les blocs sont couchés, entassés sous les plus beaux arbres qu'on puisse imaginer. C'est comme un cimetière planté de hêtres et de frênes, même de quelques pins parasols.

Plus loin, le château de Murol lève encore orgueilleusement sa tête couronnée de tourelles et de créneaux sur le puy volcanique qui lui sert de base. Il est aujourd'hui abandonné et tombe en ruines ; c'est le passé et ses terreurs qui s'enfuient. Il est cependant encore un des mieux conservés de l'Auvergne. Sa forme est celle d'un polygone régulier, surmonté d'une tour ronde. L'enceinte extérieure même existe ; mais, le dimanche, les jeunes habitants du Murol vont s'amuser à en détacher les pierres pour jouir du plaisir de les voir tomber. Les paysans sont naturellement destructeurs.

SAINT-NECTAIRE.

Le soleil s'est couché tôt derrière les hauts sommets du Mont-Dore. Il est nuit quand j'arrive à Saint-Nectaire. L'heureux pays que celui-là ! Comme on s'y amuse ! Quelle gaîté ! Tout le monde danse sous les arbres. Quelques graves personnages jouent aux cartes autour d'une table ronde. Les cris de joie, les exclamations, les rires retardent mon sommeil ; je conserve de ce pays le souvenir le plus doux. Je suis heureux du bonheur des autres.

Situé entre de hautes montagnes, Saint-Nectaire possède aussi des eaux qui attirent les baigneurs et les buveurs. Il se divise en deux : Saint-Nectaire-le-Bas et Saint-Nectaire-le-Haut, séparés l'un de l'autre. Chacun d'eux a ses sources et ses malades particuliers. Réunis, ils ont une certaine célébrité par leurs eaux, leurs cristallisations et leurs fromages.

Après avoir visité les sources, l'église, le mont

Cornador, son autel druidique et ses grottes, il ne reste plus rien à faire, si ce n'est à se raconter l'histoire de la belle et courageuse Magdeleine de Saint-Nectaire, à peu près comme la raconte M. Imberdis.

« A l'époque où les guerres religieuses désolaient ces contrées, les protestants, forcés de fuir devant les catholiques que conduit le baron de Montal, se retirent en bon ordre dans la forteresse de Miremont. Cette forteresse est défendue par une héroïne, par Magdeleine de Saint-Nectaire, veuve de Guy de Miremont, seigneur de Saint-Exupéry. Elle a juré de venger la mort de son mari et l'indépendance menanacée du protestantisme. Elle attire à elle toute la jeune noblesse des environs, et par d'habiles manœuvres, elle contient à son gré, selon les besoins de sa cause, l'ardeur de ces jeunes guerriers que l'amour et la gloire font voler sur ses pas. Elle séduit tout le monde et subjugue tous les cœurs par tous les charmes de l'esprit, de la jeunesse et de la beauté. On la voit sans cesse montée sur un cheval fougueux que sa main flatte et dirige comme ferait un écuyer consommé. Elle est toujours à la tête des guerriers qui vont attaquer l'ennemi. A la dernière de ces sorties brillantes où le sang-froid éclate autant que l'audace, elle lève la visière de son casque et se précipite sur de Montal, le défie en combat singulier, le presse vivement de son fer et l'abat. Par ce fait plein de force, d'adresse et de courage, elle contraint les catholiques à ployer leurs tentes et à abandonner Miremont où s'accomplissent de tels prodiges de bravoure. Le siége avait duré cinquante jours et Miremont avait été foudroyé par neuf cents coups de canon. A la nouvelle de ce brillant exploit qui rappelait les plus beaux temps de la chevalerie : « Ventre-Saint-Gris, s'écria Henri de Navarre, si je n'etais pas roi, je voudrais être Magdeleine de Saint-Nectaire. »

De Saint-Nectaire à Champeix, la route n'est qu'une longue crevasse dans d'affreux rochers perchés les uns sur les autres et menaçant les passants. On dirait qu'un géant s'est amusé à les fendre à coups d'épée et qu'ils essayent de se rejoindre par le haut. Une petite rivière tient compagnie à la route. D'ailleurs aucune trace d'hommes pendant l'espace de cinq kilomètres. C'est la sauvagerie et le désert réunis et traversés par un chemin.

ORCIVAL.

I.

La vallée du Mont-Dore est fermée, dans sa partie septentrionale, par un massif de hautes montagnes que dominent le puy Gros d'abord et ensuite la Banne d'Ordenche. Quelques pins gravissent, comme un troupeau de moutons noirs, le flanc du puy Gros. Nous faisons comme eux. Nous voilà de nouveau au milieu de montagnes chauves, de sommets dénudés, d'où le regard se perd dans des lointains infinis. Plus bas ce sont des gorges, des vallées étroites. Le guide jure qu'il n'a jamais vu de plus belles montagnes. C'est une formule connue. Il n'est pas difficile. Henri prétend qu'il a raison, que chaque objet a un genre de beauté qui lui est propre. C'est à nous à le trouver. Il affirme que certains artistes admirent tout, parce qu'ils sont bien doués; tandis que les esprits réfractaires au sentiment du beau restent froids même devant les spectacles les plus grandioses. « Les sots sont en majorité dans ce monde ! dit-il ; c'est pour cela que tant de gens ne voient rien qui mérite d'être applaudi dans les œuvres de Dieu ou dans celles des hommes. Quelque séduisant que soit un paysage, quelque intéressant que soit un livre, quelque bien pensé, quelque bien écrit qu'il ait été, ils n'y voient que le mal, et encore ils l'exagèrent, souvent même le supposent pour se donner des airs de connaisseurs. »

Je n'ose pas trop avouer qu'il n'a pas tort.

Derrière une haute montagne de scories, s'ouvre, dans le fond d'un cratère qu'il remplit, un lac aux eaux bleues et limpides. C'est le lac de Guéry, qui passe pour le plus élevé des lacs de l'Auvergne. A peine sommes-nous arrivés sur ses bords, qu'un nuage, un seul nuage noir, planté comme un point dans le ciel, s'étend, s'assombrit, et, mêlant le tonnerre aux éclairs, fait tomber sur la terre des torrents de pluie. Près de nous est une sorte de cabane dont la toiture touche le sol, c'est un buron. Nous y demandons un abri. Comme tous les burons, celui-ci se compose de trois parties : la première sert à faire le feu pour que la fumée sorte par la porte ; la deuxième contient les instruments nécessaires au faiseur de fromage ; la troisième est le logement du pâtre. Justement, toute la troupe des vachers, des pâtres et du fromadzou ou vedelet y entre en même temps que nous. Le vedelet est suivi de plusieurs petits veaux qui lui lèchent le visage et les mains, et qui paraissent lui être très-attachés. « C'est lui, me dit Georges, qui leur distribue du sel, à certaines heures du jour. Ces animaux, voyant en lui une masse de sel animée, le lèchent continuellement ; aussi est-il le plus propre de la chaumière, comme le fait remarquer finement M. Lecoq. »

La pluie a cessé. Le sol est déjà sec ; volcanique et penché, il ne garde pas l'eau dans son sein. Nous remontons le cours du ruisseau qui se jette dans le lac, et nous arrivons à un vallon circulaire plus étendu en longueur qu'en largeur. Des cimes fauves et des rochers nus le dominent. L'herbe croît, au fond, verte et touffue, humectée sans cesse par les eaux des montagnes et par l'écume du ruisseau que les obstacles rendent furieux. A l'extrémité se dressent comme deux piliers, pour fermer la vallée, d'un côté la roche Tuilière, de l'autre la roche Sanadoire. Ce sont deux blocs de basalte porphyrique qui s'élèvent à quatre-vingts ou cent pieds.

La roche Tuilière, que les aigles ont particulièrement adoptée pour en faire leur séjour, est un roc bizarre et pointu qui représente un grand jeu d'orgues dont les colonnes entrecoupées se succèdent par degrés, à mesure qu'elles s'élèvent vers le sommet. Les paysans viennent en extraire des tuiles naturelles de basalte lamellaire pour en couvrir les toits de leurs maisons.

La roche Sanadoire, sa voisine, est un rocher pointu aussi sur lequel on observe un demi-cadran tracé par des crevasses qui partent d'un centre commun. Elle était surmontée autrefois par une forteresse que le duc de Bourbon prit aux Anglais et que les habitants du pays s'empressèrent de démolir pour qu'elle ne devînt pas le refuge de nouveaux pillards ; car, il n'y a pas un lieu, quelque sauvage qu'il soit, où ces pauvres hommes n'aient porté les ravages de leurs armes !

Le sentier qui conduit au sommet est rapide et dangereux ; mais les flancs du roc donnent naissance à de si beaux saxifrages, à des géraniums violets si délicats : et puis il est si agréable de voir de haut les précipices qui vous appellent en bas, qu'on se laisse tenter et qu'on grimpe !

Un bruit étrange frappe nos oreilles : c'est le son confus de milliers de marteaux tombant sur des objets métalliques, et le pêle-mêle de plusieurs centaines de voix qui s'entre-choquent. Le guide tremble et songe que nous sommes près de la Malvale, passage réputé dangereux. Je ne sais ce qu'il suppose. Voit-il, dans son imagination, des cavernes de brigands occupés à fabriquer de la fausse monnaie, ou bien une troupe de démons en train de forger des fers pour les âmes des damnés ? Nous ne pouvons pas lui arracher son secret. Il fait le signe de la croix, se recommande à la bonne Vierge d'Orcival et n'écoute pas les savantes explications que lui donne Georges sur la nature de l'écho, en même temps qu'il lui montre trois hommes seulement occupés à frapper sur les tables feuilletées de la roche Tuilière et causant entre eux. A la prochaine occasion, il aura autant de peur.

II.

Entre deux collines resserrées qui terminent les montagnes du Mont-Dore et qui s'étendent jusqu'à la grande route de Bordeaux, comme deux tumulus romains, le terrain se déchire et laisse entrevoir, dans une fente profonde, le clocher d'une église et les toits d'un village. C'est le village et la vallée d'Orcival, vraie vallée de l'Enfer. On dirait en effet que c'est par là qu'un jour l'Enfer a essayé de regarder le ciel.

Dimanche dernier, c'était la fête du lieu. La foule s'y pressait. Dès quatre heures du matin, des troupes de pèlerins, partis la veille de leurs hameaux, arrivaient en chantant de pieux cantiques ou en récitant des prières. Ils se dirigeaient aussitôt vers l'église byzantine, véritable chef-d'œuvre dans son genre, s'y asseyaient, puis descendaient dans la crypte et attendaient. D'autres venaient, s'agenouillaient ou s'asseyaient comme les précédents et l'église s'emplissait, et les derniers venus faisaient queue à la porte. Chacun tirait de son panier ou de sa poche un saucisson et du pain, et tout le monde mangeait comme chez soi. Si Henri blâmait cette inconvenance, ce manque de respect envers le lieu saint, il admirait la foi de ces populations simples et laborieuses qui accouraient, par familles, de dix lieues à la ronde, pour célébrer la fête de la bonne Dame-d'Orcival. « Nous sommes nés pour croire, répétait-il souvent; si nous allons au-delà d'une foi raisonnable, il ne faut pas en être surpris : la superstition est la foi qui fait fausse route. »

Toutefois il ne s'expliquait pas pourquoi les gens qui voulaient avoir des enfants mâles allaient se frotter autour d'un certain pilier, ni pourquoi tous ces bons paysans emportaient dans leur poche un petit morceau d'une pierre plate située sur la colline, sous le prétexte que c'était le tombeau de la Vierge. A part ces détails ridicules que l'ignorance et un zèle excessif ont fait adopter par ces braves gens, rien n'est plus touchant que leur piété et leur vénération pour la petite statuette noire d'Orcival, attribuée, comme celle de Vassivière, au ciseau de l'habile sculpteur saint Luc.

BOURBOULE. — ROCHE-VENDEIX.

I.

En quittant le Mont-Dore pour suivre le cours de la Dordogne, on rencontre un espace peu étendu, à peu près circulaire, entouré de sapins et bordé de hêtres; c'est le salon de Mirabeau. N'étaient quelques arbres qui s'avancent en désordre, la régularité du cirque serait parfaite. Au milieu se dresse un bouquet de sapins. Malgré la teinte noirâtre de cet arbre et ses lamelles sombres, pointues comme des aiguilles, le salon de Mirabeau ne manque pas de charmes, entouré qu'il est par une longue colonne de rochers noirs, bleuâtres, volcaniques, brûlés, qui terminent un escarpement immense couronné de hêtres et de sapins. C'est un des points les plus fréquentés.

Un peu plus loin, j'aperçois en passant la cascade du Plat-à-Barbe et celle de la Vergnère qui, vue à distance, est d'un effet charmant, surtout à travers les arbres, et j'arrive à la Bourboule. C'est un hameau composé de vingt ou trente maisons plantées sur le bord de la Dordogne et adossées à un rocher granitique entièrement escarpé. On y prend des bains. Où n'en prend-on pas aujourd'hui ! Comme la plaine y est moins élevée qu'à Mont-Dore-les-Bains, on y jouit, dit-on, d'une température plus douce et bon nombre de baigneurs s'y installent.

II

En face de la Bourboule surgit, isolé dans la vallée, un monticule de basalte prismatique, formé de deux buttes inégales réunies par une plate-forme où l'on arrive en suivant un sentier tournant creusé dans le basalte même. C'est la Roche-Vendeix. De son sommet le panorama est admirable. Aujourd'hui elle est couverte de beaux arbres, le sol en est raviné. Autour d'elle, l'eau de deux ruisseaux coule avec bruit et tombe de chute en chute dans un lit profond. Elle est comme enveloppée par une superbe végétation. Autrefois elle portait la forteresse dont s'empara Aimerigot-Marcel.

Froissard sait mieux que nous ce qui se passa là, écoutons-le : Aimerigot-Marcel, surnommé le roi des pillards, était chef d'une de ces compagnies qui infestaient la France, vers la fin du quatorzième siècle

Retranché dans le fort d'Aleuse, il soumettait à ses brigandages l'Auvergne, le Limousin et le Rouergue. Mais la paix ayant eu lieu entre la France et l'Angleterre, Aimerigot livra Aleuse au comte d'Armagnac, moyennant une forte somme d'argent, et promit d'accompagner le comte en Lombardie, dans son expédition contre Galéas Visconti. Mais le séjour de l'Auvergne plaisait trop au roi des pillards pour qu'il l'abandonnât, et puis son métier lui offrait trop de charmes pour qu'il y renonçât. Aussi, malgré le désir qu'avait le comte d'Armagnac de l'avoir avec lui, et malgré sa promesse, Aimerigot resta en Auvergne.

Dès qu'il crut le moment favorable, il appela près de lui ses anciens compagnons et, pour les engager à demeurer sous son commandement, il leur vantait leur ancien métier : « Il n'est temps, ébattement, disait-il, ni gloire en ce monde que de gens d'armes ! Comment étions-nous réjouis quand nous chevauchions à l'aventure et nous pouvions trouver sur les chemins un riche abbé, un riche prieur, marchand, ou une route de mules ? Tout était nôtre ou rançonné à notre volonté. Tous les jours nous avions nouvel argent. Les vilains d'Auvergne et de Limousin nous pourvéaient. Nous étions gouvernés et étoffés comme rois; et quand nous chevauchions, tout le pays tremblait devant nous. »

Ses compagnons se laissèrent facilement séduire

par ce langage qui leur rappelait leur bon temps. Quelques-uns lui dirent : « Nous savons un fort désemparé sur l'héritage du seigneur de la Tour, que nul ne garde. Trayons-nous là tout premièrement et le fortifions ; et quand fortifié l'aurons, nous le garnirons, et courrons légèrement et à notre aise en Auvergne et en Limousin. » Et où gît ce fort ? demanda Aimerigot. — A une lieue de la Tour, répondirent ceux qui le connaissaient ; on le nomme la Roche de Vendais. — Par ma foi, répondit Aimerigot, vous dites vrai ; et nous l'irons voir. Si le prendrons et le fortifierons. »

La Roche-Vendeix était en effet sans garnison depuis la trève ; ils n'eurent pas de peine à s'en emparer. « Quand ils virent qu'il était assez fort pour tenir contre sièges et assauts, et que tous les compagnons furent montés et pourvus, ils commencèrent à courir sur le pays et à prendre prisonniers et rançonner. »

Les habitants n'eurent d'autres ressources que d'implorer la protection du roi. Le roi leur envoya son cousin messire Robert de Béthune, vicomte de Meaux, à la tête d'une armée de quatre cents lances et de cent vingt arbalétriers pour réprimer les ravages des pillards. Aimerigot comprit qu'il ne pourrait résister à ces forces, et il s'écria : « J'ai tout honny ; j'ai cru mauvais conseil. » Il sortit du fort pour aller demander du secours aux Anglais, et laissa le commandement de Vendeix à Guyot d'Ussel, son oncle, auquel il recommanda expressément de ne point se rendre, quoi qu'il pût arriver ; mais un jour Guyot d'Ussel se laissa attirer dans une embuscade, et il fut forcé de livrer le fort au vicomte de Meaux.

Aimerigot, à cette nouvelle, fut transporté de colère et vit bien que c'en était fait de lui, si on le prenait. Il se rappela alors qu'il avait, dans la Haute-Auvergne, un cousin germain, nommé Jean de Tournemine. Il résolut d'aller lui demander une retraite. « Il s'en vint, lui et son page tant seulement chez ce Tournemine et entra au châtel. »

Par malheur pour Aimerigot, son cousin n'était pas bien avec le duc de Berry; en voyant donc entrer le roi des pillards, le sire de Tournemine conçut le projet de profiter de l'occasion. Les choses se faisaient gracieusement à cette époque ! Il fait saisir Aimerigot, lui met les fers aux pieds, l'enferme dans une grosse tour, et envoie un courrier au duc de Berry pour lui offrir de lui livrer le roi des pillards, en demandant en échange les bonnes grâces du duc. « Le messager arriva à Paris où le duc de Berry se tenait pour le moment. Le duc prit les lettres et les lut, et quand il les eut lues, il commença à sourire et à dire ainsi à ses chevaliers qui étaient près de lui : « Voulez-vous ouïr des nouvelles? Aimerigot Marcel est attrapé. Son cousin germain Tournemine, comme il m'écrit, le tient en prison. » Les chevaliers qui ouïrent ces nouvelles, répondirent : « Monseigneur, ce sont bonnes nouvelles pour le pays d'Auvergne et de Limousin ; car en Aimerigot ils ont eu longtemps un mauvais voisin. Or, si vous voulez, il passera parmi le gibier. »

Le seigneur de Tournemine obtint ce qu'il avait demandé. Quant à son cousin Aimerigot, on n'en fut pas longtemps embarrassé. Le sénéchal d'Auvergne fut chargé de le conduire à Paris sous bonne escorte. Aimerigot avait beau offrir soixante mille francs pour sa rançon, personne ne voulut l'écouter, on lui répondit « que le roi était riche assez, et que de son argent il n'avait que faire. Il fut jugé à mourir honteusement comme traître à la couronne de France. Si fut mené un jour en une charrette sur une place qu'on dit aux Halles, et là tourné au pilori, plusieurs fois on lut tous ses forfaits, pour lesquels il recevait la mort. Il fut là exécuté. On lui trancha la tête, et puis fut écartelé, et chacun des quartiers mis et levé sur une attache, aux quatres souveraines portes de Paris. »

N'a-t-il pas eu ce qu'il méritait ?

III.

L'imagination du peuple aime à embellir le passé ; elle personnifie les forces vives de la nature ; elle divinise les hommes bienfaisants ; elle ne voit jamais les choses comme elles sont en réalité. C'est une source de poésie toujours ouverte.

Au-dessous de Murat-le-Quaire, près de la Bourboule, s'élève une butte de granit qui présente quelques cavités arrondies et peu profondes. C'est une roche nue au milieu de la végétation des prairies environnantes. Cette roche, d'où la vue est admirable, était autrefois, dit-on, habitée par des fées qui protégeaient le pays. Elles étaient bonnes, affectueuses, rendaient des services à tout le monde. Mais Aimerigot les surprit un jour, s'empara de leur demeure et les força de prendre la fuite. On voit encore, taillé dans le roc, le canapé de leur salon, ainsi que l'empreinte de leurs petits pieds. Leur souvenir vit dans le cœur des paysans.

Nul doute que la Roche-des-Fées n'ait été habitée ; mais par qui ? C'est ce qu'il est assez difficile de dire, à moins de déclarer avec les gens du pays que c'était par des fées. Les récits populaires ne sont pas faits pour mettre sur la trace de la vérité. L'imagination du peuple ressemble à ces plaques de métal peu fidèle sur lesquelles on applique un portrait au daguerréotype. Vous leur confiez une forme humaine, et, au bout de quelques années, elles vous rendent un rhinocéros ou un hippopotame.

BAIGNEURS ET BUVEURS D'EAU.

I.

A peine le jour a-t-il paru au Mont-Dore, que vous voyez sortir de tous les hôtels, de toutes les maisons, une sorte de petite guérite grise, bien fermée, portée par deux hommes en uniforme, veste courte et chapeau de marins, qui vont toujours au trot. Les petites guérites se croisent, se rencontrent, arrivent ensemble au robinet. Les porteurs ouvrent la fenêtre à la hâte, font passer un verre d'eau à la hâte, et repartent au galop. Le temps presse; chacun a son heure fixée; les bains sont retenus; d'autres baigneurs attendent. Ne cherchez pas à voir; il est impossible de distinguer la figure cachée dans ces guérites et enveloppée de toutes sortes de chiffons : elle a l'air de fuir en cachette pour n'être pas vue en déshabillé.

Ensuite vient à pied la plèbe des buveurs d'eau. Ils se pressent, ils s'entassent autour du robinet, tandis qu'une femme impassible remplit sans cesse les verres et vous les tend de l'air grave et distrait d'un automate. Véritable fille de Danaüs, elle passe son temps à verser de l'eau dans des tonneaux sans fond ! C'est le moment où toutes les misères s'étalent. Les visages pâles et maigres, les teints jaunes et olivâtres, les rachitiques et les scrofuleux, les béquillés et les estropiés s'agglomèrent sous l'humide promenoir. Ils se regardent, se parlent et ne sourient jamais. On pourrait écrire au frontispice : On ne rit pas en ce lieu.

Quelques malades enveloppés dans leurs robes ou leurs manteaux sont assis en rond et prennent en silence leur bain de pieds, comme des écoliers qu'un maître de pension fait laver une fois par an, avant de les remettre à leurs familles. D'autres se donnent le plaisir de rendre par l'évaporation tout ce qu'ils ont dans le corps, sous l'influence d'une température élevée, comme des champignons vénéneux auxquels le feu fait jeter leur poison. Quelques-uns d'entre eux jouissent de la surprise émouvante que leur cause une douche inattendue, comme un chat qui reçoit sur le dos une marmite d'eau chaude. Le plus grand nombre barbotte ou grelotte dans sa baignoire ou hors de sa baignoire.

Il faut avouer qu'il n'y a pas une bien grande différence entre la manière d'administrer la douche aujourd'hui et celle dont usaient nos ancêtres. Voici ce que Madame de Sévigné écrivait à sa fille sur la douche telle qu'on la recevait à Vichy, il y a à peu près cent quatre-vingts ans :

« C'est une assez bonne répétition du Purgatoire : on est toute nue dans un petit lieu souterrain, où l'on trouve un tuyau de cette eau chaude qu'une femme vous fait aller où vous voulez. Cet état où l'on conserve à peine une feuille de figuier pour tout habillement, est une chose assez humiliante. Derrière un rideau se met quelqu'un qui vous soutient le courage pendant une demi-heure ; c'était pour moi un médecin de Gannat, que Madame de Noailles a mené à toutes ses eaux, qu'elle aime fort, qui est un fort honnête garçon, point charlatan, ni préoccupé de rien, qu'elle m'a envoyé par pure et bonne amitié. Je le retiens, m'en dût-il coûter mon bonnet ; ceux d'ici me sont insupportables, et cet homme m'amuse. »

Sauf le rideau qui sent fort la comédie et le souffleur caché derrière, pour vous soutenir le courage, les choses sont presque au même état. Mais les mœurs y ont gagné. C'est un progrès. Quant à la guérison, c'est différent.

Madame de Sévigné dit ailleurs : « On va à six heures à la fontaine ; tout le monde s'y trouve ; on boit et l'on fait une fort vilaine mine ; car imaginez-vous qu'elles sont bouillantes et d'un goût de salpêtre fort désagréable. On tourne, on va, on vient, on se promène, on entend la messe, on rend ses eaux, on parle confidemment de la manière dont on les rend ; il n'est question que de cela jusqu'à midi.... Il est venu des demoiselles du pays avec une flûte qui ont dansé la bourrée dans la perfection. C'est ici où les bohémiennes poussent leurs agréments. Elles font des dégognades où les curés trouvent un peu à redire. Mais enfin, à cinq heures, on va se promener dans des pays délicieux ; à sept heures, on soupe légèrement ; on se couche à dix : vous en savez présentement autant que moi. »

Rien de changé ! Ah ! si. On ne parle plus, même confidemment, je suppose, de la manière dont on rend les eaux. Quant aux bohémiennes, elles affluent plus que jamais parmi les baigneurs, avec grand renfort de dames du demi-monde et de filles de marbre. Chacune d'elle vient faire sa saison.

Dans un autre endroit Madame de Sévigné ajoute :
« Je vais être seule et j'en suis fort aise. Pourvu qu'on ne m'ôte pas le pays charmant, la rivière d'Allier, mille petits bois, des ruisseaux, des prairies, des moutons, des chèvres, des paysannes qui dansent la bourrée dans les champs, je consens à dire adieu à tout le reste : le pays seul me guérirait. »

Qu'aurait-elle donc dit, si elle se fût trouvée au milieu de cette splendide nature du Mont-Dore où l'on voit réunis tous les genres de beauté, depuis le joli et le gracieux jusqu'au grandiose le plus étonnant. C'est de ces lieux qu'elle aurait pu dire avec vérité : « Le pays seul me guérirait. »

Après déjeûner, si le temps est beau, chacun songe à sortir. Des troupeaux de chevaux stationnent sur la place et dans les rues. On débat les prix, qui dépendent de l'état de l'atmosphère. Puis au milieu des cris des jeunes filles, des exclamations des mamans, toute la caravane part, tandis que les plus intrépides se servent de leurs jambes pour gravir là où les chevaux n'ont jamais mis les pieds, et pour jouir de beautés inconnues aux autres.

La journée est bientôt passée ; l'heure de boire approche. De tous côtés accourent les buveurs. Les cavalcades rentrent au galop, heureuses de leurs courses et fières d'être regardées et admirées. On ne fait qu'un saut du cheval au robinet. Quelle magnifique santé on a apportée de cette excursion ! Quel remède conservateur on trouve au fond de son verre !

Après dîner et quelques instants de promenade, selon le temps, on se retire chez soi. Tous les soirs il y a réunion dans mon hôtel. Avant hier, on a passé la soirée à causer. Un vieux monsieur, grand, sec, osseux, racontait des histoires fort intéressantes de l'Amérique où il a séjourné longtemps. Il connaissait le nom de tous les nègres esclaves ; on l'aurait pris pour un registre de naissances nègres. Tout le monde dormait autour de lui, sauf un monsieur bien gros et bien petit, ancien fabricant de noir animal, qui le regardait d'un air béat, et lui donnait la réplique, comme par la bonde d'une barrique, par des : Oh!.. Ah!.. Vraiment?.. Dans un autre coin, de vieilles dames causaient politique ou s'entretenaient de modes, en se scrutant mutuellement de la tête aux pieds, en se jalousant, en s'enviant le moindre colifichet et et en arrondissant leur cage. Seuls les jeunes gens et les jeunes filles avec quelques jeunes femmes se livraient à de petits jeux innocents et passaient agréablement leur temps.

La veille, on avait dansé. Le jour de la danse, les vieux fuient, les vieilles grognent, les jeunes seuls s'amusent. Hier, nous avions un autre genre de distraction. C'était une séance de physique amusante. Le salon était au complet. Les tours de cartes n'étaient pas forts; mais il y avait un serin des plus intelligents. Jugez-en. On lui dit de tirer la carte que pense une demoiselle désignée ; il tire le valet de cœur; c'était cela. On admire son habileté. Son maître lui ordonne d'aller se poser sur la tête de la personne la plus amoureuse de la société. Il part, voltige dans l'appartement. Toutes les mères tremblent; toutes les jeunes filles rougissent. Lui, sans se déconcerter, va se planter sur la tête chauve d'un vieux monsieur qui dormait et qui se réveille en sursaut ne sachant pas ce qui lui chatouillait le crâne. Un fou-rire s'empara de l'assemblée féminine qui riait d'autant plus fort qu'elle avait eu plus peur.

Après tous ces exercices et toutes ces séances on dort ou plutôt on ne dort pas dans ces maisons de carton où, dès trois heures du matin, on vient réveiller des gens pour qu'ils prennent leur bain. Il est vrai qu'on s'accoutume au bruit. D'ailleurs, qu'importe un instant d'insomnie, si l'eau de l'établissement, les courses de la journée, les émanations basaltiques des coteaux et l'air pur des montagnes vous donnent la santé?

II.

Henri a beaucoup étudié les habitudes des personnes qui vivent dans le même hôtel que nous. Il en est arrivé au résultat suivant : Tout être qui fait une saison aux eaux est un être qui passe son temps à grogner.

« Si on réunissait, dit-il, en un seul faisceau, toutes les conversations de la vallée, on formerait un grognement formidable capable d'effrayer Paris. Voyez plutôt. J'ai pour voisins, à droite, un gros monsieur, rond comme un tonneau; à gauche, une jeune dame, maigre et sèche comme une tige de mélèze. L'un prend les eaux pour faire fondre sa graisse; l'autre vient demander l'embonpoint au liquide bienfaisant du Mont-Dore. Dès **trois heures du matin**, lorsque le trot des porteurs commence, les grognements commencent aussi. Mon gros voisin grogne parce qu'il ne peut pas dormir; je l'entends grogner jusqu'au moment où il sort de sa chambre. Ma jeune voisine, inquiète de ne voir pas venir sa chaise, fait entendre un frais murmure d'impatience, et sa voix argentine grogne sur un ton fort doux. Le bruit des pas qui retentissent dans les corridors fait grogner dans leur lit tous les dormeurs, réveillés avant d'avoir assez dormi.

» Dans l'hôtel, dans la rue, on ne s'aborde qu'en grognant. Chacun se plaint du réveille-matin qui le force à quitter son lit. Voyez-vous cet élégant dandy bien peigné, bien rasé, bien brossé, bien ganté, qui hier soir, à minuit, papillonnait encore autour des dames? Il salue un grand monsieur en s'écriant qu'il est bien désagréable de voir son sommeil à la disposition de ces malotrus de porteurs qui ne vous tiennent aucun compte de ce que vous avez passé la nuit à danser! Le grand monsieur porte à la boutonnière un ruban rouge et aux lèvres d'épaisses moustaches; il est droit comme une latte de dragon; vous reconnaissez cet ancien officier qui, l'autre jour, a fatigué tout le monde, au salon, par le récit de ses exploits en Afrique. « Jeune homme, répond-il, à votre âge je ne songeais pas à dormir. Une heure de sommeil sur la terre nue me suffisait. C'est que la guerre, voyez-vous, donne de l'énergie! Encore, si j'avais eu ce que je méritais; mais il y aura toujours des injustices. » Et un sourd grognement sortit de sa poitrine. Le jeune homme pirouetta sur ses talons et s'enfuit prestement, en grognant contre la guerre et les guerriers.

« A table, tous les yeux errent d'un plat à un autre. Ils semblent peu satisfaits de leur inspection. Les convives ne grognent pas; mais ils ont l'air d'en avoir bonne envie. Mon gros voisin n'y tient plus. Il laisse échapper, du fond de son gosier, un grognement rauque qui attire l'attention de tout le monde. « On ne dort pas ici, s'écrie-t-il! Il n'y a même pas de quoi manger! On ne peut pas y vivre. Parlez-moi de la cuisine allemande et surtout de la cuisine anglaise! Voilà qui est abondant! » Là-dessus nous voyons entrer une grande dame, droite comme un vieux peuplier. Un long cou qui montre ses ressorts supporte sa petite tête; ses cheveux en boucles tombent le long de ses joues creuses, et ses robes étriquées se collent sur ses jambes maigres. On la prendrait pour un parapluie fermé. C'est une dame anglaise. Les mots sortent de sa bouche par saccades; elle s'empresse de prendre part à la conversation et de défendre la cuisine de sa patrie en avalant un magnifique beefsteak français.

Que faire entre le déjeûner et le dîner? se demandent la plupart des buveurs d'eau; et vous les voyez promener leur figure ennuyée dans toutes les rues du village. Ils sont là, désœuvrés, ne sachant que faire. Tous ces banquiers, ces agents de change, ces jurisconsultes, ces rentiers, qui ont les mains pleines d'or, achèteraient bien cher une distraction. Ils n'en trouvent aucune et grognent : c'est bien la peine d'être riche, vraiment !

Si le temps est beau, ils se décident à faire quelque excursion dans les environs. Ils montent sur un mauvais cheval bien doux ; mais comme ils n'en ont pas l'habitude, ils reviennent, le soir, fourbus, éreintés, et font entendre un concert de malédictions. Encore ils se sont arrêtés à moitié route. Ne leur dites pas qu'il fallait aller jusqu'au bout. Ils vous répondraient que ce qu'ils ont vu était très-beau, très-splendide, le *nec plus ultrà* du beau. Vous passeriez pour un crétin.

Mais, c'est un jour de pluie qu'il faut assister au grognement universel ! Ces jours-là il est si intense qu'il couvre le bruit de la Dordogne. Que conclure de là ? Le voici : De même que pour goûter un opéra il ne suffit pas d'avoir largement payé sa loge, mais qu'il faut encore avoir le sentiment de la musique ; de même pour jouir de la nature, il ne suffit pas de répandre l'or à pleines mains, il faut surtout savoir découvrir les beautés là où elles sont, et aimer sincèrement la nature. »

RETOUR.

La saison est finie ; la voiture nous ramène à Clermont. Elle se hisse avec peine le long des flancs de la montagne et nous permet de revoir les cascades argentées de Queureilh et du Rossignolet ; puis elle côtoie les sommets de la Croix-Morand, et descend enfin dans une sorte de plaine jusqu'à Randanne, où nous nous retrouvons aux pieds de cratères égueulés, rouges encore, comme si le feu les consumait. Ce sont les volcans de la Rodde, de la Vache et de Lassolas. Leurs déjections couvrent au loin la campagne et semblent interdire toute culture. Aussi n'est-on pas peu surpris de se voir tout-à-coup dans des bois charmants, au milieu d'une propriété d'excellent rapport, placée dans une sorte de cirque formé par les volcans voisins. C'est la propriété créée par M. de Montlosier, cet habile agriculteur qui a montré au monde étonné qu'il n'y a point de terrains rebelles à la production, si on sait s'y prendre pour les faire produire.

Une dernière ascension nous tente : nous voici au sommet du puy de Lassolas. Un immense panorama se déroule à nos yeux : d'un côté, le Mont-Dore, de l'autre, la chaîne des Dômes ; en face la Limagne : les montagnes arrondies et les pics déchirés ; les vallées profondes et la plaine ; tout ce que nous avons vu, parcouru et admiré pendant trois mois. Nous pouvons d'ici leur dire un nouvel adieu.

FIN.

TABLE DES MATIÈRES.

Dédicace. . . . . Page v

I. LA VALLÉE DE LA LIMAGNE.

Coup-d'œil sur la Limagne. 3
Montpensier. — De l'éducation au XVIe siècle. — La fontaine qui tue. 7
Aigueperse. — L'Hospital. — Désaix. 13
Artonne : Réveil de la nature. — Sainte Vitaline. . . 19
Ennezat : L'art chez les paysans. 25
Riom. — Histoire de Riom. — Mozat. 28
De Riom à Clermont. — Des voyages. 37
Clermont. — Aspect extérieur. — Aspect intérieur — Histoire sommaire de Clermont. — Première Croisade. — Suite de l'histoire. 40
Monuments anciens : Scènes druidiques sur Montaudou. — Montjuzet. — Fêtes de Bacchus sur Champturgue. — Aperçu de la religion des Gaulois. 66
Monuments modernes. Saint Alyre : Les deux amants de Clermont. — Pétrifications : Le Pont-du-Diable. — Notre-Dame-du-Port : L'art dans l'église. — La Cathédrale. — Histoire du prêtre Anastase. — Eglise des Carmes. — Du beau dans les arts. — Fontaine Delille. — Musée : L'école réaliste. — Les antiquaires. — Place de Jaude. 88
Montferrand. — Loyauté et humanité de Louis-le-Gros. — Sécurité au Moyen-Age. 133
Écrivains célèbres de l'Auvergne. 143
De Clermont à Issoire. — Vic-le-Comte. 146
Issoire. — La Réforme à Issoire. 154
Usson. — Marguerite de France. 162

Ambert. — Paysages. — Les touristes naïfs. 174
Thiers. — De Thiers à Clermont. 179
Les habitants. 185

II. LA CHAINE DES DOMES.

Royat. — De Clermont à Royat. — L'établissement thermal. — Physionomie des eaux. — Grenier de César. — Grotte de Royat. — Village de Royat. — Divinisation des eaux. Fontanat. 191
Le Puy-de-Dôme. — Effet des puys. — Les sorciers au Puy-de-Dôme. 213
Pariou ; son cratère. — Vallée de Villars. 221
Paysages. — Pontgibaud. — La Chartreuse du port Sainte-Marie. — Louis de Bosredon. — Paysages. 225
Paysages. — Volvic. — Tournoël. — Enval. — Châtelguyon. 235
Chazeron. — Paysage. — Lac de Tazenat. 243
Château-Gay. 256
Gergovia. — Vercingétorix et César. 259
Les habitants. 279

III. LE MONT-DORE.

Paysages. — Grande-Cascade. — Ravin des Egravats. — Source de la Dore. — Vallée de l'Enfer. — Vallée de la Cour. — L'orage. 291
Le Capucin. 305
Le Pic de Sancy. — De la maladie et du travail. — Précipices. — Sommet du pic. 310
Le lac Pavin. — Vassivière. — Le sire d'Espinchal. . . 322
Vallée de Chaudefour. — Imprudence. — Lac Chambon. 330
Saint-Nectaire. — Magdeleine de Saint-Nectaire. . . . 331
Orcival. — Roches Tuilière et Sanadoire. 338
Bourboule. — Roche-Vendeix. — Roche-des-Fées. . . 341
Baigneurs et buveurs d'eau. 351
Retour. 361

FIN DE LA TABLE DES MATIÈRES.

www.ingramcontent.com/pod-product-compliance
Lightning Source LLC
Chambersburg PA
CBHW050306170426
43202CB00011B/1802